O HOMEM
QUE AMAVA
MUITO
OS LIVROS

ALLISON HOOVER BARTLETT

O HOMEM QUE AMAVA MUITO OS LIVROS

A história real de um ladrão bibliófilo, um detetive e os bastidores do universo dos colecionadores literários

Tradução
DRAGO

Título original: *The Man Who Loved Books Too Much*

Copyright © 2009 Allison Hoover Bartlett
Copyright da edição brasileira © 2013, Editora Pensamento-Cultrix Ltda.

Publicado mediante acordo com Riverhead Books, uma divisão do Penguin Group (USA) Inc.

Texto de acordo com as novas regras ortográficas da língua portuguesa.

Todos os direitos reservados. Nenhuma parte deste livro pode ser reproduzida ou usada de qualquer forma ou por qualquer meio, eletrônico ou mecânico, inclusive fotocópias, gravações ou sistema de armazenamento em banco de dados, sem permissão por escrito, exceto nos casos de trechos curtos citados em resenhas críticas ou artigos de revistas.

A Editora Seoman não se responsabiliza por eventuais mudanças ocorridas nos endereços convencionais ou eletrônicos citados neste livro.

Coordenação editorial: Manoel Lauand

Copidesque: Ana Vieira Pereira

Revisão: Angela Castello Branco

Capa e projeto gráfico: Gabriela Guenther

Editoração eletrônica: Estúdio Sambaqui

Fotos da capa: iStockphoto

CIP-BRASIL. CATALOGAÇÃO NA PUBLICAÇÃO
SINDICATO NACIONAL DOS EDITORES DE LIVROS, RJ

B292h

Bartlett, Allison Hoover
    O homem que amava muito os livros : a história real de um ladrão bibliófilo, um detetive e os bastidores do universo dos colecionadores literários / Allison Hoover Bartlett ; tradução Drago. - 1. ed. - São Paulo : Seoman, 2013.
    208 p. ; 23 cm.

    Tradução de: The man who loved books too much
    ISBN 978-85-98903-77-4

    1. Gilkey, John, 1968- 2. Sanders, Ken, 1951- 3. Colecionadores e coleção - Estados Unidos - Biografia. 4. Bibliófilos. 5. Bibliomania. 6. Roubo de livros. I. Título.

13-03868

CDD: 920.2582
CDU: 929:090.1

Seoman é um selo editorial da Pensamento-Cultrix.

Direitos de tradução para o Brasil adquiridos com exclusividade pela
EDITORA PENSAMENTO-CULTRIX LTDA.
R. Dr. Mário Vicente, 368 – 04270-000 – São Paulo, SP
Fone: (11) 2066-9000 – Fax: (11) 2066-9008
E-mail: atendimento@editoraseoman.com.br
http://www.editoraseoman.com.br
que se reserva a propriedade literária desta tradução.
Foi feito o depósito legal.

Para John, Julian e Sonja

Aquele que roubar ou tomar de empréstimo e não restituir este livro ao seu dono [...] que seja acometido pela paralisia, e todos os seus membros definhem [...] Que as traças se refastelem com as suas entranhas em nome do Verme que nunca morre, e quando, enfim, encaminhar-se para receber sua punição final, que as chamas do Inferno o consumam eternamente.

— Anátema em um manuscrito medieval pertencente ao Mosteiro de São Pedro, em Barcelona

Conheci homens que dilapidaram suas fortunas, embarcaram em longas viagens por meio mundo, esqueceram-se de amizades e até mesmo mentiram, trapacearam e roubaram – tudo para chegarem a possuir um livro.

— A. S. W. Rosenbach, negociante de livros do século XX

Prólogo

Sobre um canto da minha mesa repousa um livro antigo, com quase quatrocentos anos de idade, envolto em um saco de linho e uma considerável aura de mistério. Meu amigo Malcolm encontrou-o enquanto desempenhava a triste tarefa de vasculhar os pertences de seu irmão, depois que este cometera suicídio. Dentro do saco de linho havia um bilhete manuscrito que principiava com a frase "A quem interessar possa", e prosseguia explicando que, vários anos antes, uma amiga retirara o volume por empréstimo da biblioteca de uma faculdade na qual trabalhara e que o havia acidentalmente levado consigo quando mudara de endereço. Ele escreveu que sua amiga gostaria que o livro fosse anonimamente devolvido à biblioteca, mas que jamais tivera tido tempo para fazer isso. Malcolm retirou cuidadosamente o volume grande e pesado, ornado com reluzentes fechos de bronze, do saco de tecido que o continha.

– Não é lindo? – disse ele, enquanto passava o livro às minhas mãos. O primeiro pensamento que me ocorreu foi: "Sim, é lindo". Meu segundo pensamento foi: "É roubado".

Acordei na manhã seguinte sem conseguir tirar o livro da cabeça. Seria verdadeira a história do bilhete? Se não fosse, de onde teria vindo o livro, então? Eu podia ver que ele era escrito em alemão, com alguns trechos em latim; mas a respeito de que seria? Seria muito valioso? Malcolm concordara em emprestá-lo a mim, por algum tempo; graças ao auxílio de uma amiga que falava alemão – uma bibliotecária e negociante de livros –, soube tratar-se de um *Kräutterbuch* (literalmente, um "livro de ervas"[1]), um livro de botânica medicinal, de autoria de Hieronymus Bock, um botânico e médico. Após as queimas de livros na Idade Média, o conhecimento da medicina tradicional havia se perdido; por isso, à época da publicação do *Kräutterbuch*, em 1630, o livro representava uma forma de retorno às antigas práticas curativas, revolucionárias para aqueles tempos.[2]

O *Kräutterbuch* pesa quase seis quilos; suas capas, pranchas de madeira de carvalho forradas com couro de porco[3], têm uma tonalidade uniforme, exceto pela textura de círculos concêntricos em baixo-relevo, formados por padrões de flores, folhas e arabescos, que escureceram devido ao contato com as incontáveis mãos que as seguraram. Eu trouxe o livro a San Francisco para que fosse avaliado por John Windle, um negociante de livros raros. Ele me disse que, ao se encomendar a confecção de um exemplar de um *Kräutterbuch*, nos anos 1600, seria preciso pagar uma quantia adicional caso se desejasse que as ilustrações fossem pintadas – tal como fizera o proprietário original deste exemplar. As cores de aquarela – em sua maioria, tons de verde-oliva e verde--prateado, amarelo-mostarda e vermelho-vinho – foram aplicadas de maneira amadorística. Windle informou-me tratar-se de um sinal distintivo de autenticidade: se você encontrar um exemplar meticulosamente pintado à mão, há grandes chances de ser um trabalho executado por um assistente de livreiro do século passado, numa tentativa de elevar artificialmente o valor do livro.[4] Para abrir o *Kräutterbuch* é preciso apertar o volume entre as duas mãos, fazendo com que os fechos de bronze aplicados sobre as capas – trabalhados na forma de colunas egípcias – sejam liberados, abrindo-se e reluzindo como majestosas palmeiras reais. Ao serem viradas, as páginas produzem estalidos abafados, não muito diferentes do som de uma bandeira tremulando ao vento de uma tarde ensolarada. Folhear o livro faz desprender um aroma seco e amadeirado, uma combinação de mofo e doçura que eu associo aos livros dos meus avós. Sempre costumo associar o aroma de um livro antigo à época em que ele tenha sido escrito, como se a fragrância fosse diretamente proveniente da ambientação da história que é narrada. No caso do *Kräutterbuch*, seu perfume fizera uma longa viagem através do tempo e do espaço, chegando-me desde a Alemanha renascentista. Quando passei meus dedos sobre suas páginas, pude sentir-lhes a superfície ligeiramente ondulada, provavelmente devido à absorção de umidade, mas nenhuma de suas páginas se encontrava rasgada. As guardas – páginas em branco posicionadas entre as capas e as páginas impressas – não mais existiam, mas fiquei sabendo que esta não é uma característica incomum. O papel era um artigo caro nos anos 1600, e as páginas em branco de um livro poderiam ser destacadas e utilizadas como papel de carta, para embrulhar peixe[5] ou para qualquer outro propósito mais útil do que ficarem ali, imaculadas, no início e no fim de um livro. Quando perguntei a Windle sobre o valor do livro, ele disse que, devido ao seu estado de conservação, era bastante bom, poderia chegar a alcançar qualquer coisa entre três mil e cinco mil dólares. Fiquei agradavelmente surpresa, embora, como o livro não era meu, não tivesse qualquer motivo racional para sentir tal satisfação.

Percorrendo o livro em companhia de minha amiga falante de alemão e sua mãe, mais familiarizada com os caracteres da escrita antiga, encontramos remédios para todo tipo de males físicos e mentais, desde a asma até a esquizofrenia, bem como para outras enfermidades menores.[6] Na página 50, por exemplo, havia uma longa lista de ingredientes recomendados para combater os "maus odores nas axilas": agulhas de pinheiro, bulbos de narciso, folhas de louro, amêndoas, avelãs, castanhas, carvalho, tília e bétula – embora o livro não indicasse como, exatamente, essas coisas devessem ser utilizadas. Cerejas secas ajudariam no combate aos cálculos renais e às verminoses. Figos secos com amêndoas eram recomendados para a epilepsia. Contudo, meu remédio favorito é o prescrito para o abatimento do espírito: "Frequentemente somos acometidos pela ausência de certo tipo de felicidade; caso ainda não tenhamos vinho, ficaremos muito felizes quando o tivermos."

O texto no verso das páginas do *Kräutterbuch* é visível no anverso de maneira mais ou menos fantasmagórica, dando a impressão de que o conteúdo daquelas páginas pode, a qualquer momento, misturar-se e confundir-se, ou desaparecer completamente. Porém, em 375 anos, nada disso ainda aconteceu, e o *Kräutterbuch* permanece quase como era no dia em que foi encadernado. O fato de não haver perdido sua integridade, sua capacidade de resistir ao manuseio é uma das suas qualidades que mais inspiram respeito. Parece um objeto resistente e inflexível, capaz de perdurar por todos esses anos. Precisei de algum tempo para chegar à conclusão de que, ao folheá-lo, eu provavelmente não lhe causaria qualquer dano.

Aprendi muitas coisas sobre o livro, mas ainda não fazia a menor ideia de onde ele teria vindo. Vasculhei a internet à procura de informações sobre livros raros roubados; porém, embora nada pudesse encontrar sobre o *Kräutterbuch* – até mesmo a bibliotecária da instituição mencionada no bilhete afirmou não possuir qualquer registro referente a ele –, terminei deparando-me com algo ainda mais intrigante: histórias e mais histórias sobre os mais rematados casos de roubo de livros. Alguns haviam ocorrido apenas poucas semanas ou alguns meses antes; outros, havia vários anos – em Copenhague, no Kentucky ou em Cambridge.[7] Os casos envolviam ladrões que também eram estudiosos ou membros do clero, ladrões que roubavam visando apenas a aferição de lucros, e aqueles que considerei mais fascinantes: os ladrões apaixonados, que roubavam unicamente por amor aos livros. Em várias histórias encontrei referências a Ken Sanders, o negociante de livros raros que se convertera em detetive amador. Por três anos, Sanders dedicou-se a apanhar John Gilkey, o homem que se tornara o ladrão de livros mais bem-sucedido dos últimos anos. Quando entrei em contato com Sanders, contou-me que havia contribuído para colocar Gilkey atrás das grades, dois anos antes; mas que, agora, o ladrão encontrava-se novamente em liberdade. Não fazia ideia do paradeiro de Gilkey, e duvidou que eu pudesse ter melhor sorte para encontrá-lo. Sanders também acreditava que Gilkey era um homem que roubava motivado apenas por seu amor aos livros. Este era o tipo de ladrão cuja motivação eu podia compreender. Eu tinha de encontrá-lo.

Quando mais aprendo sobre os colecionadores, mais considero a mim mesma uma colecionadora: não de livros, mas de pedaços desta história. E, tal como as pessoas que conheci que se tornam tanto mais ansiosas e determinadas quanto mais próximas se encontram da meta de completar suas coleções de livros, quanto mais informação eu descobria, mais eu ansiava por informações suplementares. Aprendi sobre o velino e a carneira, sobre inserções de erratas e sobre margens não refiladas. Li sobre inscrições e autógrafos famosos, falsificações e descobertas. Meus cadernos de anotações cresceram em número e acumularam-se em pilhas dez vezes mais grossas do que os cadernos que formam o *Kräutterbuch*, tal como eles devem ter sido dispostos em 1630, uns sobre os outros. À medida que acumulava informações sobre o ladrão, o negociante e o comércio de livros raros, dei-me conta de que esta não era simplesmente uma história sobre uma coleção de crimes, mas também sobre a relação íntima e complexa – e, por vezes, perigosa – que as pessoas estabelecem com os livros. Por séculos, refinados amantes dos livros e trapaceiros gananciosos têm esbarrado uns com os outros no mundo dos livros raros; por isso, de certo modo, esta é uma história antiga. E é também uma narrativa que serve de advertência para quem planeja negociar com livros raros, no futuro, e que talvez possa servir como lição para aqueles escritores que, tal como eu, começam a contar uma história com a expectativa ingênua de que serão capazes de acompanhá-la do mesmo modo que um espectador assiste passivamente a um desfile, e de que poderão abandoná-la sem lhe alterar o curso natural.

Durante o tempo em que escrevi este livro, o nobre *Kräutterbuch* permaneceu, envolto em sua embalagem de tecido, sobre um canto da minha mesa. Eu sabia que meu amigo desejava tê-lo de volta; mas, uma vez que a própria bibliotecária me dissera que – até onde se sabia – ele não lhe pertencia, imaginei que não precisaria ter pressa. Além disso, descobri que, quando um livro desaparece por muitos anos, os bibliotecários às vezes livram-se de todos os documentos que atestam sua existência – talvez devido à sua frustração, mas também como um ato de autopreservação: eles não gostariam que alguém viesse a saber que deixaram um livro "sumir", especialmente se este for raro e valioso. A bibliotecária do suposto "lar" do *Kräutterbuch* informou-me que os sistemas computadorizados da instituição haviam sido atualizados e que alguns registros de livros tomados de empréstimo à biblioteca haviam sido perdidos. Conquanto semanas e meses se passassem e o livro ainda se encontrasse em meu poder, pensei comigo mesma: "Cuidarei disso mais tarde." Enquanto isso, eu abria e folheava o livro de vez em quando. Uma ilustração de uma macieira (*Apffelbaum*) mostra, entre os frutos caídos ao pé da árvore, um crânio humano e um osso. Uma maçã venenosa! Sob outra árvore, homens com capuzes, usando calças cujo comprimento chega somente à altura dos joelhos, vomitam. Próximo a outra árvore, meninos com rostos angelicais, vestidos tão somente com uma faixa de tecido em torno de suas cinturas, agacham-se e defecam. Em outra página, sob uma árvore de uma espécie diferente, homens e mulheres dançam como se estivessem embriagados. Até mesmo um analfabeto não teria dúvidas quanto aos efeitos de cada uma dessas plantas. Mais para o final do livro, encontra-se uma das minhas ilustrações favoritas: uma elaborada representação circular de doze rostos, representando doze ventos, cada um soprando de uma direção diferente, com as bochechas completamente infladas, seus poderes curativos ou suas ameaças particulares. Sobrepondo-se a esta ilustração – bem como a todas as outras páginas do livro – há borrões irregulares de cor amarronzada, que vim a saber serem chamados "máculas": marcas do envelhecimento dos livros, geralmente causadas por umidade ou falta de ventilação adequada.[8] Contudo, algumas das manchas escuras sobre as páginas do *Kräutterbuch* parecem ser devidas a respingos de alguma coisa. Hidromel? Cera de velas? Lágrimas? Cada página é um mistério, uma história a ser decifrada.

A cada vez que fecho o *Kräutterbuch* e comprimo suas capas, uma tênue exalação parece escapar de entre suas páginas, uma espécie de suspiro de acomodação, que ocorre antes que eu prenda seus fechos. É claro que irei devolvê-lo, procuro me assegurar. Mas, enquanto isto não acontece, mantenho em meu poder um livro que não me pertence, e tento não pensar em que isto me transforma.

❧ 1 ❧

COMO UMA MARIPOSA PARA A LUZ

O DIA 28 DE ABRIL DE 2005 AMANHECEU ENSOLARADO E CALMO. O agradável dia de primavera na cidade de Nova York parecia muito promissor; na esquina da Avenida Park com a Rua 66-Leste crescia uma fila de pessoas otimistas. Aquele era o dia da inauguração da Feira de Livreiros Antiquários de Nova York, e todos aguardavam ansiosamente para iniciar suas caçadas ao tesouro. A feira é um evento anual que tem lugar no *Park Avenue Armory*, uma construção anacrônica semelhante a um castelo, com torres e portais descritos por um historiador como "suficientemente amplos para permitir que uma coluna formada por quatro fileiras de homens possa marchar para dentro e para fora do edifício." Não havia nenhuma formação deste tipo quando cheguei lá, mas um fluxo consistente de pessoas ávidas por livros caminhando através dos portais, ansiosas para serem as primeiras a ver e a tocar os objetos de seu desejo: modernas primeiras edições, textos adornados por iluminuras, documentos e mapas relacionados à História e à cultura norte-americana, livros de Direito, livros de culinária, livros infantis, histórias da Segunda Guerra Mundial, *incunabula* (expressão latina que significa "proveniente do berço" e designa os livros impressos, durante o período da "infância" da imprensa, com tipos móveis, aproximadamente entre 1450 e 1500[1]), vencedores do Prêmio Pulitzer, compêndios de História Natural, literatura erótica e outras incontáveis tentações.

Lá dentro, guardas de segurança haviam assumido seus postos e preparavam-se para explicar – até mesmo duas vezes, aos visitantes mais indignados – que todas as bolsas, exceto as muito, muito pequenas, deveriam ser deixadas no balcão de entrada. Acima de tudo, luzes brilhavam, fortes e quentes, como holofotes apontados para um palco. Enquanto caminhava pela feira, senti-me como uma atriz sem um roteiro definido para seguir. Desde a adolescência, sempre fui uma inveterada compradora dos mercados de pulgas, perambulando em busca de objetos bonitos e interessantes. Dentre algumas das minhas aquisições mais recentes há: uma antiga maleta de médico, que eu uso como bolsa de mão; formas de madeira para engrenagens de navios, que adornam uma das paredes da minha casa, e um conjunto de ferramentas de relojoeiro, com frasquinhos de vidro cheios de peças pequeninas. (Quando ainda era uma adolescente, adorava comprar bijuterias artesanais e fitas cassete piratas, de oito canais, que ouvia no toca-fitas da *van* do meu namorado.) Mas esta feira de livros era algo completamente diferente. Nessa mistura de museu com feira livre, enfileiravam-se milhões de dólares em livros e gastas lombadas de couro com relevos e gravações, em quantidade suficiente para fazer qualquer decorador sentir vertigens. Colecionadores dirigiam-se de modo decidido a estandes específicos, e negociantes ajeitavam suas mercadorias em estantes, espiando disfarçadamente os mostruários uns dos outros, para lhes avaliar as últimas e mais valiosas descobertas, guardadas em brilhantes expositores de vidro. Alguns chegavam a exibir suas preciosidades sobre os balcões, onde qualquer pessoa poderia apanhá-las e folheá-las, se assim o desejasse. Todo mundo – menos eu mesma – parecia saber exatamente pelo que procurava. No entanto, o que eu procurava não era uma autêntica primeira edição ou um manuscrito com iluminuras. Eu adoro ler livros e aprecio seu charme de um ponto de vista estético, mas não os coleciono; eu viera a esta feira para compreender o que leva alguém a fazer isso. Eu desejava obter uma visão de perto do mundo dos livros raros – um lugar cujos hábitos e costumes me eram totalmente estranhos. Com um pouco de sorte – algo com que todos os presentes à feira também desejavam poder contar –, esperava descobrir alguma coisa sobre as pessoas que são compulsivamente levadas a roubar os livros que amam.

Para isso, tinha marcado um encontro com Ken Sanders, um negociante de livros raros de Salt Lake City que se tornara um detetive autodidata e com quem eu conversara pelo telefone. Sanders gozava da reputação de ser um homem que se comprazia em apanhar ladrões de livros; tal como um policial que tivesse atuado solitariamente por muitos anos, também ele saboreava cada oportunidade de contar uma boa história. Eu havia lhe telefonado poucas semanas antes, para agendar nosso encontro, e, durante aquela primeira conversa, ele havia me contado: sobre o Sujeito do Jaguar Vermelho, que lhe roubara alguns valiosos exemplares do *Livro de Mórmon*; sobre o caso dos Trapaceiros Iugoslavos, a quem ele ajudara o FBI a rastrear, num fim de semana; e sobre a Gangue Irlandesa do Posto de Gasolina, que costumava usar a internet para fazer transações fraudulentas com negociadores, que remetiam os livros encomendados para o endereço de um posto de gasolina na Irlanda do Norte. Contudo, estas eram apenas histórias preliminares, mero "aquecimento" para a grande história que viria a ser contada.

Em 1999, Sanders começou a trabalhar voluntariamente como encarregado da segurança da Associação Norte-Americana dos Livreiros Antiquários. Em resumo, seu trabalho era informar aos outros negociantes de livros tão logo ele ficasse sabendo de algum roubo, de modo que todos fossem alertados quanto à obra furtada. No início, ele trabalhava apenas esporadicamente. Com meses de intervalo, recebia um e-mail ou um telefonema reportando um roubo e passava imediatamente a informação aos seus colegas. Porém, com o passar do tempo, o número de roubos foi aumentando. Parecia não haver um tipo específico de livro preferencialmente roubado; tampouco havia qualquer padrão quanto ao modo de agir – exceto pelo fato de a maior parte dos livros ter sido roubada por meio da utilização fraudulenta de cartões de crédito. Ninguém sabia se se tratava da obra de um só ladrão ou de toda uma quadrilha organizada. Sanders ouviu de um negociante da região da baía de San Francisco que um diário do século XIX fora roubado. Na semana seguinte, um negociante de Los Angeles acusava o roubo de uma primeira edição de *A Guerra dos Mundos*, de H. G. Wells. Sanders viu-se dedicando cada vez menos tempo à sua loja – e cada vez mais tempo tentando entender o que diabos estava acontecendo.

Sanders havia respirado e começara a relatar como se vira envolvido em um incidente bizarro que ocorrera durante a Feira Internacional de Livreiros Antiquários da Califórnia, em 2003, na cidade de San Francisco. A feira teve lugar no Centro de Exposições Concourse, um edifício sem graça, parecido com um grande armazém, situado no limite da área planejada do centro da cidade, a apenas alguns quarteirões da cadeia municipal, a meio caminho entre as enganadoras "vitrines" da prosperidade doméstica e um centro de detenção para criminosos. Esta era uma localização que viria a revelar-se muito apropriada. Com cerca de 250 negociantes e expositores e uma frequência de dez mil visitantes, a feira municipal é o maior evento do gênero em todo o mundo. "Aquele velho barracão resistirá para sempre", segundo a descrição de Sanders. No dia da abertura, como de costume, os colecionadores e os negociantes estavam muito ansiosos diante das possibilidades. Sanders armou cuidadosamente seu estande, de modo a se fazer cercar por algumas de suas "mercadorias" mais refinadas – um exemplar autografado de *A Estratégia da Paz*, de John F. Kennedy, e uma primeira edição do *Livro de Mórmon*, por exemplo –, mas seus pensamentos não estavam concentrados em seus livros. Vários dias antes da feira, sentado em seu escritório em Salt Lake City, em meio a pilhas empoeiradas de livros e documentos, recebera um telefonema de um detetive de San José, na Califórnia. O detetive dissera que o ladrão que Sanders tentava rastrear havia três anos (a esta altura já se convencera de que se tratava de um único indivíduo, e não de uma quadrilha) agora possuía um nome, John Gilkey, e encontrava-se em San Francisco.

Dois dias antes da inauguração da feira, Sanders recebera uma fotografia de identificação policial de Gilkey. Havia imaginado muitas vezes como seria o semblante do ladrão, mas certamente nenhum deles se parecia com o que tinha diante de si.

– Posso afirmar uma coisa: o ladrão não se parecia com nenhum Moriarty –, disse ele, referindo-se ao personagem literário a quem Sherlock Holmes chamou de "o Napoleão do crime".

A fotografia mostrava um homem de aparência comum, por volta dos trinta anos de idade, com cabelos escuros repartidos de lado, vestindo uma camiseta vermelha sob uma camisa branca abotoada, com um semblante mais melancólico do que ameaçador. Até onde se sabia, um amigo de Sanders, Ken Lopez, um livreiro de Massachussetts – alto, com cabelos compridos até os ombros e um maço aberto de cigarros Camel no bolsinho de sua camiseta –, fora a vítima mais recente de Gilkey, que lhe encomendara um exemplar da primeira edição de *As Vinhas da Ira*. Pouco antes da abertura da feira, Sanders e Lopez conversaram sobre a possibilidade de fornecer cópias da fotografia de Gilkey a todos os expositores, e até mesmo de fazer um pôster com a palavra "Procurado" sob a foto, para ser afixado na entrada do evento. Mas Sanders reconsiderou a ideia. Muitas das vítimas de Gilkey que estivessem presentes à feira poderiam vir a ser convocadas para identificá-lo numa delegacia de polícia, e Sanders não quis arriscar-se a contaminar o processo. Tudo o que ele poderia fazer era se manter vigilante e imaginar se Gilkey seria ousado o bastante para comparecer à feira.

– Eu achava que ele seria atraído para uma boa feira como uma mariposa para a luz –, disse Sanders. – E estaria lá para roubar livros.

A feira de San Francisco abrira suas portas havia menos de uma hora quando Sanders cruzou seu olhar com o de um homem que ele não reconheceu imediatamente. Isto não era algo incomum, pois Sanders costuma se esquecer de nomes e até mesmo de rostos; mas aquele encontro de olhares fora diferente.

– Olhei para o sujeito e ele olhou diretamente para mim, bem nos meus olhos –, disse Sanders. – E eu tive a sensação mais estranha do mundo.

Esta sensação não se devia à fotografia de identificação policial, que já se havia desvanecido de sua memória. Alguma outra coisa atraíra sua atenção: por uma fração de segundo, uma espécie de certeza absoluta se apossara de todo o seu ser. Melissa, sua filha, atendia um cliente na outra extremidade do balcão, e Sanders voltou-se para lhe dizer que ficasse de olho naquele homem de cabelos escuros e de aparência comum; suspeitava tratar-se de Gilkey. Porém, quando Sanders se virou para apontar o homem para Melissa, ele havia desaparecido.

Sanders saiu em desabalada carreira pelo corredor, passando por quatro ou cinco outros estandes e esbarrando em alguns colecionadores pelo caminho, até deter-se diante do estande de seu amigo John Crichton. Ainda aturdido, fez uma pausa para recuperar o fôlego.

– Acho que acabo de avistar Gilkey –, disse Sanders ao seu amigo.

– Relaxe, meu velho – respondeu Crichton, saindo detrás de seu balcão para lhe dar um amigável tapinha nos ombros. – Você está ficando paranoico.

Foi com tudo isso em mente que eu vagueei pela feira de Nova York, esperando pelo meu encontro marcado com Sanders e imaginando, enquanto observava o panorama ao meu redor, se alguma daquelas pessoas poderia se parecer com Gilkey. Que tal aquele homem de meia-idade, debruçado sobre um balcão a poucos passos de distância, cujo olhar se alternava entre um volume encadernado em couro vermelho sangue e outro, quase idêntico? E quanto àquele casal vestido com roupas escuras, cochichando entre si enquanto contemplava afetuosamente um livro sobre arquitetura francesa do século XIX? Era difícil não olhar suspeitosamente para cada pessoa, mas tentei manter minha imaginação sob controle enquanto me aproximava do primeiro estande que visitaria.

Diretamente em frente de onde eu estava, encontrava-se o estande da *Livros Aleph-Bet*, para o qual fui atraída por uma tentadora coleção de livros infantis, dos quais eu reconheci algumas das primeiras edições que vira na infância, tal como *Pinóquio* – embora o livro ali exposto fosse um exemplar da primeira edição italiana, à venda por oitenta mil dólares; cerca de vinte mil vezes mais caro do que o livrinho que possuí quando criança, em casa, uma edição da *Golden Book*. O estande estava apinhado de ávidos colecionadores, mas eu consegui obter a atenção do coproprietário da livraria, Marc Younger, que me explicou o motivo pelo qual tantos frequentadores da feira acorriam ao seu estande. Segundo ele, as pessoas criam laços emocionais com os livros que lembram de haver lido em sua infância e, com muita frequência, este é o primeiro tipo de livro que um colecionador procura. Alguns mudam o foco de seus interesses para outros tipos de livros, mas muitos passam a vida toda colecionando edições de suas histórias infantis preferidas. Younger mostrou-me um exemplar da primeira edição comercial de *O Conto de Peter Rabbit*, à venda por quinze mil dólares.

– Este livro tem uma história interessante –, disse ele. – Ninguém se mostrou interessado em publicá-lo, quando foi escrito; então, Beatrix Potter, a autora, custeou uma edição de 250 exemplares, de seu próprio bolso. Hoje em dia, um desses exemplares pode chegar a valer cem mil dólares.

Em seguida, ele apontou para uma primeira edição de *O Gato na Cartola*, posta a venda por 8.500 dólares. Para mim, o livro parecia-se muito com uma edição atual de *O Gato na Cartola*; e ele confirmou que pode ser mesmo muito difícil identificar primeiras edições de livros infantis; em parte porque as sucessivas edições nem sempre são mencionadas nos exemplares impressos. Para identificá-las, é preciso procurar por certos detalhes específicos. Younger explicou-me que, quando *O Gato na Cartola* foi publicado pela primeira vez, a cartonagem (um termo utilizado para descrever as capas feitas de cartão grosso; eu estava começando a aprender o jargão) era recoberta por um papel opaco, mas que, nas edições subsequentes, a cobertura era de papel envernizado, brilhante. Eu começava a me sentir como alguém "do ramo". Em minha próxima visita a um mercado de pulgas, já poderia passar a procurar conscientemente por uma primeira edição de *O Gato na Cartola*.

Então, Younger consentiu mostrar-me algo ainda mais raro. Ele possuía duas cartas de Frank L. Baum, autor das histórias do Mágico de Oz, endereçadas a John R. Neill, que ilustrou vários livros da série.

– Em geral, são as coisas realmente extraordinárias que proporcionam as melhores vendas – disse ele. – Tais como estas.

Younger esperava vender as cartas por algo entre 45.000 e 60.000 dólares. Contudo, tantos de seus livros (para não falar das cartas, ilustrações originais e outras raridades) começaram a parecer-me "coisas tão realmente extraordinárias" para mim, que decidi me afastar dali, receando uma espécie de "febre bibliófila".

No outro lado do corredor, em frente ao estande da *Aleph-Bet*, encontravam-se os maiores livros que eu jamais vira: volumes de História Natural, suntuosamente ilustrados, do tamanho de uma mesinha de café, mas duas vezes mais espessos. O vendedor, um cavalheiro usando uma gravata-borboleta e falando com um tom de voz sussurrante, chamava-os de "in-fólios elefantinos". A julgar por suas dimensões e seu peso, o epíteto parecia-lhes adequado; mas fiquei imaginando onde, afora certos museus, tais livros poderiam ser úteis, ou mesmo práticos, para que justificassem o trabalho de ser retirados de uma estante e depositados sobre uma mesa grande o bastante para permitir que fossem abertos. Após haver contemplado, em um dos "in-fólios elefantinos", a luxuriante (embora um tanto lúgubre) ilustração do *Night-Blowing Cereus* – uma espécie de cacto cujas flores desabrocham durante a noite –, de Robert John Thornton (1799), rumei para outro estande, para ver uma rara primeira edição da partitura da *Quinta Sinfonia*, de Beethoven (à venda por 13.500 dólares), e um valioso exemplar autografado de *A Estrutura Molecular dos Ácidos Nucleicos*, que contém o primeiro e o segundo artigos escritos por Watson e Crick sobre o DNA, avaliado em 140.000 dólares.

O guia da feira de Nova York indicava que Sanders estaria no estande D8. A caminho de lá, parei em diversos outros estandes. No da *Livros Raros Bruce McKittrick*, de Filadélfia, o proprietário, Sr. McKittrick, encantava a todos os seus ouvintes disparando comentários e reflexões profundas sobre seus livros. Seu estande atraía mais gente do que qualquer outro nas proximidades, mas talvez isso tivesse algo a ver com o champanhe que ali era servido gratuita e generosamente. Ele contou-me sobre Pietro Aretino, um escritor italiano do século XVI cuja obra incluía alguns volumes de literatura erótica. Em 1524, ele escrevera uma coletânea de sonetos para acompanhar as gravuras, representando dezesseis diferentes posições sexuais, de Marcantonio Raimondi (que baseou seus desenhos em uma série de pinturas de Giulio Romano, um discípulo de Rafael). A obra permanece sendo um dos exemplos mais famosos da arte erótica do Renascimento.

– Edições originais destes livros são raríssimas, tanto quanto extremamente escandalosas. E todas foram manuseadas até quase se desintegrarem – disse McKittrick. – Não se trata de material apenas ligeiramente pornográfico: nada parecido com a eufemística pornografia francesa do século XVIII. Em Veneza, na década de 1520, havia tanta gente interessada nessas obras que elas simplesmente desapareceram.

Disse ainda que diversas pessoas "piratearam" o trabalho de Aretino; na feira, sua livraria exibia um exemplar de uma dessas falsificações, confeccionado em meados do século XVII.

– Uma falsificação de uma falsificação –, disse ele. – Não obstante, uma obra muito interessante.

Antes de ir à feira, eu já aprendera que existem, provavelmente, tantas definições de "raro" quanto o número de negociantes de livros. A maioria dessas definições beira à insolência. Burt Auerbach, um avaliador de Manhattan, é lembrado por haver dito que raro "é um livro que vale mais dinheiro agora do que quando foi publicado."[2] O falecido colecionador norte-americano Robert H. Taylor disse que um livro raro é "um livro que eu desejo muito e não consigo encontrar."[3] Nas ocasiões em que se dispõem a falar seriamente sobre o assunto, todas as pessoas concordam que "raro" é uma qualificação altamente subjetiva.

A utilização mais antiga do termo pode ser encontrada em um catálogo inglês de livros postos à venda em novembro de 1692.[4] Contudo, não foi senão no início do século XVIII que os estudiosos tentaram definir o que torna um livro raro, com as considerações do bibliófilo J. E. Berger – dignas do grupo humorístico britânico Monty Python – que estabeleciam distinções entre *"rarus"*, *"rarior"* e *"rarissimus"*.[5] O grau de raridade de um livro, porém, permanece sendo um conceito subjetivo, e as únicas qualidades objetivas de "rareza" com as quais todos os negociantes parecem concordar são uma combinação de fatores, tais como, escassez, importância da obra e estado de conservação de cada um dos livros. O gosto da maioria das pessoas e as tendências que o definem também desempenham papéis de destaque: quando uma adaptação cinematográfica é lançada – quer seja de *Orgulho e Preconceito* ou de *Nancy Drew* – as primeiras edições dessas obras costumam se tornar, temporariamente, itens muito apreciados entre os colecionadores. Enquanto Dickens permanece sendo, tradicionalmente, um eterno favorito, a estrela do Dr. Seuss está em franca ascensão, à medida que mais e mais crianças que foram criadas lendo seus livros tornam-se adultos, com meios suficientes para formar suas próprias coleções.[6]

<hr />

Passando por um estande em que era exibida uma impressionante coleção de ilustrações utilizadas em capas de livros, ouvi um negociante dizer a um espectador:

– Não julgue um livro por seu conteúdo!

Eu havia lido bastante sobre colecionadores de livros, antes de ir à feira, para poder entender a piada: muitos colecionadores, na verdade, não leem os livros que colecionam. Ao descobrir este fato, a princípio, fiquei surpresa; mas, depois de pensar um pouco a respeito, compreendi que isto não é algo assim tão chocante. Afinal, grande parte da afeição que os leitores mais vorazes e, certamente, os colecionadores dedicam aos seus livros deve-se à relação que mantêm com estes enquanto meros objetos físicos. Tanto quanto são recipientes para histórias (ou poesia, informação, referências etc.), os livros são artefatos históricos e repositórios de lembranças: todos gostamos de lembrar de quem nos deu os livros, onde estávamos quando os lemos, que idade tínhamos, e assim por diante.

Para mim, o "livro-enquanto-objeto" mais importante da minha infância é *A Menina e o Porquinho* (*Charlotte's Web*; de E. B. White), o primeiro livro que encomendei pelo correio, após haver me associado a um clube de livros. Ainda posso me lembrar nitidamente da emoção que senti ao ver o carteiro diante da porta da nossa casa, em uma ensolarada manhã de sábado. O livro tinha uma capa de papel novinha em folha – muito diferente dos exemplares encapados com plástico que eu costumava retirar por empréstimo de bibliotecas públicas; e, pela maneira como suas páginas se abriam, eu podia estar certa de que era a primeira pessoa a abrir aquele livro. Por vários dias, eu vivi no mundo de Wilbur, e a única coisa tão triste quanto a morte de Charlotte, talvez ainda mais triste, foi o fato de haver chegado ao final do livro. Eu gostava tanto de me manter naquele estado quase onírico de abandono à leitura de um livro, que limitava a quantidade de páginas que leria a cada dia, apenas para adiar ao máximo o inevitável final, e o meu banimento daquele mundo. Eu ainda costumo fazer isso, embora seja algo que não faça sentido, pois o prazer proporcionado por esses mundos de sonho não termina, realmente. Sempre é possível recomeçar, a partir da página um, e rememorá-lo. Desde então, onde e quando eu avistei meu exemplar de *A Menina e o Porquinho* (primeiro, na estante de livros do meu filho, depois, na da minha filha), não pude deixar de me lembra do modo como ele chegou até mim. É um registro pessoal de um capítulo da minha vida, do mesmo modo como outros capítulos têm outros livros que associo a eles. E este padrão continua: minha filha retornou de um acampamento, no verão passado, com seu exemplar de *Brooklyn sem Pai nem Mãe* (*Motherless Brooklyn*; de Jonathan Lethem) em estado lastimável. Ela deixara o livro cair em um riacho, mas não pudera suportar a ideia de deixá-lo ali, mesmo já tendo terminado sua leitura. Aquele "livro-enquanto-objeto" está inextricavelmente ligado à sua experiência de o ter lido. Espero que ela continue a conservá-lo, pois enquanto o fizer, as páginas onduladas e o miolo inchado do livro lhe trarão recordações do dia quente em que ela o leu, com seus pés mergulhados na água de um riacho, e da garota de catorze anos que ela era, então. Um livro é muito mais do que um "caminhão de entregas" do seu conteúdo e, do meu ponto de vista, esta feira era, em si mesma, uma celebração concentrada deste fato.

Diante do balcão da cafeteria, na extremidade final da feira, entreouvi um homem dizer que acabara de avistar Al Pacino, e alguém comentou que um dos especialistas do programa de televisão *Antiques Roadshow* também estava presente. O lema deste programa da emissora PBS ("o seu lixo pode ser realmente valioso") era um dos maiores atrativos da própria feira. Não que algo ali se parecesse com lixo, mas várias das primeiras edições mais modernas tinham uma aparência perfeitamente comum. Diante de várias delas, apanhei-me pensando: "Será que eu ainda tenho este livro? Ou os meus pais? Poderia ser uma primeira edição?".

Enquanto continuava minha caminhada através da feira, os negociantes com quem falei pareciam mais entusiasmados com a presença do homem do *Roadshow* do que com a de Pacino. Embora eu procurasse registrar mentalmente os rostos de todos os homens de cabelos escuros que avistei, torcia para que um deles fosse o de um famoso ator de cinema. Al Pacino certamente teria conseguido misturar-se e passar despercebido em meio à multidão mais facilmente do que eu, uma mulher. A maioria dos colecionadores era constituída de homens[7] e, dentre estes, a maioria passava muito dos quarenta anos de idade. Muitos se pareciam com intelectuais ou *hippies* envelhecidos e alguns se pareciam com ricos herdeiros, com uma polpuda herança em seus bolsos, que mal podiam esperar para gastar. Para esses sujeitos, um símbolo de *status* equivalente a um Porsche vermelho pode ser um exemplar autografado da primeira edição de *Complexo de Portnoy*. Quando manuseiam um desses livros, eles o acalentam, meio aberto, entre ambas as mãos, de modo a não lhe quebrar a lombada ou lhe causar quaisquer danos: nada de rasgões, dobras ou respingos de café em suas páginas. Esses homens consultavam guias e mapas das instalações da feira, apertavam seus olhos por trás das lentes dos óculos em um estande após o outro, perscrutando as lombadas dos livros expostos, tentando encontrar um exemplar da primeira edição de *Harry Potter e a Pedra Filosofal*, da qual foram impressas apenas quinhentas cópias (que chegam a valer 30.000 dólares, cada) ou, por exemplo, a raríssima primeira edição da *História da Expedição sob o Comando dos Capitães Lewis e Clarke* (que custa 139.000 dólares). Os que possuem meios financeiros menos opulentos, caçam tesouros mais modestos, tais como uma primeira edição de *Amada*, de Toni Morrison (por 125 dólares), ou a ainda mais acessível primeira edição de *Coelho Cresce* (*Rabbit is Rich*), de John Updike (apenas 45 dólares).[8] Também é muito provável que eles se dediquem a vascular as fileiras de estantes em busca de uma agradável surpresa, pois este é o sonho de um caçador de tesouros. Neste caso, encontrar um livro cuja raridade, beleza, valor histórico ou procedência sejam aspectos talvez mais sedutores do que a história impressa em suas páginas.

Em uma feira como esta, é óbvio que o maior atrativo de qualquer livro seja, em grande parte, sensual. Observei alguns colecionadores proporcionarem verdadeiros festins para seus olhos, suas mãos e seus narizes, diante de um livro. Um cavalheiro inglês depositou sua xícara de café sobre um balcão a uma distância segura, antes de apanhar e aspirar profundamente o aroma das páginas de um antigo exemplar de *Aventuras de Alice no País das Maravilhas*; para, apenas então, mergulhar no encantamento proporcionado pelas ilustrações de John Tenniel, tal como Alice mergulhara pela "toca do coelho" adentro. Ao observá-lo, presumi que ele apenas gostasse muito do perfume de livros antigos; mas, tempos depois, aprendi que aspirar o aroma de um livro é, também, uma precaução de ordem prática: o bolor pode destruir um exemplar, e uma boa "farejada" pode alertar o potencial comprador quanto ao avanço desta ameaça.[9] Ao avançar de estande em estande, de livro em livro, passei a experimentar esta estimulação sensorial por mim mesma: a sensação tátil das grossas páginas não refiladas, a beleza da perfeição da tipologia impressa, a firmeza das capas e encadernações em linho ou couro de porco, o aroma dos papéis.

Com as pesquisas que realizei antes de comparecer à feira, aprendi que este tipo de paixão não apenas pelos livros raros, mas também por sua aquisição incessante, é mantida viva há mais de vinte e cinco séculos.[10] Por volta do ano 400 a.C., Eurípedes já era ridicularizado por seu apetite pelos livros.[11] Poucas centenas de anos mais tarde, Cícero escreveu que economizava todos os seus "parcos rendimentos" para dedicá-los à formação de sua biblioteca.[12] Durante a "era de ouro do colecionismo", transcorrida aproximadamente entre 1870 e 1930, o mundo já conhecia colecionadores fanáticos. Eles eram, e ainda são, membros de uma estirpe muito determinada, e o desejo que manifestam pode evoluir de um inocente amor pelos livros, conhecido como "bibliofilia", para uma ânsia consideravelmente mais febril, a "bibliomania", termo cunhado pelo Reverendo Frognall Dibdin, em 1809.[13] Quanto a esta ânsia, o bibliógrafo e ávido colecionador britânico Dibdin escreveu: "o que a torna mais particularmente formidável é sua capacidade de manifestar-se em todas as estações do ano, e em todas as fases da existência humana."[14] Quando os livros, tais como os expostos na feira de Nova York, têm um passado – secreto, escandaloso ou cheio de ternura –, a atração que exercem é tanto mais poderosa; e o fato de eles também abrigarem História, Poesia, Ciência ou ficção em suas páginas pode parecer quase secundário. A feira fervilhava de pessoas completamente embevecidas pelo feitiço lançado pelos livros.

Esse feitiço torna-se ainda mais poderoso por causa das histórias de descobertas que os colecionadores compartilham entre si. Uma das minhas favoritas aconteceu em um dia primaveril de 1988.[15] Naquela manhã, um homem de Massachusetts, que colecionava livros sobre a História local, estava vasculhando uma cesta cheia de livros numa venda de antiguidades em um celeiro de New Hampshire, quando alguma coisa atraiu sua atenção. Sob uma pilha de velhos folhetos sobre fertilizantes e máquinas agrícolas, havia uma brochura fina e muito manuseada, com capas de papel cor de chá, intitulada *Tamerlão e Outros Poemas*, de um autor anônimo, identificado apenas como "um Bostoniano". O homem estava bastante convencido de haver encontrado algo excepcional, por isso pagou o preço de quinze dólares e voltou para casa com o seu exemplar de *Tamerlão*, onde o livrinho não passaria mais do que uma única noite. No dia seguinte, ele entrou em contato com a casa de leilões Sotheby's, cujos atendentes confirmaram sua suspeita de haver feito uma das mais incríveis descobertas bibliográficas em vários anos. O livrinho era um exemplar do primeiro texto publicado de Edgar Allan Poe, escrito quando o autor contava apenas catorze anos de idade: uma descoberta que os "caçadores de fortunas bibliográficas" imaginaram que pudesse ocorrer e com a qual sonhavam com mais frequência do que gostariam de admitir. A brochura de aparência humilde, com apenas quarenta páginas, foi publicada em 1827, por Calvin F. S. Thomas – um impressor relativamente desconhecido de Boston, que se especializara na impressão de rótulos para frascos de remédios feitos por farmácias de manipulação. Seu preço original era de cerca de doze centavos de dólar. O exemplar encontrado em New Hampshire – em estado de conservação bastante bom, para os seus 161 anos de idade, a maioria dos quais deve ter sido passada enquanto acumulava poeira em caixas esquecidas num sótão após outro – logo seria vendido em um leilão, pela assombrosa soma de 198.000 dólares. O valor de *Tamerlão,* que não causou sensação quando foi lançado inicialmente e sequer mereceu uma resenha, nada tem a ver com seu mérito literário, mas sim à sua associação com um autor seminal – e, a cada vez que um de seus exemplares vem à luz, seu preço eleva-se à estratosfera. A estimativa quanto à quantidade de exemplares originalmente impressos de *Tamerlão* varia entre cinquenta e quinhentos; porém, até agora, a existência de somente catorze exemplares tornou-se conhecida, a maioria em poder de instituições públicas. Na década de 1890, um negociante de Boston encontrou um deles em uma banca de ofertas de outro negociante, por apenas dez centavos; mais tarde, revendeu o livrinho por mil dólares. Na década de 1950, um exemplar do despretensioso volumezinho foi encontrado por dois carteiros, no fundo de um baú cheio de livros, adquirido por ambos em uma venda de garagem. Seis meses depois, os carteiros venderam-no por dez mil dólares. É possível que ainda existam alguns outros exemplares perdidos pelo mundo, o que basta para atiçar qualquer colecionador dedicado – e, agora, também a mim – a revirar caixas cheias de livros velhos nos fundos de uma loja de antiguidades, ou no gramado diante de uma casa cujos moradores promovam uma venda de ocasião, ou num canto esquecido de um mercado de pulgas, vasculhando-as meticulosamente na esperança de que a sorte sorria, por trás de capas de papel cor de chá.

Em outro estande, um negociante contou-me a história de uma famosa "brincadeira literária". Havia dois livros: um, de autoria de Hemingway, e outro, escrito por Thomas Wolfe. Cada um dos livros possuía longas dedicatórias manuscritas por seus autores, ofertando o exemplar como um presente ao outro. Um negociante muito respeitado teve o desprazer de informar, ao infeliz dono dos livros, que pagara apenas dez centavos por cada um deles, que as dedicatórias não eram autênticas e que, por isso, o valor dos livros não era o esperado. Tempos depois, outro negociante descobriu que as dedicatórias eram, na verdade, falsificações espetaculares: Wolfe havia escrito a dedicatória atribuída a Hemingway e este escrevera a suposta dedicatória de Wolfe.[16]

Ao caminhar pela feira, ouvi muitas histórias de um outro tipo: histórias de roubos, que aguçaram ainda mais meu apetite pelo encontro com Sanders. Bruce McKittrick, o livreiro que me contara sobre a "falsificação da falsificação" de Aretino, levou-me até um homem de cabelos encaracolados, que ele disse tratar-se de "um sujeito muito bom".

O "sujeito muito bom" era Alain Moirandat, um livreiro suíço alto, esguio e bem articulado. Mesmo em meio a uma multidão de gente erudita e muito lida, destacava-se. Apenas nos primeiros minutos de nossa conversa, já mencionara Nietzsche, Goethe e alguns arquitetos florentinos. Retirou as folhas soltas de um manuscrito de baixo de uma proteção de vidro, onde estavam acondicionadas em uma caixa rasa. Ele as havia adquirido em um leilão, em 2004, onde haviam sido descritas simplesmente como "uma obra completa de Flaubert; 254 páginas". O lance inicial fixado era "ridiculamente baixo", de acordo com Moirandat.

– Eu estava desesperado. Tal como muitos em nosso ramo, não possuo um grande capital de giro; mas aquilo era tão ridiculamente barato! Pensei que alguém pudesse haver cometido um erro na descrição: talvez fossem apenas 25 páginas... Então, resolvi dar um lance – e acabei adquirindo a obra pela metade do preço!

Abriu a caixa e, para minha surpresa, convidou-me a folhear as páginas ligeiramente amareladas, todas cobertas por uma caligrafia desenhada com tinta marrom, um pouco descorada em certos lugares. As páginas apresentavam respingos e borrões, e várias linhas haviam sido agressivamente canceladas, riscadas de uma ponta a outra por um traço forte. Moirandat disse tratar-se de uma obra que Flaubert supostamente escrevera durante uma viagem – embora ele mesmo duvidasse disto.

– Estou convencido de que ele não escreveu isto durante uma viagem. É uma narrativa muito bem trabalhada.

Leu uma passagem em voz alta, em francês e, depois, traduziu-a para mim.

– "Vou abster-me de toda forma de declamação e não me permitirei usar a palavra 'pitoresco' mais do que seis vezes a cada página; e apenas uma dúzia de vezes a palavra 'admirável'. Quero que minhas frases exalem o cheiro do couro das minhas botas de viajante..."

– Isto é como contemplar um artesão em pleno processo de trabalho – suspirou Moirandat, olhando por cima dos meus ombros para o manuscrito.

Tive de concordar com ele. A forma inacabada, com palavras riscadas e respingos de tinta, conferia um senso de proximidade e intimidade à obra. Moirandat deixou-me a sós com o manuscrito por alguns minutos, enquanto atendia outro cliente. Ao tocar suas páginas, imaginei quanto eu adoraria possuir algo assim. "É isso que acontece", pensei. Eu poderia enfiar as páginas debaixo do meu suéter e disparar para a saída mais próxima. Enquanto esperava pelo retorno de Moirandat, notei alguns outros belos artigos que ele mantinha sobre o balcão. Nem por isso ele estava sendo descuidado: quase todos os outros livreiros cujos estandes eu visitara agiam do mesmo modo. Quando Moirandat voltou à minha presença, tive de refrear minha vontade de lhe recomendar que não confiasse tanto assim nas pessoas; mas isto seria o mesmo que recomendar a um anfitrião japonês que permitisse que seus convidados mantivessem seus sapatos calçados ao entrarem em sua casa. A confiança era, evidentemente, parte indissociável da cultura dos negociantes de livros raros. E quem era eu para sugerir que eles resistissem a ela?

Perguntei a Moirandat se ele já havia sido vítima de algum roubo, e ele contou-me que, certa vez, viajara à Alemanha em perseguição a um ladrão que furtara um volume de sua loja, na Basileia. Quando Moirandat se defrontou com o ladrão, este negou que tivesse estado na Basileia na ocasião do furto. Mas Moirandat conhecia os menores sinais físicos de seus livros, como um pai conhece cada sarda ou pequena cicatriz de um filho e, no tribunal, disse ao juiz que apanhasse o livro em questão e o abrisse na página 28.

– Nela, o senhor encontrará três pequeninos furos; além disso, se abrir o livro na última página, encontrará a marca identificativa do proprietário que me antecedeu.

O juiz seguiu as instruções, comprovou as afirmações, e o suspeito – um professor de uma escola pública – foi condenado.

Moirandat contou-me também sobre um homem que empregara o método da "linha molhada".

– Certo dia ele veio à livraria com um pedaço de fio de lã escondido em sua boca. Ele colocou a linha molhada dentro de um livro, ao longo da costura das páginas – contou ele –, devolveu o livro à estante e voltou à loja, algumas semanas depois. Ao secar, o fio encolheu, produzindo um corte limpo na folha do livro.

O ladrão não precisara trazer consigo uma lâmina escondida; um pedaço de linha umedecida foi tudo o que ele precisou para subtrair uma valiosa página, que continha uma gravura original de Manet. Tempos depois, ele retornou à loja de Moirandat e tentou vender-lhe outro livro.

– Tratava-se de uma absolutamente rara primeira edição de Goethe, sobre a catedral de Salzburgo. Um dos textos verdadeiramente excepcionais de Goethe, considerado como obra crucial para o desenvolvimento do Romantismo. O livro tinha um carimbo de biblioteca redondo, com dezoito milímetros de diâmetro, que o ladrão tentara apagar. Ainda era possível ver a marca do carimbo, mas eu não podia dizer a qual biblioteca o livro pertencera. Então, telefonei para todas as bibliotecas da Suíça, até descobrir de onde o livro viera.

A polícia foi notificada, e o ladrão de Manet e Goethe foi capturado.

Afastei-me dali pensando que, na verdade, tratava-se de um verdadeiro milagre o fato de essas coisas não acontecerem com frequência ainda maior.

Passei novamente diante do estande de McKittrick, e ele fez um sinal para que eu esperasse um momento, enquanto atravessava rapidamente o corredor para falar com o negociante Sebastiaan Hesselink, da Holanda. Na ocasião em que McKittrick me contara a história da falsificação "pirateada" de Aretino, eu havia perguntado sobre outros crimes comumente cometidos em seu ramo de negócios, tais como roubos. A esse respeito, ele não tinha nenhuma história para me contar; por isso, agora, falava com Hesselink. McKittrick perguntou-lhe se ele estaria disposto a falar comigo sobre "o roubo", expressão que utilizou em voz sussurrante. Hesselink consentiu, e McKittrick nos apresentou. Compreendi que nem todos os livreiros se mostram ansiosos para compartilhar histórias de roubos; por isso, considerei-me afortunada por Hesselink concordar em fazer isso. Enquanto seu filho cuidava do estande da família, Hesselink e eu saímos do recinto da feira e nos sentamos em cadeiras de armar, em um canto sossegado à meia-luz, no vestíbulo de entrada.

Com um pronunciado sotaque holandês, Hesselink descreveu como, alguns anos antes, um homem lhe telefonara perguntando se ele estaria interessado em adquirir algumas obras muito raras, incluindo um Livro de Horas e cartas de vários presidentes norte-americanos. Hesselink dissera estar interessado; porém, assim que viu os livros, ficou muito desconfiado. Ele mora numa zona rural, nos arredores de Amsterdã – "no meio do nada" –, e, apesar disso, aquele homem dispusera-se a viajar desde Nova York até lá, para lhe oferecer livros que facilmente poderiam ter sido vendidos nos Estados Unidos.

– Aquilo tudo parecia suspeito demais –, disse Hesselink, que agira mais cautelosamente do que de costume.

Ele avaliou o material e fez sua oferta – que o homem imediatamente aceitou. O que era também muito estranho. Para delongar propositalmente a transação, Hesselink disse ao vendedor que, uma vez que os bancos já estavam fechados, ele só poderia lhe pagar com um cheque, sabendo que o homem preferiria receber em dinheiro vivo. Assim, ambos concordaram em se encontrar no dia seguinte, quando Hesselink dissera poder arranjar o dinheiro. Assim que o homem saiu de sua casa, Hesselink telefonou para colegas de profissão nos Estados Unidos, para saber se algum deles ouvira falar sobre livros roubados que se parecessem com os que acabavam de lhe ser oferecidos. Foram necessárias apenas algumas horas para que se descobrisse que todo o material havia sido roubado da Universidade Columbia. Hesselink entrou em contato com a Interpol, com o FBI e com as autoridades holandesas; e, em conjunto, todos armaram uma operação de tocaia para a captura do homem, às quatro horas da tarde do dia seguinte, em uma praça pública da cidade.

Toda aquela história parecia haver saído diretamente de um romance policial, mas os meus detalhes favoritos ainda estavam para ser contados. Naquela noite, Hesselink e seu filho recortaram pilhas de retângulos de folhas de jornal no formato de cédulas de florim e encheram um saco plástico de lixo com os maços de "notas" para o "pagamento". Às quatro horas da tarde do dia seguinte, o homem chegou à praça central de Utrecht, com uma sacola contendo as obras roubadas. Policiais vestindo coletes à prova de balas cercavam toda a área. Hesselink sugeriu ao homem que o acompanhasse até o seu automóvel, onde se encontrava o "dinheiro" para o pagamento. Após uma ação desastrada, ao estilo dos policiais das antigas comédias "pastelão", as autoridades locais conseguiram capturar o ladrão. Abrir um processo contra ele, no entanto, foi algo que se revelou muito mais problemático.[17]

Perguntei a Hesselink se ele não sentira medo ao entregar a sacola de "dinheiro" ao homem, que poderia estar armado e a polícia poderia não ter agido a tempo; mas ele disse que conseguira permanecer calmo durante o tempo todo. Eu estava impressionada. Afinal, ele não era nenhum detetive calejado, mas um negociante de livros raros, brincando de James Bond por um dia. Deixei o vestíbulo onde estivéramos conversando e voltei à feira, com mais uma história para ser adicionada à coleção que já se avolumava em meu caderno de anotações. A excitação que eu sentia ao ouvi-las e coletá-las era igual, creio, ao deslumbramento que os colecionadores satisfeitos experimentavam na feira.

Se algum roubo tivesse acontecido naquele dia de inauguração, imaginei que o organizador da feira estaria informado; por isso, fui até o seu escritório para descobrir. Ele assegurou-me de que não apenas nenhum roubo havia ocorrido, como esse era um tipo de crime que raramente acontecia em feiras. Eu não estava certa de poder acreditar nele. Uma das coisas que Ken Sanders já me havia contado era que parte do problema de abordar o roubo de livros raros é a relutância de muitas de suas vítimas em torná-lo de conhecimento público. Quão ardilosamente os livros tenham sido furtados ou roubados é um detalhe irrelevante; neste ramo de negócios, e talvez ainda mais particularmente entre os bibliotecários que lidam com livros raros (muitas vezes recebidos como doações), costuma-se partir do pressuposto de que a vítima não foi suficientemente vigilante. Os negociantes de livros, conhecidos por fechar negócios de milhões de dólares com apenas um aperto de mãos, às vezes acham que anunciar suas perdas coloca-os em risco de verem seus nomes incluídos em uma espécie de "lista negra".

– Uma vez que o seu negócio tenha sido maculado por um roubo – explicou-me McKittrick –, você está "frito". Os livreiros costumam receber, frequentemente, livros muito valiosos e estimados por seus donos, em consignação; por isso, não querem arriscar que a vulnerabilidade de seus negócios seja exposta.

Eu trouxera um caderninho de anotações muito fino para a feira, e já desejava ter trazido um mais grosso. Cada negociante tinha uma história diferente para contar. A única coisa que ouvi mais de uma vez foi: "Todo livro raro é um livro roubado." Os nazistas foram ávidos saqueadores de coleções, segundo me explicaram os negociantes, tal como o foram os antigos romanos, que pilharam bibliotecas inteiras dos gregos e da Rainha Cristina, da Suécia – que, por sua vez, amealhou um alentado espólio para o seu país, durante a Guerra dos Trinta Anos.[18] Porém, os livreiros também se referiam aos ladrões que agem por conta própria. Seja pelas mãos de conquistadores ou pelas de colecionadores corruptos, livros valiosos continuam desaparecendo, e, a menos que o ladrão tente vender um livro a um negociante ou instituição respeitável logo após havê-lo roubado, há grandes chances de que ninguém jamais consiga rastreá-lo. Consequentemente, um ano, uma década ou um século depois, o livro é vendido a alguém que não tem conhecimento de seu passado, nem faz ideia de sua escusa proveniência. É impossível retraçar a história da propriedade de cada livro. E isto, presumi, é algo que todo ladrão de livros astuto sabe muito bem.

Dobrei uma esquina no corredor e avistei o estande de Ken Sanders. Eu estava ansiosa para ver o rosto daquele grandioso contador de histórias. Ele não se confundia com a multidão de apreciadores de livros raros, presente na feira, muito melhor do que eu mesma. Sanders possui uma enorme pança, prende os cabelos – que começam a rarear – em um rabo de cavalo e ostenta uma longa barba preta e branca, cujos fios ele repuxa e retorce constantemente entre seus dedos. Suas sobrancelhas formam um agudo V invertido sobre seus olhos, conferindo-lhe ao semblante uma expressão que poderia ser interpretada como de curiosidade ou de indignação. Logo eu descobriria que esta, com frequência, se alterna entre um ou outro desses sentimentos. Apesar da aparência de quem "não leva desaforo para casa", se o ouvinte se mostra interessado em algum livro ou numa de suas histórias, lhe dedicará todo o tempo do mundo. Chama a si mesmo de "O Policial dos Livros". Seus amigos o chamam de "Bibliodetetive".

Sentamo-nos em duas cadeiras à beira de seu estande e conversamos sobre como andavam os negócios na feira.

– Numa feira como esta – disse ele –, eu somente apanho as migalhas. Não sou como aqueles livreiros da Park Avenue.

"Park Avenue" era como Sanders chamava às fileiras de estandes mais próximas da entrada da feira, cujo aluguel é proibitivamente caro, a não ser para os negociantes de livros raros que atendem a uma clientela elitista. Sanders, que disse participar de seis a oito feiras por ano, tem ideias mais igualitárias e, por isso, prefere a feira de San Francisco, na qual a localização do estande de cada negociante é estabelecida por sorteio.

– O pessoal de Nova York detesta aquilo –, disse ele. – Eles preferem trabalhar com um setor claramente reservado à elite. Eu gosto da mistura.

Mencionei o boato de que Al Pacino estava ali, comprando livros, mas ele pareceu não estar interessado. Contou-me que por duas vezes, em feiras anteriores, conversara pessoalmente com o colecionador de longa data Steve Martin (em uma dessas vezes, dando as costas a Diane Keaton), mas que não se dera conta de quem Martin (ou Keaton) realmente se tratava, até que sua filha, Melissa, exasperadamente o informara. Nas duas ocasiões.

Perguntei-lhe como iam as coisas.

– Começamos a desembalar os livros ontem, às nove horas da manhã – disse Sanders. – Outros livreiros costumam vir ajudar a desembalar os seus livros, para verem o material que você tem. Por isso, o sucesso de suas vendas depende muito do conhecimento que você possui.

Contou-me que vira um livreiro vender um livro a outro por duzentos dólares, na manhã daquele dia. E que, naquela mesma tarde, vira o negociante revender o mesmo livro por 3.500 dólares. Um dos negociantes soubera reconhecer o valor do artigo; o outro, não.

Não estávamos sentados ali havia mais do que alguns minutos, quando Sanders contou-me sobre a primeira feira de que participara em Nova York.

– A noite de abertura iniciara havia apenas dez minutos e eu já perdera um livro de mil dólares. E o meu amigo Rob Rulon-Miller perdera um livro de Roger Williams que valia 35.000 dólares. Nós dois caminhamos até o 19.º Distrito Policial – localizado, literalmente, diante da porta dos fundos do *Armory*. Você pode imaginar como é o ambiente de um distrito policial nova-iorquino; e nós dois estávamos ali, elegantíssimos, vestidos com ternos e gravatas. Por isso, deixei que Rob tomasse a dianteira.

Sanders explicou-me que os livreiros estão relativamente acostumados a ser interrogados por policiais, sempre que corre a notícia de um livro roubado – especialmente se for muito valioso. "Há gente que paga tudo isso por um *livro*?", eles perguntam, ceticamente.

– Eu, sendo o mais esperto de nós dois – continuou Sanders –, deixei que Rob "quebrasse o gelo" e explicasse ao sargento de plantão que estávamos ali para prestar queixas de roubo dos nossos livros. Quando Rob forneceu todos os detalhes, o sargento olhou para ele, incrédulo, e disse: *Roger Williams? Você está falando sobre um dos sujeitos que fundaram Rhode Island?*"

– Ele realmente sabia de quem se tratava; e eu fiquei muito impressionado. Então, ele disse: "Você deixou alguém roubar-lhe uma primeira edição de *Roger Williams?!*"

– E, olhando diretamente nos olhos de Rob, disparou: "Você é uma espécie de idiota, não é?"

– Depois desse comentário, achei que não valia a pena criar confusão por causa do meu prejuízo de mil dólares.

Referindo-se a crimes ocorridos mais recentemente, Sanders, baseando-se nas notícias de roubos e furtos que recebera de colegas livreiros, estimava que, entre o final de 1999 e o início de 2003, John Gilkey roubara cerca de cem mil dólares em livros de negociantes de todo o país. Durante toda a década anterior, nenhum ladrão sequer se aproximara de tamanha proficiência. Ainda mais incomum, todavia, era o fato de nenhum dos artigos roubados por Gilkey jamais haver ressurgido à venda, na internet ou em qualquer outro evento público. Isto, somado à inconsistência de um padrão quanto aos títulos preferencialmente roubados por Gilkey (que variavam enormemente, no tocante aos gêneros e aos períodos de que eram representativos), e ao fato de alguns dos livros não serem muito valiosos, fez com que Sanders se convencesse de que o ladrão realmente roubava por amor. Gilkey amava os livros e desejava possuí-los, embora Sanders não pudesse provar esta suposição.

Semanas antes, quando falamos pela primeira vez pelo telefone, Sanders me dissera estar quase certo de que Gilkey cumprira pena na Prisão Estadual de San Quentin e que, atualmente, já se encontrava livre. Embora sentisse arrepios só de pensar na possibilidade, preveniu-me de que seria muito difícil, senão impossível, encontrar Gilkey.

No dia seguinte à nossa conversa, eu pesquisei sobre o assunto.[19] De fato, tal como Sanders presumira, Gilkey havia cumprido uma sentença na prisão de San Quentin e fora libertado. O que Sanders não sabia era que se encontrava novamente atrás das grades, desta vez, em uma prisão em Tracy, Califórnia. Escrevi uma carta a Gilkey, perguntando-lhe se estaria disposto a falar comigo. Sabendo que ele havia negado a autoria de seus roubos no tribunal, não esperava que ele viesse a abrir-se a respeito deles comigo. Na carta, expliquei-lhe que estava interessada em escrever uma história sobre pessoas que chegaram a limites extremos para obter livros raros. Isto era um eufemismo, com o qual eu esperava conseguir evitar que ele se colocasse na defensiva.

Enquanto aguardava por uma resposta, encomendei vários livros sobre colecionismo bibliográfico e li uma infinidade de artigos sobre o tema. Um deles – publicado no jornal australiano *The Age* – chamou-me a atenção, pois afirmava que o índice de roubo de livros vinha crescendo assustadoramente.[20] Por que eu não ouvira falar a respeito, antes? E por que nenhum dos meus amigos a quem eu perguntei também nada ouvira dizer? O artigo, datado de

2003, falava sobre os encarregados da segurança dos Arquivos Secretos do Vaticano – uma instalação subterrânea, que abriga 85 quilômetros de estantes contendo documentos históricos, manuscritos com iluminuras, livros ante-diluvianos e cartas raríssimas – haverem redobrado seus cuidados contra a atividade de possíveis ladrões. Esta era uma informação suficientemente intrigante por si mesma, mas havia uma frase no artigo que me atraiu particularmente: uma agente da Interpol, Vivianna Padilla, revelou que, segundo as estatísticas da agência de polícia mundial, o roubo de livros era mais comum do que o de obras de arte.

Outra coisa também chamou a minha atenção. Na internet, a Associação Norte-Americana dos Livreiros Antiquários listava os perfis de cinco tipos de ladrões de livros: o cleptomaníaco, que não pode resistir à compulsão de roubar; o ladrão comum, que rouba visando obter lucro; o ladrão que rouba por ódio ou vingança; o ladrão casual, que se aproveita de uma determinada ocasião; e o ladrão que rouba livros para seu usufruto pessoal. A Associação assim definiu os ladrões, suponho, para auxiliar os livreiros e negociantes a reconhecer e a se prevenirem quanto à gama de razões que podem motivar um roubo. "Conheça o seu inimigo." Dentre todos, o que mais atraiu meu interesse foi o ladrão que rouba livros para deles usufruir pessoalmente: alguém que rouba motivado pelo mero desejo de possuir livros. Em quais aspectos tal pessoa diferiria de um típico colecionador de livros? Ambos parecem ser igualmente apaixonados e motivados pelos objetos de seus desejos. Alguns (poucos) negociantes já me haviam confessado que, ao longo de décadas de trabalho com livros raros, sentiram-se mais de uma vez tentados a roubar um determinado livro; mas, de alguma maneira, conseguiram reunir as forças necessárias para resistir a fazer isso. Na feira de livros, vi por mim mesma como pode ser fácil fugir levando consigo algo genuinamente único e maravilhoso (um livro escrito de próprio punho por Flaubert, por exemplo!). O que faz alguém cruzar a linha existente entre um admirador e um ladrão? E quão fina é esta linha? Eu queria descobrir.

Após verificar seguidamente minha caixa de correspondência por várias semanas, finalmente encontrei aquilo que tanto esperava. Ali estava um envelope, atravessado diagonalmente por um carimbo vermelho, com os dizeres: CORRESPONDÊNCIA EXPEDIDA DA PRISÃO ESTADUAL. Dentro dele havia uma carta, escrita em letras de forma, com uma caligrafia miúda, sobre uma folha de papel pautado.

"Sim", escreveu Gilkey; *"eu adoraria contar-lhe a minha história."*

Junto com a carta, enviou uma página arrancada do manual de regulamentos do Departamento Correcional. Gilkey havia desenhado duas estrelas ao lado do título do parágrafo referente ao "Acesso da Imprensa às Instalações do Presídio" e escrevera na margem da folha: *"É fácil conseguir aprovação para entrar!"*

Sentada diante do estande de Sanders na feira de Nova York, observava-o enquanto atendia seus clientes, alguns dos quais seus velhos conhecidos, outros perfeitos estranhos. Qualquer que fosse o caso, mostrava-se sempre um anfitrião acolhedor, comprazendo-se verdadeiramente em compartilhar seus livros com pessoas que também os apreciassem. Contudo, a certa altura, não pude deixar de ter a impressão de que a feira de livros era uma espécie de teatro e que, nele, Sanders era um ator consumado. Quando seu estande se esvaziou de clientes, voltou a sentar-se em minha companhia por alguns minutos.

– Gilkey escreveu-me uma carta da prisão – decidi contar-lhe. – Disse estar disposto a falar comigo.

Por um momento, Sanders não esboçou qualquer reação. Eu esperava que ele se mostrasse entusiasmado com a notícia, ansioso para conhecer os detalhes (afinal, esta era a sua cruzada pessoal), mas, em vez disso, apenas permaneceu impassível e incrédulo. E, antes de dizer-me qualquer coisa, olhou-me de lado.

– Você deveria perguntar-lhe onde ele escondeu todos os livros que roubou – resmungou Sanders. – Aposto que ele deve ter um depósito alugado em seu nome, em algum lugar de Modesto, sua cidade natal.

Voltou seus olhos para chão, por um instante e sentenciou:

– É claro que ele não irá dizer isso a você.

Havia mais de dois anos que Gilkey roubara livros de Sanders e de seus colegas, mas Sanders ainda se encontrava evidentemente traumatizado pela experiência. Diferentemente de mim, que me mostrava simplesmente intrigada com os roubos de Gilkey, Sanders tivera seu próprio estilo de vida abalado por eles. Tinha um ressentimento legítimo contra Gilkey. Já era hora de ir-me embora, mas, antes que deixasse o estande de Sanders, ele ainda considerou que devesse me dar mais um aviso:

– Vou lhe dizer uma coisa – ponderou Sanders, sabendo que logo eu me encontraria com Gilkey. – Todos – e eu quero dizer *todos* mesmo –, os ladrões de livros são mentirosos, de nascença!

❧ 2 ❧

MEIAS-VERDADES

QUANDO RETORNEI A SAN FRANCISCO, encontrei outro envelope em minha caixa de correspondência, igualmente carimbado com os dizeres CORRES-PONDÊNCIA EXPEDIDA DA PRISÃO ESTADUAL. Em seu conteúdo, Gilkey havia me escrito mais palavras de encorajamento e informações referentes aos horários de visitação (possível somente durante os fins de semana), dizendo-me que sua temporada na prisão estava próxima de chegar ao fim (no mês de julho seguinte) e que *"poderia ser uma boa ideia telefonar para a DVI* [o nome da prisão] *e agendar uma data."* Foi exatamente o que fiz.

A Instituição Vocacional Deuel (*Deuel Vocational Institution*, em inglês) dista cerca de cem quilômetros a leste de San Francisco, no município de Tracy. No dia do final da primavera em que dirigi até lá, o céu tinha uma coloração azul opaca, o vento soprava forte e as colinas já assumiam uma tonalidade amarronzada de terra seca. Saindo da rodovia principal, tomei uma estradinha margeada por velhas motocicletas Harley-Davidson, barcos a motor e veículos de tração reforçada, todos em vários estágios de abandono e má conservação. Fiz uma curva e tomei a Rodovia Casson, que leva até a prisão – um conjunto de construções bege-amareladas, com dois e três andares, rodeado por uma cerca dupla de arame farpado.

Às 9h15 da manhã o dia já estava muito quente. Disse a uma mulher uniformizada, por trás da janela do Centro de Recepção, que estava ali para uma visita agendada.

– Nós avisaremos quando chegar a sua vez – resmungou ela, acrescentando que, caso eu tivesse moedas em meu poder, deveria colocá-las em um saco plástico, e que nenhuma cédula de dinheiro poderia ser levada para dentro das instalações do presídio. Assim, antes de me encontrar com as pessoas que aguardavam por mim no vestíbulo de entrada, corri para o meu carro estacionado e guardei todo o meu dinheiro no porta-luvas.

Eu nunca havia estado em uma prisão antes, mas já ouvira histórias contadas por uma amiga que, certa vez, conduzira uma entrevista no interior de uma dessas instituições. As mulheres visitantes, contou-me a minha amiga, vestiam-se provocativamente, geralmente com blusas muito decotadas e justas, criando uma atmosfera pulsante de desejo e perigo.

No interior do Centro de Recepção da DVI, no entanto, a atmosfera era mais parecida com a de um salão de festas de uma igreja do que com a de um "inferninho". Pais, esposas, avôs e filhos, a maioria de origem hispânica, sentavam-se ali e esperavam até ouvir seus nomes serem chamados. De vez em quando, alguém levantava-se e caminhava até um canto, onde havia uma lojinha que vendia artigos para presentes e peças de artesanato confeccionados pelos detentos. Uma pintura de um lobo aterrorizante, com olhos amarelos, pendia de uma das paredes, acima de três abajures de madeira idênticos à venda por 24 dólares, cada um, e uma variedade de relógios de parede, com imagens do rosto de Jesus ou cenas do deserto pintadas em seus mostradores.

Havia mais de uma hora que eu aguardava ali, tentando desviar minha atenção do nó que se formava em meu estômago. E se Gilkey se mostrasse mais hostil do que eu esperava? Será que eu estaria segura ao conversar com ele? Contemplei uma parede sobre a qual diversos avisos manuscritos haviam sido afixados: "É proibida a entrada de pessoas vestindo calças *jeans*"; "É proibida a entrada de mulheres vestindo blusas sem mangas"; e "É proibida a entrada de pessoas calçando sandálias". Outro desses avisos dizia: "É proibida a entrada de mulheres usando sutiãs com armações de arame". Achei que eles teriam de desligar o detector de metais, no meu caso. Então, corri através do escaldante pátio de estacionamento, entrei no meu carro e afundei-me tanto quanto possível no assento. Desabotoei e tirei meu sutiã, puxando-o pela manga da blusa que vestia, agradecendo à minha boa sorte pelo fato de esta não ser branca. Corri de volta para o vestíbulo de entrada e, meia hora depois, ouvi meu nome ser chamado.

Quando, afinal, passei pelo detector de metais e por dois conjuntos de portas pesadamente trancadas, cheguei à sala de visitas e encaminhei-me a uma mesa para declarar a quem eu viera visitar. Esperei por um tempo que me pareceu alongar-se por horas enquanto os policiais localizavam Gilkey, desejando mais do que qualquer outra coisa que aquela entrevista terminasse logo. Enfim, os policiais o encontraram e o trouxeram até uma cabine, onde se acomodou, sentando-se atrás de uma janela de *plexiglas*. Aproximei-me do outro lado da janela, tentando parecer acostumada a fazer aquilo o tempo todo. Ele vestia uma camisa laranja com o colarinho aberto em V, do uniforme da prisão, sob a qual se via uma camiseta branca ordinária, e calças, também de cor laranja, sem cinto, com um elástico ajustado à cintura. Sorriu para mim, fazendo um gesto como se dissesse "por favor, sente-se", que interpretei como um bom sinal. Não parecia agressivo até então. Eu ainda estava usando meu casaco e transpirava muito, tanto em função do calor, quanto do nervosismo. Passei os olhos sobre a lista de perguntas que havia formulado em meu caderno de anotações, que iniciava com indagações sobre assuntos que não suscitariam polêmicas: "Onde você nasceu e foi criado?"; "Quando você começou a interessar-se por livros raros?", e assim por diante. No final da lista, eu havia escrito a seguinte pergunta: "Você roubou algum livro?", mas imaginei que seria melhor esperar por outra ocasião para lhe formular esta. Apresentei-me falando pelo pesado aparelho de telefone do meu lado da janela, e ele, aparentemente tão nervoso quanto eu, retribuiu o cumprimento, como se estivesse com muita pressa. Imediatamente, de maneira abrupta, perguntou, solícito:

– Então, você quer que eu lhe conte como consegui roubar meu primeiro livro?

Suspirei aliviada, e comecei a tomar notas. Na ocasião de nossa primeira entrevista, Gilkey contava trinta e sete anos de idade. É um homem de estatura mediana – cerca de 1,75 m –, olhos castanho-claros e cabelos escuros que começam a rarear; suas mãos possuem dedos longos, com as unhas roídas. Sua voz é baixa e calmamente cadenciada, lembrando a de *Mr. Rogers*, o apresentador de programas infantis na televisão. Tentando não pensar na semelhança, perguntei-lhe como ele começou a se interessar por livros.

– Minha família possuía uma grande biblioteca, com milhares de livros, na sala de estar da nossa casa. Lembro-me de ficar olhando para aqueles livros, todo o tempo – disse ele. – Eu também costumava assistir àqueles filmes ingleses que retratam o período vitoriano, como nas histórias de Sherlock Holmes, sabe? Eu adorava aqueles filmes, nos quais um cavalheiro sempre possui uma biblioteca e veste-se com um *smoking*.

Descrever suas motivações parecia agradar a Gilkey, mas não havia nada de revelador nelas: parecia satisfeito com o conhecimento que possuía sobre si mesmo, e que sua fantasia de viver uma vida imersa na tradicional cultura britânica, tal como é mostrada no cinema, foi o que o levou a roubar livros.

– Foi assistindo àqueles filmes – disse ele – que eu comecei a pensar em possuir livros.

Gilkey sorriu e encolheu os ombros, como se soubesse que o que acabara de dizer poderia soar um tanto ridículo, mas era a verdade. Se você não nasceu em meio à alta sociedade, rica e bem-educada, por que não roubar para abrir seu caminho até chegar a ela? Seus modos afáveis eram perturbadoramente contrastantes com o conteúdo da nossa conversa, mas tornavam o ato de entrevistá-lo mais fácil do que eu havia esperado.

Como as regras da prisão proibiam que eu adentrasse suas instalações portando uma caneta ou um gravador de fitas cassete (materiais metálicos), eu tinha de escrever a uma velocidade que provocava câimbras em minha mão; usava um lápis, cuja ponta eu temia que viesse a quebrar, pois a afiara até torná-la muito fina (não tinha permissão para levar um lápis de reserva, muito menos um estilete para apontá-lo). Esforcei-me por me abstrair da conversa das duas mulheres entre as quais me encontrava, que, com vozes altas e calorosas, procuravam relatar o máximo possível de notícias de casa no tempo de que dispunham. Enquanto isso, Gilkey falava-me sobre sua livraria preferida.

– No final da década de 1990, eu frequentava principalmente a grande loja da *Heritage Books* (literalmente, "Livros de Herança"), em Los Angeles. Ela funciona em um mausoléu adaptado; você tem de ver – disse ele.

Mais tarde, vim a saber que Gilkey não apenas "frequentava" a *Heritage Books*, mas, também, costumava roubar sistematicamente os livros da loja.

A *Heritage Book Shop*, que fechou suas portas em 2007, era – segundo descobri – uma das empresas mais bem-sucedidas do país no comércio de livros raros. Fundada por dois irmãos – Ben e Lou Weinstein –, ex-proprietários de lojas de objetos de segunda mão, a empresa especializou-se no negócio de livros raros a partir da década de 1960.[1] Com janelas decoradas com vitrais, mobiliário inglês e um teto lacunar, a atmosfera da loja exsudava a riqueza antiga do Velho Mundo. A ostentação de riqueza em estilo cinematográfico ficava evidente por meio das cadeiras da loja, que haviam sido utilizadas como objetos cenográficos na filmagem de *E O Vento Levou*. Esta combinação de refinamento antigo e *glamour* hollywoodiano era irresistível para Gilkey, que pensou "se, algum dia, vier a ser proprietário de uma livraria (um de seus sonhos), minha loja será muito parecida com a *Heritage*".

– Acho que, naquele lugar, desenvolvi um senso distorcido do que seria realmente possível – disse ele. – Comecei a sonhar em formar uma biblioteca gigantesca, na qual eu me sentaria a uma bela escrivaninha. Ali, eu leria ou escreveria... E teria um grande globo terrestre, ao lado da mesa – acrescentou, sem perceber quão revelador era o seu emprego de um tempo verbal diferente.

– Foi na *Heritage* – sentenciou ele – onde tive a ideia de ser dono de uma coleção.

Ele já tinha dito que sua inspiração inicial para formar uma coleção de livros lhe viera ainda na infância, mas eu não o interrompi. Gilkey estava ansioso por contar sua história; por isso, daquele ponto em diante, fiz-lhe poucas perguntas. Ele falava com uma voz suave e agradável, de maneira quase cortês e muito franca, sobre o modo como veio a formar sua coleção de livros, embora evitasse usar palavras tais como "roubar", "furtar" ou "prisão". Em vez disso, ele dizia haver "obtido" os livros e ter sido "afastado" da vida em sociedade, devido à maneira como "fizera isso". Parecia bastante inteligente, ainda que, com frequência, pronunciasse algumas palavras incorretamente, do modo como costumam fazer as pessoas que leem muito embora não tenham crescido em meio a gente muito lida.

Gilkey afirmou não colecionar apenas livros raros: também possuía coleções de frascos de sais aromáticos, instrumentos musicais, figurinhas de jogadores de beisebol, cristais, moedas e autógrafos, dentre os quais se orgulhava de ter os de Stephen King, de Anne Perry, da Princesa Diana e de Ronald Reagan. Contudo, sua atração voltava-se principalmente para os livros. A este respeito, eu viria a saber que a atitude de Gilkey é típica de muitos colecionadores que costumam dedicar-se à acumulação de mais de um tipo de objeto. Quase todos, porém, possuem um foco, e o de Gilkey era, indubitavelmente, os livros. Mas, por quê? E o que tornava seu desejo tão ardente a ponto de fazê-lo arriscar sua própria liberdade para satisfazê-lo? Gilkey tornou a evocar a imagem de um cavalheiro inglês, possuidor de uma vasta biblioteca, e forneceu uma explicação mais aprofundada.

– Eu adoro a sensação de ter entre as mãos um livro que vale cinco ou dez mil dólares. Além do senso de admiração com que você é visto pelas outras pessoas.

Que as pessoas viessem a admirar Gilkey por causa de sua coleção de livros era algo que parecia ser o ponto crucial de seus desejos. Não era meramente o amor pelos livros que o compelia; mas também o fato do que diria a seu respeito possuí-los. Isto nada mais é do que uma aspiração normal levada ao extremo – a mesma aspiração que forma o nosso gosto pessoal quanto a música, a certos tipos de automóveis ou a sapatos que melhor reflitam as nossas personalidades. Tendo passado alguns dias em companhia de colecionadores e negociantes na Feira de Livreiros Antiquários de Nova York, percebi que muitos deles também construíam identidades por meio de suas coleções, adquirindo livros como se fossem símbolos de seu bom gosto, seu conhecimento ou sua riqueza. Pouco tempo depois de haver visitado Gilkey, enquanto folheava uma revista, deparei-me com um anúncio publicitário de uma empresa gerenciadora de fundos de ações, no qual uma mulher bem vestida aparecia saindo de uma loja de livros raros. À mesma época, recebi um catálogo de moda feminina no qual pelo menos metade das fotos ilustrativas fora tirada com as modelos posando em uma antiga biblioteca. Em ambos os casos, os livros antigos serviam como um emblema da "boa vida", de uma vida plena de riquezas, com casas de campo e longas viagens ao redor do mundo. É uma fantasia muito sedutora a de que, se você possuir os livros, possuirá também a própria "boa vida" – ou, ao menos, fará com que as outras pessoas acreditem que você a possui. Ao realizar minhas pesquisas, li a respeito de outros tipos de motivação. Alguns colecionadores (de caixas de cereais matinais, maquinário agrícola ou do que quer que seja) descrevem sua obsessão como uma forma de criar ordem e de preencher um vazio em suas vidas.[2] Porém, algum grau de desejo por ordem não é comum a todas as pessoas? E a maioria das pessoas não tem algum tipo de vazio a ser preenchido em suas vidas, quer este seja decorrente de uma infância infeliz, de problemas de saúde ou de ânsias insatisfeitas na vida matrimonial? Novamente, a motivação de Gilkey parece ser apenas devida à satisfação de um impulso normal, levado ao extremo. De muitas maneiras, Gilkey não parece ser nada diferente de qualquer outro colecionador de livros. A única coisa que o fazia diferir dos outros era o seu histórico criminal.

Quanto mais Gilkey falava, mais incongruências vinham à luz. A combinação entre seu rosto redondo e cheio e seu cabelo que começava a escassear fazia-o parecer, ao mesmo tempo, jovem e velho. Apresentava-se mal barbeado, mas com modos muito cuidadosos; atitude que o fazia parecer tanto desorientado quanto calculadamente controlado. O fato mais contraditório era que ele colecionava livros para sentir-se "grandioso e imponente como um membro da realeza, rico e culto" e, contudo, tornara-se um criminoso, praticando roubos para conferir a si mesmo uma aparência de riqueza e erudição.

Nós tínhamos apenas trinta minutos para conversar, e Gilkey revolvia prazerosamente sua própria história, saltando para trás e para frente no tempo, guiado apenas por suas lembranças dos vários livros que roubara, sem atentar para a ordem cronológica dos fatos. Aparentemente, queria abranger o máximo possível em sua narração, ou talvez pensasse como eu: que esta poderia ser a nossa única conversa. Quando o assunto derivou para o que pretendia fazer quando fosse libertado, discorreu sobre seus planos.

– Sinto-me cheio de criatividade – disse ele. – Quando você é obrigado a ficar aqui 24 horas por dia, sete dias por semana, você acaba tendo uma porção de ideias.

Elencou algumas das que tivera, em rápida sucessão:

– Eu quero possuir um livro de cada autor famoso.

– Vou escrever à biblioteca presidencial para ver se consigo que eles me enviem um de seus livros.

– Vou publicar um anúncio no jornal, dizendo: "Mantenha-me fora da cadeia: mande-me um livro de presente."

– Vou abrir uma livraria.

– Já escrevi um livro bem grande, inspirado na obra de John Kendrick Bangs – um escritor e dramaturgo do século XIX. Esbocei-lhe uma homenagem. Também já escrevi algumas histórias de suspense.

Desta vez, Gilkey havia sido preso porque, apenas três semanas após ser libertado, e depois de haver cumprido uma pena de três anos por roubar livros, fora a uma feira de livros e passara um cheque sem fundos. Ele não gostava de estar na prisão. "Eu não pertenço a este ambiente", disse, dando a entender que já tivera de rechaçar ataques de natureza sexual. Olhando para Gilkey através da janela de *plexiglas*, eu quase podia ver nele o garotinho tímido, que se sentava sempre nas primeiras carteiras na classe, vestindo calças curtas demais e com o cabelo cuidadosamente repartido de lado, e que, de algum modo, vira-se atirado em meio a estupradores e ladrões de automóveis.

– O nível intelectual aqui é muito baixo – disse ele. – Eu cursei uma faculdade, na Universidade da Califórnia, em Santa Cruz.[3] Estou passando por tempos extremamente difíceis, aqui.

Apesar de tudo, ainda encontrava tempo para ler.

– Estou lendo um livro de Tom Clancy. Meu primeiro companheiro de cela falava sem parar, era difícil conseguir ler. Agora, leio romances de espionagem: os de Robert Ludlum, *A Supremacia Bourne*, os de James Patterson...

Já li uns vinte ou vinte e cinco livros, aqui. Mas eu prefiro ler livros de referência, porque gosto de aprender mais sobre antiguidades e objetos colecionáveis e, assim, aprofundar meus conhecimentos.

Em 1998, enquanto cumpria pena na prisão do Condado de Stanislaus por fraude, Gilkey afirmou ter lido *Edições Perigosas* (*Booked to Die*), de John Dunning, um romance policial no qual uma mulher colecionadora faz exaustivas pesquisas sobre livros raros e, depois, tira proveito ilícito do conhecimento adquirido. Foi este livro que inspirou John Gilkey a levar mais a sério e aprofundar suas próprias pesquisas sobre livros raros.

Gilkey disse que não gostava de gastar seu "próprio dinheiro" com livros, e que não achava justo o fato de não possuir dinheiro suficiente para adquirir todos os livros que desejava. A noção de "justiça" de Gilkey parecia ter uma conexão direta com seu senso de "satisfação": se ele pudesse sentir-se satisfeito, tudo seria justificado; caso contrário, não. Eu não tinha ideia de como responder a isto, especialmente diante de sua inabalável convicção ao expor seus pontos de vista.

– Eu possuo uma graduação em Economia – disse ele, numa tentativa de explicar sua compulsão para roubar. – Imagino que, quanto mais livros eu puder obter de graça, ao precisar vendê-los, obterei um lucro de cem por cento.

Precisei de alguns segundos para me dar conta de que Gilkey não estava brincando. Parecia tão calmo e controlado que afirmações como esta soavam particularmente impactantes, tornando cristalina a percepção de seu senso distorcido do que era justo, certo e razoável. Oscilando como um pêndulo para dentro e para fora dos limites de sua consciência, Gilkey alternava entre manifestar veementemente sua intenção de jamais cometer outros crimes e apresentar novas ideias sobre como "obter" mais livros.

– Desejo parar de cometer crimes. Não vale a pena – dizia ele. E, logo: – É muito excitante ter os livros em suas mãos.

A conversa prosseguiu deste modo, alternando-se entre o desejo que ele sentia pelos livros e seus planos para deixar de roubá-los. Porém, apenas uma dessas intenções parecia verdadeira, ou mesmo possível de ser realizada.

Gilkey havia sido preso várias vezes por passar cheques sem fundo. Disse-me não saber ser contra a lei.

– Quer dizer, eu achava que se tratava de uma ação da alçada da justiça civil, e não da criminal – disse ele.

Achei esta história tão improvável quanto a que me contou sobre o modo como obtivera o livro infantil *Madeline*.

– Certa vez, fui a um mercado de pulgas e comprei uma primeira edição de *Madeline*, de Ludwig Bemelmans, por um dólar. Hoje, o livro vale mil e quinhentos.

Até este ponto, muito do que ele me dissera correspondia à verdade (Sanders havia me informado sobre as mesmas coisas); mas não tudo.

Desviei o assunto para a feira de livros em San Francisco, em 2003, onde Sanders julgara haver visto Gilkey, mas não fiz qualquer menção a Sanders.

– Sim, eu estive lá – disse ele. – Mas acho que as pessoas sabiam a meu respeito.

Ele havia sido libertado sob fiança e trouxera consigo para a feira um par de livros que esperava conseguir vender a algum negociante desinformado, para obter o dinheiro de que precisava para pagar a um advogado que o defendesse. Ele havia percorrido, de uma ponta à outra, os corredores da feira, conversando com os livreiros e admirando seus livros, parando para contemplar as pranchas coloridas de um in-fólio de Audubon*. Um dos livros que ele levara para a feira, muito apropriadamente, era um exemplar de *O Homem Invisível*.

– Mas eu tive a sensação de estar sendo observado –, disse ele. – Então, fui-me embora.

Afinal, talvez Sanders não estivesse ficando paranoico, como seu amigo sugeriu. É possível que o homem com quem ele cruzou o olhar no dia da inauguração da feira fosse, de fato, Gilkey.

– Mas, você sabe... – disse Gilkey. – A polícia jamais me pegou. Não foi por eles que eu fui apanhado. Foi por um sujeito encarregado da segurança da Associação dos Livreiros Antiquários. Ken alguma coisa... Não me lembro do sobrenome dele.

Ele lançou uma "isca", para ver se eu sabia de alguma coisa; mas eu não queria parecer estar do lado de Sanders, por isso não disse nada. Havia passado a última meia hora tentando separar as mentiras de Gilkey das verdades que dizia; e, agora, a meia-verdade de meu silêncio funcionava como um novo tipo de engodo.

---

* John James Audubon (1785–1851); naturalista que pintou e escreveu sobre os pássaros naturais da América do Norte. (N.T.)

Gilkey começou a enumerar os títulos de outros livros que desejava possuir em sua coleção, mas teve de parar no meio de uma frase quando um dos guardas lhe fez um sinal. Nossos trinta minutos haviam chegado ao fim.

Dirigindo de volta para casa, da quente e seca Tracy para a fria e úmida San Francisco, repassei mentalmente a conversa que mantivera com Gilkey. Ele não era o criminoso insensível e beligerante que eu podia ter esperado, mas tampouco havia sido totalmente sincero comigo. Contudo, de uma coisa eu tinha certeza: ele era um homem completamente possuído por sua paixão pelos livros e pelo modo como estes podiam ser utilizados para expressar a personalidade que idealizara para si mesmo. De certo modo, era um colecionador como qualquer outro; por outro lado, não era. Seus modos educados, a princípio, tinham sido um alívio; mas logo se tornaram desconcertantes. Conciliar sua expressão de compostura com seu histórico criminal não era tarefa fácil. E as coisas iriam tornar-se ainda mais complicadas.

❧ 3 ❧

RIQUINHO

QUANDO GILKEY FOI LIBERTADO DA PRISÃO, poucas semanas depois, encontramo-nos no *Café Fresco*, na Union Square, em San Francisco. O lugar do encontro fora escolhido por Gilkey, a apenas um quarteirão, rua acima, da *Saks Fifth Avenue*, onde ele trabalhara. A decoração do café segue o estilo "falso italiano", com enormes latas de tomates em conserva e pacotes de macarrão tomando poeira em prateleiras metálicas, diante de um balcão refrigerado cheio de rosquinhas doces recheadas, cujas vendas mulheres hispânicas não param de registrar no caixa. É como se alguém decidisse que o estabelecimento deveria ter a aparência de rústica simplicidade de um empório italiano, mas tivesse abandonado a ideia quando o projeto já estava quase pronto.

Gilkey usava uma camisa branca bem passada, um boné de beisebol azul-escuro, com os dizeres *"PGA Golf"* impressos na frente, e um par de tênis de couro bege, do tipo que ninguém com menos de 65 anos de idade costuma usar. A camisa e a jaqueta que usava haviam pertencido a seu pai, que morrera enquanto Gilkey cumpria sua pena na DVI. Disse que sentia muitas saudades do pai e, então, puxou um lenço de papel amarfanhado do bolso da jaqueta.

– Hã... – disse ele, olhando para o lenço de papel. – Isto era dele.

Ele colocou o lenço de volta no bolso.

No balcão, pedi uma xícara de chá, e ele um suco de laranja e uma rosquinha, pelos quais me agradeceu profusamente. Sentamo-nos a uma mesa e, por duas horas, respondeu às minhas perguntas, a maioria das quais formulada de maneira direta, segundo as regras básicas do jornalismo: "quem", "o quê", "onde", "quando" e "por quê". Mas foi esta última pergunta – por quê? –, mais do que qualquer outra, que me levara até ali. Por que Gilkey amava tanto os livros raros? Por que ele os roubava? Por que arriscara perder sua liberdade por eles? E por que, afinal, ele se mostrava disposto a falar tão francamente comigo a respeito disso?

Antes de nosso encontro, eu lera a respeito do lugar onde Gilkey crescera, esperando encontrar algum indício da influência do ambiente sobre a formação do homem e suas motivações. Ele nascera em 1968, em Modesto, na Califórnia. Uma cidade de tamanho médio, na área rural do Vale San Joaquin, que, desde então, crescera até conter cerca de duzentos mil habitantes.[1] Os primeiros colonizadores chegaram à região durante a Corrida do Ouro, com os bolsos vazios e a cabeça cheia de sonhos de se tornarem instantaneamente ricos; porém, tal como aconteceu com a maioria dos imigrantes que foram atraídos à Califórnia em meados do século XIX, pouquíssimos conseguiram fazer fortuna garimpando ouro. Mais de cem anos depois, Modesto desenvolveu-se assumindo a forma de um subúrbio idealizado – popularizado nas telas de cinema com o filme *American Graffiti*, de George Lucas, um filho da terra. Hoje em dia, a cidade preenche os requisitos da indústria de entretenimento cinematográfico e televisivo, que costuma utilizá-la como cenário graças à sua aparência "tipicamente americana".[2] Contudo, por trás das fachadas limpas e bem cuidadas, esconde-se uma cidade que ostenta um dos mais elevados índices de roubos de automóveis dos Estados Unidos.[3] A qualidade do ar é frequentemente prejudicial à saúde humana, e, segundo as estatísticas do FBI de 2007, ali acontecem mais estupros, crimes violentos, furtos e crimes contra o patrimônio *per capita* do que na cidade de Nova York. Parece condizente que um homem como Gilkey, que deliberadamente construiu uma "fachada" falsa para si mesmo, tenha crescido em um lugar como Modesto, onde as aparências são tão enganadoras.

Entre goles em sua garrafinha de suco de laranja, Gilkey contou-me que fora criado como o filho mais novo de uma família constituída por oito pessoas. Seu pai trabalhava para a Companhia de Sopas Campbell's, como gerente de transportes, e sua mãe era uma dona de casa.

– Meus pais eram apenas um casal normal, eu acho. Minha mãe era uma mulher de prendas domésticas. Ela adorava tomar conta dos filhos e da casa, e isso era tudo o que ela gostava de fazer. Meu pai trabalhava em regime de tempo integral, das oito às cinco horas, e trazia o dinheiro para casa. Ele também gostava de fazer o trabalho de jardinagem. Minha mãe costumava frequentar as "vendas de garagem" da vizinhança. Até onde posso me lembrar, ela comprava apenas coisas normais, objetos cotidianos para uso da família.

Quando perguntei a Gilkey sobre quando decidira começar a colecionar livros, ele disse:

– Eu mantinha uma coleção de revistas em quadrinhos do *Riquinho*, no meu quarto.

Riquinho era um personagem de histórias em quadrinhos bastante estranho, que usava calças curtas e uma enorme gravata-borboleta; mas era um garoto amável, filho de uma família que possuía uma riqueza infinita. Assim, *Riquinho* podia obter o que desejasse, com um mínimo de esforço. O fato de Gilkey – um homem cujo sonho era ser rico e refinado – haver colecionado revistinhas do *Riquinho*, em vez das do *Super-Homem*, dos *X-Men* ou do *Quarteto Fantástico*, parece ser o tipo de detalhe que o roteirista de um filme de segunda categoria sugeriria ao diretor. Porém, Gilkey não parecia haver se dado conta da ironia, ao explicar sua preferência.

– Eu gostava das historinhas do garoto com a gravata-borboleta... E das capas coloridas. Eram boas histórias, fáceis de ler. Ele era tão rico! Sabe, ele apenas jogava beisebol, com o Juca e o Sardento, e fazia coisas que as crianças comuns fazem. Mas sua família era tão rica! Eles tinham cofres pela casa toda, cheios de dinheiro, diamantes, joias e tesouros... Acho que todo mundo gostaria de ser rico.

É possível que Gilkey estivesse certo quanto a isto, mas nem todo mundo deseja tão desesperadamente ser visto como rico pelas outras pessoas. Era exatamente este aspecto do impulso colecionista de Gilkey que o diferenciava dos outros colecionadores que eu havia conhecido ou sobre os quais havia lido. Para estes últimos, por mais gratificante que fosse a admiração ou, mesmo, a inveja que as pessoas lhes dedicassem, esta não era a motivação principal que os levava a formar e manter suas coleções. Existem, sem dúvida, os que colecionam apenas para impressionar os outros (Sanders os compara aos caçadores de grandes animais nas savanas africanas: "Faça pontaria, e *bum!* Você tem um troféu para exibir."). Mas acho que este hábito se deve a outros motivos. Uma colecionadora a quem conheci ficou maravilhada ao poder me mostrar sua extensa e variada coleção de livros.[4] Ela vinha formando-a havia mais de uma década, mas ninguém jamais lhe havia pedido para vê-la. "Nenhum dos meus amigos tem o menor interesse nisto", disse ela. Sua sempre crescente biblioteca era, pura e simplesmente, um prazer pessoal. Gilkey, contudo, tinha outras motivações, tal como indicava a sua predileção por *Riquinho*.

Eu não seria capaz de dizer o nome de uma só revista em quadrinhos que tenha lido quando era criança. De vez em quando, eu dava uma olhada em algumas edições da revista *MAD* pertencentes ao meu irmão mais velho, ou lia uma revista da turminha do *Archie* emprestada de alguma amiga, mas jamais me interessei muito por histórias em quadrinhos. No entanto, eu era uma colecionadora. Entulhando as estantes da minha infância havia: bichinhos feitos de vidro, pedrinhas vermelhas de calcedônia que eu apanhava quando ia à praia, animaizinhos de cerâmica que vinham dentro das caixas de chá que minha mãe comprava e, por algum motivo que agora me escapa, canudinhos de papel listrados, dentro dos quais vinham as balas *Pixy Stix*. Todavia, a diferença existente entre o meu desejo de acumular essas coisas e o de um verdadeiro colecionador é que eu adicionava cada nova peça à coleção com uma sensação de afetuosa satisfação, e não de obsessão febril. Os ocasionais e infrequentes acréscimos às minhas coleções proporcionavam-me uma sensação de constância (outra calcedônia! maior do que as outras, mas *igual* a elas) e de confirmação da minha própria identidade (ninguém que eu conhecesse colecionava objetos como aqueles, aquilo era uma coisa só *minha*), duas satisfações comuns da infância. Contudo, após haver juntado umas duas dúzias de objetos de cada tipo, eu os esquecia completamente. Contentava-me com pouco, algo que provavelmente nenhum colecionador pode dizer a respeito de si mesmo. Quando era criança, minha única paixão verdadeira era devotada ao intenso estudo do balé, graças ao qual "colecionei" vários estiramentos musculares e bolhas nos pés, mas através do qual pude experimentar, mais do que qualquer outra coisa, um profundo sentimento de alegria e dedicação a um propósito. Ao longo daqueles anos de formação, eu era fascinada por garotos "problemáticos", do tipo que contestava os professores e "aprontava artes" que os levavam à sala do diretor. (Ouvi dizer que dois desses garotos acabaram indo para a prisão.) Eu jamais ousava desobedecer, mas gozava intimamente com a coragem que eles demonstravam ao fazer isso. Encontrar-me em companhia de Gilkey era algo quase tão excitante. No entanto, em vez da emoção visceral que me lembro de sentir quando criança, a sensação prazerosa era mais motivada por razões intelectuais. Eu não podia conceber o poder que os livros exerciam para motivá-lo a arriscar-se continuamente a passar um tempo na prisão por sua causa.

Analisar a infância de Gilkey pareceu-me uma boa maneira de começar a satisfazer minha curiosidade. Ele contou-me que, certa tarde, quando tinha nove ou dez anos de idade, foi com seus pais e sua irmã, todos a bordo da caminhonete da família, à loja de departamentos *Montgomery Ward*, no centro de Modesto, onde cometeria seu primeiro delito. Passeando pelos corredores da loja, ele admirava as miniaturas de carros *Hot-Wheels*, que custavam 39 centavos cada, e bonequinhos de personagens de histórias de ação, como o *Super-Homem* ou o *Incrível Hulk*, uma atitude que era somente um disfarce. Quando nenhum dos seus familiares estava olhando, ele surrupiou uma luva de beisebol – que não foi notada por ninguém, até o momento em que todos saíram da loja. Uma vez fora dali, ele exibiu sua presa.

– Olhem só o que eu fiz! – disse ele.

Todos olharam, mas nada disseram, limitando-se a caminhar através das fileiras de carros alinhados no pátio de estacionamento. Ao chegar em casa, Gilkey, um garoto destro, percebeu que furtara uma luva confeccionada para canhotos.

Quando lhe perguntei por que seus pais não o haviam punido pelo que fizera, ele deu de ombros.

– Não fiquei surpreso por eles não terem dito nada sobre isso – disse ele. – Eu apenas conseguiria arranjar mais problemas se tentasse devolver a luva.

Eu não podia deixar isto passar em "brancas nuvens", mas quando fiz mais perguntas acerca deste assunto, Gilkey pareceu intrigado com a minha insistência. Talvez sua memória, ao longo dos anos, tivesse adequado o episódio à sua lógica particular, como todo mundo costuma fazer com suas próprias histórias familiares. Para ele, não havia qualquer tipo de mistério com relação ao que acontecera. Porém, o fato de ter contado sobre o furto da luva pareceu haver desencadeado uma série de lembranças semelhantes, pois Gilkey desfiou uma longa sucessão de histórias. Ele contou-me que os membros de sua família tinham o hábito de furtar coisas uns dos outros. Afirmou que uma de suas irmãs e um irmão roubaram-lhe alguns de seus livros enquanto ele esteve na prisão, e confessou que ele mesmo e um irmão haviam furtado alguns pertences de uma das irmãs, enquanto a ajudavam a se mudar de um apartamento para outro. Outra de suas irmãs, em companhia de um irmão, roubara coisas de sua mãe. Aparentemente, a sucessão de furtos cometidos entre familiares desenrolava-se desde uma geração anterior.

– A mãe do meu pai colecionava livros – disse Gilkey. – Ela deu-lhe seus livros, mas uma de suas irmãs roubou-lhe alguns.

Retomei o assunto que me trouxera até ali: o hábito de Gilkey colecionar livros. Perguntei-lhe se seus pais costumavam colecionar alguma coisa, e ele me disse que, ainda muito jovem, aprendera com eles que certos objetos aparentemente sem valor podiam vir a se tornar muito valiosos com o tempo; por isso, se eles pudessem ser obtidos por um preço muito baixo, tanto melhor.

– Eu costumava ser levado a essas "vendas de garagem", quando era mais novo. Ficava esperando no carro, com o meu pai. Eu realmente não ligava a mínima para essas coisas, mas meus pais sempre voltavam dessas ocasiões contando muitas histórias. "Veja só o que eu consegui por apenas 25 centavos! Aposto que deve valer uns 75 ou 80 dólares! Eles estavam praticamente dando as coisas de graça!".

Então eles levavam seus "achados" para casa e os colocavam em caixas ou estantes, juntamente com o restante de seus adorados objetos de coleção, à espera de que o valor de cada um deles aumentasse.[5]

Em nossa entrevista na DVI, Gilkey dissera que sua família chegara a possuir milhares de livros, dentre os quais ele se lembrava de alguns de seus favoritos, tais como "um par de volumes encadernados em couro, da *Time-Life*, e especialmente da série sobre o Velho Oeste." Mais uma vez, aparentemente sem dar-se conta da ironia, ele citou, entre seus títulos favoritos, *Crime e Castigo*, uma enciclopédia ilustrada sobre crimes e criminosos célebres, que não deve ser confundida com a obra homônima de Dostoiévski, da qual um exemplar ainda se encontra em seu poder, diferente de uma centena de livros jurídicos que pertenceram aos seus pais, e que foram retirados da estante, segundo ele, para criar espaço para outros livros.

– Quando se tem uma estante de livros – acrescentou Gilkey –, com quanto mais livros você a ocupa, com mais livros irá querer enchê-la. E quanto mais valiosos forem os livros, mais bonita ficará a estante. [...] Uma estante cheia de livros é um objeto cheio de beleza: você pode ler os livros, se quiser. Mas, por si mesma, a estante irá contribuir para a ambientação da casa, não é verdade? E ela só irá ganhar valor, com o passar do tempo. Você não acha que toda casa deveria ter uma estante de livros? Ainda que fosse apenas pelo prazer de... Imagine que você tenha de receber em casa alguém que jamais tenha visto antes, e que possa levar essa pessoa a um canto da casa e dizer: "Esta é a minha biblioteca!"[6]

"*Esta é a minha biblioteca!?*" Eu sempre pensara em meus livros como alguns dos meus objetos pessoais, e não algo de que pudesse me orgulhar de exibir aos outros; mas era justamente o fato de poder exibi-los que parecia ser de importância tão crucial para Gilkey. No entanto, uma das paredes da sala de estar da minha casa é coberta por estantes de livros, e todas as pessoas que me visitam podem ver o que eu supostamente já li. Para ser completamente honesta comigo mesma, devo admitir que, em certa medida, meus livros são expostos como se fossem "condecorações" que eu tivesse recebido: ali está a desbotada lombada de *Ulisses*, de James Joyce (como que para alardear a minha capacidade de perseverar no que quer que eu faça); *Terra Nostra*, de Carlos Fuentes (hum... ela não se limita a ler apenas autores europeus e norte--americanos!); *Um Teto Todo Seu*, de Virginia Woolf (um clássico do pensamento feminista) etc. Desta forma, seria apenas uma questão da intensidade do meu interesse e apreço pelos livros o que me distinguiria de Gilkey? Tinha de haver algo mais do que simplesmente isso. E quanto à faceta criminosa do seu colecionismo? Quando lhe perguntei a este respeito, Gilkey contou-me como começou a praticar suas fraudes com cartões de crédito.

Em algum dia de 1996, de acordo com Gilkey, ele e um amigo encontravam-se no bar do hotel *Red Lion Doubletree Inn*, em Modesto.

– Eu achei um recibo de cartão de crédito no chão – contou. – Disse ao meu amigo que tentaria comprar alguma coisa usando o número do cartão impresso no recibo, mas ele me disse que isso jamais iria dar certo. Cerca de duas horas mais tarde, usando o telefone do hotel, eu já tinha conseguido adquirir uma porção de coisas: um relógio de pulso, uma *pizza* e um pôster do filme *Psicose*.

Gilkey não fora apanhado por esses roubos porque não havia roubado o próprio cartão de crédito, caso em que o proprietário teria alertado as autoridades e cancelado todas as compras. Em vez disso, ao utilizar apenas o número impresso no recibo, ele faria com que o proprietário só viesse a saber das compras feitas com o seu cartão quando recebesse a próxima fatura. No final das contas, quem tivesse vendido as mercadorias arcaria com o prejuízo. Mesmo quando o vendedor possui uma apólice de seguros – de acordo com o que alguns negociantes de livros me contaram, mais tarde –, lhes é cobrada uma quantia considerável, às vezes igualando o valor do que lhes foi roubado.

O "amigo" mencionado por Gilkey como seu cúmplice era, em grande medida, parecido com seu próprio pai, em companhia de quem ele costumava andar, segundo me disse. Descreveu-me suas aquisições fraudulentas como se não fossem mais do que meras brincadeiras inconsequentes, ainda que a facilidade com que as conseguia perpetrar surpreendia até mesmo a ele. "Era tão fácil", disse ele, usando uma frase que repetiria todas as vezes em que me contaria sobre o roubo de algum livro. Naquela ocasião, ele trabalhava na agência dos Correios de Modesto, ganhando onze dólares por hora.

– O dinheiro era suficiente para algumas coisas –, disse Gilkey. – Mas não para comprar livros.

Algo me dizia que não importava quanto dinheiro Gilkey chegasse a possuir: jamais seria suficiente para comprar todos os livros que desejava. Sigmund Freud descreveu o hábito de colecionar antiguidades como "somente menos intenso do que a dependência de nicotina."[7] Ele explicou que o desejo e o prazer proporcionados pelo colecionismo são derivados de um senso de conquista. "Por natureza, não sou outra coisa senão um conquistador" – escreveu Freud –, "um aventureiro, caso você deseje um sinônimo para o termo; com toda a curiosidade, a ousadia e a tenacidade que um homem deste tipo é capaz de demonstrar possuir."[8]

Percebi, enfim, que a diferença entre uma pessoa que gosta de livros – e chega até mesmo a amá-los – e um colecionador não é apenas uma questão de graus de afetividade. Para as primeiras, sua estante de livros é uma espécie de repositório da memória: lá estão seus livros da infância, os da faculdade, seus romances favoritos e suas escolhas inexplicáveis. Vários *sites* na internet, que promovem encontros românticos ou a formação de amizades, oferecem um espaço para que seus associados citem os livros que estão lendo, exatamente por este motivo: os livros preferidos podem revelar muito sobre uma pessoa. Isto é particularmente verdadeiro quando se trata de um colecionador – para quem a estante de livros é menos reveladora do que ele já leu do que sobre quem ele é, em um nível mais profundo. "A posse é a relação mais íntima que alguém pode manter com os objetos. Não que [por meio da posse] estes se tornem vivos para seu possuidor; mas este torna-se vivo através deles", escreveu o crítico cultural Walter Benjamin.[9]

Gilkey tornou-se vivo desta maneira na primavera de 1997, quando foi a uma feira de livreiros antiquários pela primeira vez. Contou-me que, naquela ocasião, acabara de perder seu emprego como separador de correspondências na agência dos Correios e que seu pai havia deixado sua mãe. Pai e filho – agora inseparáveis, como dois irmãos favoritos – mudaram-se para Los Angeles, onde pretendiam alugar uma residência na qual pudessem viver juntos. Certa manhã, enquanto lia o *Los Angeles Times*, Gilkey deparou-se com um anúncio da feira de livros em Burbank e decidiu ir até lá, para dar uma olhada.

Passeando pela feira, ficou impressionado pela quantidade de negociantes que ali havia. Seu plano era encontrar alguns bons livros e "obter" quantos pudesse, com cerca de mil dólares. Admirava respeitosamente as coleções. "Eu poderia possuir uma dessas", pensou. Tendo eu mesma estado, recentemente, em uma feira de livros em Nova York, pude compreender sua reverência. Encontrar-se em meio a tantos livros tão cativantes é uma experiência inebriante, mesmo para o amante de livros moderado; mas, para Gilkey, tratava-se de um acontecimento tão importante quanto inesquecível e vertiginoso. A experiência não apenas aguçou seu apetite, mas também sua autoconfiança na capacidade de obter o que desejava, da maneira como desejava. Avistou uma sala onde se reuniam os negociantes especializados em livros de suspense e terror – um dos seus gêneros preferidos – e selecionou três primeiras edições: *O Horror de Dunwich*, de H. P. Lovecraft; *O Bebê de Rosemary*, de Ira Levin; e *Sete Contos Góticos*, de Isak Dinesen. "Pagou" pelos três livros com cheques sem fundo e com um cartão de crédito cujo limite já fora "estourado".

Gilkey imaginou que tudo não passasse de uma questão de entrar e sair rapidamente, antes que alguém notasse o que estava fazendo, e teve sucesso. Junto com os livros, levou um exemplar da revista *Firsts* ("Primeiras Edições"), uma publicação dirigida ao mercado dos colecionadores de livros. Mais tarde, folheando a revista, viu um anúncio da *Loja de Livros Raros Bauman*, que parecia ter "alguns livros muito legais" à venda. Telefonou para a loja e pediu que lhe enviassem um catálogo, que chegou pelo correio, dias depois.

Gilkey relatou que, ao folhear aquele catálogo, começou a considerar seriamente como se sentiria sendo o possuidor de uma coleção de livros semelhante às que podiam ser vistas naquelas páginas. Telefonou novamente para a *Bauman* e perguntou-lhes sobre os livros que recomendavam. Os atendentes mencionaram a disponibilidade de uma primeira edição de *Lolita*, um título que ele conhecia. Explicaram-lhe que a obra vinha acondicionada em um estojo verde para volumes *in-octavo* (uma embalagem protetora para conter livros cujo formato seja de aproximadamente 16 x 23 cm; um acessório comum para livros raros). Gilkey jamais ouvira falar de semelhantes coisas, mas gostou muito da maneira como estas soavam. Além do mais, pensou, o preço não chegava a ser tão elevado, para um livro desta categoria: cerca de 2.500 dólares. Formalizou o pedido, e *Lolita* foi-lhe entregue em dois ou três dias.

Antes disso, Gilkey já havia conseguido "obter" várias outras obras "de coleção"; contudo, esta era a primeira que ele considerava como realmente valiosa, não somente devido ao seu preço (todos os outros livros que Gilkey "obtivera" não chegavam a valer mil dólares, cada um), mas também por sua importância histórica e por sua notoriedade. *Lolita*, a provocativa história de Vladimir Nobokov sobre o desejo de um homem de meia-idade por uma garotinha, foi publicada pela primeira vez em Paris, em 1955 e, desde então, vem frequentando as primeiras posições nas listas de livros proibidos, censurados ou banidos, em todos os cantos do mundo. Em 1959, o autor escreveu uma dedicatória de próprio punho em um exemplar presenteado ao seu colega romancista Graham Greene: *"Para Graham Greene, de Vladimir Nobokov. 8 de Novembro de 1959."* Sendo um versado lepidopterologista, Nabokov acrescentou à dedicatória o delicado esboço de uma borboleta, descrevendo-a com o que pode ser a mais lírica das dedicatórias: *"Borboleta rabo-de-andorinha verde, bailando à altura da cintura."* Tratando-se de um "exemplar de associação" (um livro presenteado pelo autor a alguém particularmente interessante), com o tempo seu valor foi hiperinflado. Em um leilão conduzido pela casa Christie's, em 2002, o exemplar foi vendido por 264.000 dólares.[10]

Embora o exemplar de Gilkey valesse apenas uma fração disso, sendo o primeiro livro valioso que adquiria, logo ocupou um lugar especial em seu coração. Costumava colocar o livro sobre o seu piano e admirava-o. Gostava da sensação tátil do estojo em que a obra era acondicionada e da textura do tecido macio que recobria suas capas. Desejava que todos os seus livros pudessem ter capas como essas. A obra fora publicada em dois volumes, cujas capas eram cobertas por jaquetas (sobrecapas, de papel) verdes, impressas com as palavras "Nabokov" no terço superior, "Lolita" no centro, e "Olympia Press" na parte inferior: um *design* simples e elegante. Diferentemente do que fez com os outros livros que colecionou, Gilkey chegou a ler *Lolita*, mas achou-o "revoltante". Senti que ele me dissera isto apenas para conquistar meu respeito: ele podia ser um criminoso, mas possuía um senso de moralidade. Seu desagrado com a história de *Lolita*, todavia, não afetou seus sentimentos para com o livro, cujo valor ele esperava viesse a aumentar com o passar do tempo.

Não porque ele tivesse a intenção de vendê-lo, no futuro, mas porque o livro conferiria um *status* mais elevado à sua coleção. Além disso, o título ocupava a posição n.º 4 na lista da *Modern Library* dos cem melhores romances escritos em língua inglesa no século XX.[11] Gilkey começara a ler e a colecionar os livros dessa lista – que ele encontrara enquanto pesquisava acerca de livros raros – e se decidira chegar a possuir todos.

Gilkey acrescentou que utilizara o seu próprio cartão de crédito *American Express* para adquirir *Lolita*, embora eu nada tivesse perguntado.

Poucos meses após haver recebido *Lolita*, Gilkey e seu pai encontravam-se hospedados em um hotel de Beverly Hills, quando ele decidiu passar alguns cheques sem fundo retirados do mesmo talonário dos que havia utilizado na feira de livros de Burbank. Desta vez, porém, os cheques seriam utilizados para comprar moeda estrangeira. Foi detido e passou quarenta dias na cadeia, antes de ser enviado de volta a Modesto para cumprir uma pena de prisão domiciliar, durante a qual precisou usar um dispositivo eletrônico de rastreamento preso ao seu tornozelo.

Cerca de um ano depois, na véspera do dia de Ano Novo de 1998, Gilkey passou outro cheque sem fundos para cobrir a quantia que perdera ao apostar em um cassino, e, mais uma vez, foi mandado para a prisão.

– Eu apenas precisava de um dinheiro extra. Joguei e perdi –, disse ele, como se fosse uma justificativa satisfatória.

Gilkey só seria libertado da prisão em outubro de 1999. Quando isso aconteceu, sentiu-se injustiçado e merecedor de alguma forma de compensação, fechando um ciclo a que ele recorreria, indefinidamente: imaginar estar certo de jamais ser apanhado, ser apanhado, cumprir pena, para afinal ser libertado com a sensação de haver adquirido um direito, e o desejo de vingar-se, que o levava a repetir o mesmo ciclo. Porém, já tendo passado tantos meses por trás das grades, sentia que seu tempo estava acabando.

– Uma vez cumprida uma sentença de prisão, você começa a sentir-se assim – disse ele.

Fez, então, uma promessa solene a si mesmo e ao seu idoso pai, que já contava quase oitenta anos de idade:

– Vou construir um patrimônio respeitável para nós!

4

Uma Mina de Ouro

Ao receber uma carta da Associação Norte-Americana dos Livreiros Antiquários, no início de 1999, pedindo-lhe que votasse contra ou a favor da dissolução do setor sudoeste da associação, ao qual ele pertencia, Ken Sanders votou contra, por mero capricho.[1] Contando com apenas dezessete membros, este era o menor setor da associação, e, ao contrário dos outros setores maiores, não costumava promover feiras ou encontros. Sanders logo descobriria que fora o único membro a votar contra a dissolução do setor. Embora os votos favoráveis fossem mais do que suficientes para encerrá-lo, a comissão diretora decidira não fazer isso. Uma vez que cada setor necessita de um representante e de um presidente, a comissão perguntou a Sanders qual desses cargos preferiria exercer, pedido que ele considerou justo, levando em conta o seu voto.

– Para mim, é indiferente, contanto que eu não tenha de lidar com dinheiro – disse Sanders, que arcara com problemas financeiros por grande parte de sua vida.

– Façam o que quiserem, mas não me nomeiem tesoureiro.

E, desta forma, iniciou seu mandato como representante.

– Imediatamente, fui informado de que deveria integrar a mesa diretora durante a reunião dos "governadores", que teria lugar na cidade de Nova York. O que diabos seria aquilo? – perguntou-se Sanders.

A resposta às suas dúvidas encontrava-se no 17.º andar de um dos edifícios do Rockefeller Center, na primeira reunião geral da associação que frequentaria, durante a qual ele foi incluído em uma comissão de sócios. Logo em seguida, foi-lhe também designado o cargo de encarregado da segurança, sobre o qual ele nada conhecia.

Poucas semanas depois, sentado à sua mesa, empoleirada sobre um tablado do qual se avista toda a sua loja, Sanders recebeu um telefonema da secretária do escritório da Associação Norte-Americana dos Livreiros Antiquários em Nova York.

– O senhor já examinou as notificações cor-de-rosa? – perguntou ela.

– Que notificações cor-de-rosa? – respondeu Sanders.

Ele ainda não havia aberto a caixa que lhe fora enviada, pensando que contivesse apenas material de referência. Quando afinal a abriu, deparou-se com um problema muito maior do que o simples esquecimento das folhas cor-de-rosa: eram relatórios de notificações dos roubos sofridos, enviadas pelos livreiros associados.

Desde 1949, a Associação Norte-Americana dos Livreiros Antiquários trabalha para implementar e manter padrões éticos em meio ao comércio praticado por seus associados. Atualmente, a associação conta com 455 membros, livreiros que, para serem admitidos como associados, devem ter estado comprovadamente ativos no ramo ao menos por quatro anos consecutivos; devem ter passado por uma intensa investigação e ter sido recomendados por outros membros da Associação.[2] Até Sanders iniciar seu trabalho como encarregado da segurança, quando um livro era roubado de algum livreiro pertencente à Associação, este preenchia uma notificação cor-de-rosa e a enviava ao escritório central, em Nova York. A partir dali, cópias das notificações seriam enviadas juntamente com a próxima expedição de correspondência – quando quer que esta viesse a acontecer – a todos os outros membros, para que fossem informados e ficassem atentos ao eventual surgimento dos livros roubados. Todo este procedimento levava muito mais tempo do que seria necessário para um ladrão que entrasse numa livraria para roubar, por exemplo, uma primeira edição de *Matadouro Cinco*, de Kurt Vonnegut, escondê-la sob seu casaco e vendê-la a uma livraria vizinha, eventualmente lucrando vários milhares de dólares (dependendo do estado de conservação do exemplar, do fato de estar autografado ou não, de ainda possuir sua jaqueta original etc., caso em que poderia chegar a valer até 6.500 dólares). A caixa de notificações cor-de-rosa que Sanders recebera continha algumas datadas de mais de um ano, e ainda não distribuídas. Não foi difícil para ele constatar que seria tarde demais para enviá-las aos livreiros de todo o país.

– Que espécie de benefício isto pode trazer a alguém? – pensou Sanders. O trabalho que lhe fora designado não era acompanhado por instruções acerca de como realizá-lo, e ele pouco conhecia sobre as opções tecnológicas que pudessem ser de alguma utilidade.

– Você se lembra daquela cena de *2001 – Uma Odisseia no Espaço*, de Stanley Kubrick, em que os macacos ficam grunhindo em torno do monólito negro? – Sanders gosta de dizer. – Pois é: eu a reenceno todas as manhãs, diante do meu computador, tentando fazê-lo funcionar.

No entanto, ele estava empenhado em encontrar uma maneira de transmitir notificações sobre os roubos tão logo estes ocorressem. Inicialmente, ele começou a utilizar o canal de comunicação de um grupo de discussão *online* da Associação, para contatar diretamente seus membros; depois, ele passou a pressionar a comissão diretora com sua característica "polidez":

– Eu sou o chefe da segurança, bolas! Então, eu quero uma linha de segurança! Eu quero estar permanentemente em contato com todo mundo; e, como apenas a metade dos membros é assinante do grupo de discussão, eu preciso de algo mais!

Assim, apesar de Sanders considerar a si mesmo como um "luddita no cyberespaço"*, convenceu a comissão diretora a criar um banco de dados de livros roubados na internet e um sistema de envio de e-mails para alertar, simultaneamente, a todas as centenas de membros da Associação Norte-Americana dos Livreiros Antiquários e, além disso, os membros da Liga Internacional de Livreiros Antiquários, cujos associados chegam a cerca de dois mil livreiros espalhados por trinta países.

Em novembro, cerca de seis meses depois da implantação do sistema de comunicação por e-mail, John Gilkey estava lendo o diário *San Francisco Chronicle* quando um anúncio chamou sua atenção: a loja *Saks Fifth Avenue* estava contratando vendedores. No dia seguinte, ele vestiu uma camisa com uma gravata e umas calças muito apertadas, que pertenciam a um terno risca-de-giz, e percorreu de trem os pouco mais de 140 quilômetros que separam Modesto de San Francisco.

---

* "Luddita" ou "luddista" é a designação dada aos partidários do operário e ativista inglês Ned Ludd, iniciador de um movimento coletivo que se alastrou pela Inglaterra desde o início do século XIX, adotando uma posição contrária à mecanização do trabalho e visando a destruição de todas as máquinas, responsabilizando-as pelo desemprego e pela miséria social nos meios de produção. (N.T.)

A loja de artigos masculinos *Saks* fica bem ao lado da Union Square, a praça central da cidade, em um quarteirão com calçadas reluzentes; seus vizinhos são lojas do quilate de *Armani*, *Burberry* e *Cartier*. Trata-se de uma região onde os aluguéis são caros, e que é frequentada por uma clientela endinheirada – coisas que Gilkey achava muito atraentes. Imaginou que, trabalhando em um lugar como a *Saks*, poderia fazer alguns bons contatos junto à clientela elitista. Nada da "ralé". Também presumiu que, tratando-se de uma loja de alta qualidade, especializada no comércio de artigos de luxo, receberia um salário mais elevado – talvez até chegasse a ganhar comissões e descontos especiais. Estava certo, em ambos os casos (embora a *Saks* tenha se negado a responder aos meus reiterados pedidos de informações sobre os proventos de Gilkey.)

A *Saks* iria se revelar como um ambiente de trabalho quase ideal para Gilkey, proporcionando-lhe oportunidades de falar com pessoas que pertenciam a um mundo do qual ele desejava desesperadamente fazer parte. *Quase* ideal, todavia. Apesar de terem dinheiro, essas pessoas não eram necessariamente bem-educadas, nem possuíam as grandes bibliotecas que ele possuiria se dispusesse dos mesmos meios.

Sentado no escritório de recrutamento da *Saks*, Gilkey terminou de preencher sua requisição de emprego, descrevendo sua breve experiência como funcionário da loja de departamentos *Robinson-May*, em Los Angeles. Para os recrutadores, ele deve ter parecido ser o candidato ideal para o emprego: educado, experiente e não muito mal vestido. O espaço destinado ao seu nome foi preenchido com segurança e correção, mas a lacuna na requisição destinada à informação sobre se ele já havia sido preso foi deixada em branco.

Disseram-lhe que poderia começar a trabalhar no dia seguinte.

Todas as vezes que pedi a Gilkey para que descrevesse qual era, na sua opinião, o maior atrativo que os livros possuíam, ele relutou, mas acabou sempre se decidindo pelo aspecto estético.

– É uma coisa visual. O modo como eles ficam bonitos, todos alinhados numa estante.

Uma vez, ele sugeriu uma espécie de atração quase sexual pelos livros.

– Não sei bem... Talvez porque eu seja um homem, mas eu gosto de *olhar* para eles.

Tal como Patricia Hampl escreveu, em um livro sobre as qualidades enfeitiçantes da beleza, "colecionar não é uma simples questão de possuir. É uma maneira de olhar: de lançar um olhar que é, em si mesmo, uma manifestação de cobiça. Olhar para alguma coisa desta maneira é ser possuído por ela; é estar perdido."[3]

Colecionadores conversando entre si sobre os livros que acabam de adquirir, ou sobre os que ainda não conseguiram ter em mãos, ou sobre os que foram arrebatados por outros colecionadores em vez deles próprios, assemelham-se muito a um bando de Lotários* relembrando suas conquistas amorosas. Em uma feira de livros em San Francisco, Peter Stern, um grisalho negociante de livros de Boston, que envergava um paletó de *tweed* e um cachecol xadrez em torno do pescoço, disse-me que abandonara o hábito de colecionar livros, embora, ocasionalmente, um ou outro livro ainda fosse capaz de despertar-lhe o apetite. Quando isso acontece, "eu anseio adquiri-lo. Eu o desejo desesperadamente."[4] Porém, tão logo ele consiga adquirir de fato o objeto de sua admiração, tudo muda: "O momento em que o possuo, mesmo que dure apenas alguns segundos, é suficiente. Posso vendê-lo no minuto seguinte; e, às vezes, sequer lembrar-me de jamais havê-lo possuído. Então, já estarei cobiçando o próximo livro."

Não é raro que pronunciamentos de colecionadores inveterados façam com que o sufixo "mania" na palavra "bibliomania" pareça um eufemismo. "Poucas pessoas parecem dar-se conta de que os livros têm sentimentos", escreveu o colecionador Eugene Field, autor do livro *Os Casos Amorosos de um Bibliomaníaco* (*The Love Affairs of a Bibliomaniac*), em 1896. "Porém, se posso afirmar que sei de alguma coisa melhor do que qualquer outra, sei que meus livros me conhecem e me amam. Quando desperto pela manhã, lanço os olhos sobre meu quarto para ver como vão os meus amados tesouros e os cumprimento, alegremente: 'Bom dia a vocês, meus bons amigos!'; enquanto eles amorosamente refletem a luz matinal sobre mim, contentes por meu repouso haver sido ininterrupto."[5]

---

*Lotário é o nome de um personagem da peça teatral *O Justo Penitente* (*The Fair Penitent*), escrita em 1703 pelo dramaturgo, escritor e poeta inglês Nicholas Rowe (1674–1718). Na peça, Lotário é um jovem encantador que seduz as mulheres apenas para traí-las, tão logo tenha conquistado sua afeição. (N.T.)

Na *Saks*, Gilkey vivia em um mundo de luxo e bom gosto. Fora designado para trabalhar na seção de "moda masculina", no primeiro andar do edifício, onde peças meticulosamente dobradas, de algodão fino, seda e lã, empilhavam-se nos mostruários de madeira, cuja altura vai do piso ao teto, por trás de vitrines de vidro. Seu dia de trabalho iniciava-se com uma inspeção de todo o andar, recolhendo os detritos eventualmente deixados pelos clientes do dia anterior. Passando pelas prateleiras de camisas *Borrelli*, confeccionadas manualmente e vendidas a partir de 350 dólares cada, e de gravatas *Etro,* à venda a partir de 130 dólares a unidade, Gilkey conversava amigavelmente com seus colegas de trabalho. Era o período das festas de final de ano, quando a demanda dos clientes da *Saks* por artigos de luxo parece jamais poder ser atendida; o andar estava sempre cheio de gente e, por isso, a loja necessitava de funcionários "temporários" para trabalhar em seus diversos departamentos, como esse em que Gilkey fora empregado. Ele gostava de seu trabalho, especialmente quando podia espiar, de perto, algumas *socialites* locais e outras celebridades, tais como Ann Getty e Sharon Stone, então casada com Phil Bronstein, o editor do *San Francisco Chronicle*. Gilkey orgulhava-se de ser um bom funcionário, sempre pontual. Era amigável e achava que todos na *Saks* – "especialmente o pessoal do departamento de conferência de cadastro" – o tratavam igualmente bem. Em suma, Gilkey conseguira convencer até mesmo os cães de guarda, e eu bem posso imaginar como: sua maneira respeitosa de falar, sua afetuosidade deferente e seus modos calmos e controlados eram trunfos valiosos no departamento de vendas, onde os melhores clientes estão acostumados a ser tratados com tal consideração.

Além de consultarem Gilkey sobre suas possíveis aquisições, às vezes os clientes pediam-lhe que lhes abrisse instantaneamente uma conta de crédito. Ele, então, anotava os detalhes das suas informações pessoais – nomes, números de documentos e endereços e dados afins – e, se lhe dissessem que necessitavam de limites de crédito mais amplos, ligava para o escritório da administração e comunicava os anseios de cada cliente. Quando o escritório checava a disponibilidade de crédito e decidia conceder a um determinado cliente um limite mais generoso – aumentando-o, por exemplo, de quatro mil para oito mil dólares –, Gilkey prestava-lhe mais atenção.

Gilkey possuía um emprego eventual, trabalhando apenas dois ou três dias por semana. Mesmo que trabalhasse em regime de tempo integral, seu salário jamais seria suficiente para lhe proporcionar tudo o que desejava. Certo dia, enquanto abria uma nova conta para um cliente, deu-se conta do que possuía em suas mãos. "Uma mina de ouro", pensou ele. A cada vez que abrisse uma conta de crédito instantâneo, ele poderia guardar em seu bolso o papel em que anotava os dados cadastrais dos clientes, sair para almoçar e copiar as informações em outro papel, para utilizá-las futuramente, quando fizesse encomendas pelo telefone. Naquele dia, durante seu horário de almoço, ele fez exatamente isso. Descendo a rua, ele caminhou até o Hotel Westin, onde subiu no elevador até o *lobby* do segundo andar, que oferecia uma relativa privacidade, e anotou os números dos cartões de crédito da lista dos clientes que haviam aberto linhas de crédito na loja. No dia seguinte, ele fez a mesma coisa; e repetiu a operação várias vezes, durante o período das festas. Ele teve o cuidado de não anotar os dados de todos os clientes, evitando atrair suspeitas para si.

Não foi preciso muito tempo para que Gilkey percebesse que podia contar com uma fonte adicional para a obtenção de informações cadastrais. Àquela época, os números dos cartões de crédito apareciam integralmente nos comprovantes de recibo das vendas realizadas. Cada recibo consistia em duas vias: uma, permanecia em poder da loja, e outra era entregue ao cliente. Ao entregar as mercadorias adquiridas pelos clientes, os vendedores eram instruídos a conferir o número do cartão de crédito constante na via em poder do cliente com a via que tinham em mãos e, depois, enviá-la ao departamento de conferência da loja. Segundo Gilkey, quando os vendedores se encontram muito atarefados, é comum que se esqueçam de entregar todos os comprovantes de recibo que têm em seu poder; e até cheguem a jogar alguns no lixo, sem que ninguém dê por falta deles.

Contudo, Gilkey não utilizou imediatamente as informações que obtivera para comprar qualquer coisa. Era preciso deixar passar algum tempo para que os clientes que viessem a notificar a utilização fraudulenta de seus números de cartões de crédito não pudessem rastreá-la facilmente, identificando a *Saks* como o último lugar onde utilizaram seus cartões, antes de se perceberem logrados. Por isso, Gilkey pouparia a informação que possuía para um eventual "período de dificuldades". Contendo seu ímpeto consumista, ele conseguia surrupiar entre cinco e dez recibos por semana.

5

HOMEM-ARANHA

A LIVRARIA *KEN SANDERS RARE BOOKS* ESTÁ LOCALIZADA nos arredores da zona central de Salt Lake City, em um galpão onde antes funcionava uma loja de pneus. Tem aproximadamente 140m², pé-direito muito alto e é profusamente iluminado pela luz solar. A loja é tão abarrotada de belos, antigos e curiosos materiais impressos – livros, fotografias, catálogos, cartões-postais, panfletos, mapas etc. – que uma incursão rápida e casual ao seu interior requer muito mais força de vontade do que um amante de livros médio é capaz de reunir. Na primeira vez em que a visitei, Sanders, usando uma calça *jeans* e uma camisa havaiana, mostrou-me as instalações do seu estabelecimento.

Em pé, próximo à entrada da loja, ele fez um gesto convidando-me a adentrar uma sala à esquerda, na qual mantém seus livros mais raros. Embora ele mesmo não seja um homem religioso, a maioria desses seus livros são textos Mórmons. Afinal, encontramo-nos em Utah*, onde a demanda por livros como esses é elevada; e, tal como fez questão de me recordar, ele precisa ganhar seu sustento. Em seguida, chamou minha atenção para o balcão de vidro que separava os livros raros das pessoas que, eventualmente, possuíssem uma tendência para ocultar pequenos volumes preciosos por dentro da cintura de suas calças, um esconderijo comumente utilizado por ladrões de livros. No interior do balcão havia vários livros que Sanders realmente adorava: primeiras

---

* A *Igreja de Jesus Cristo dos Santos dos Últimos Dias* – popularmente conhecida como *Igreja Mórmon* – foi fundada no Estado norte-americano de Utah; a cidade de Salt Lake abriga a sede mundial da instituição. (N.T.)

edições de Ginsberg, Burroughs, Ferlinghetti e Kerouac, arrumados para serem exibidos com destaque na exposição que ocorrera uma semana antes, por ocasião da celebração do quinquagésimo aniversário da publicação de *Uivo* (*Howl*), de Allen Ginsberg.

Sanders conduziu-me à parte principal da loja. Ali, junto a mais de cem mil livros e outros materiais ("se for impresso, está aqui"), encontram-se bustos de Mark Twain e Demóstenes, *displays* de cartão com desenhos de Robert Crumb e manequins sem cabeças, ostentando camisetas impressas com os personagens do romance *A Gangue da Chave-Inglesa* (*The Monkey Wrench Gang*), de Edward Abbey*. Toda a loja reflete claramente as preferências de Sanders: livros de Wallace Stegner, Edward Abbey e B. Traven, música da década de 1960, ativismo político radical, ecologia e meio ambiente, arte gráfica... Porém, dentre tudo o que ele mais gosta, seus filhos ocupam os primeiros lugares da lista. Às vezes, Melissa, a filha de Sanders que costumava trabalhar na loja e atualmente vive na Califórnia, vem visitá-lo e ajuda-o a atender os clientes. Quando Melissa e seu irmão, Michael, ainda eram muito jovens, o casamento de Sanders desfez-se e ele se encarregou, sozinho, da criação de seus filhos.

– Ter essa espécie de âncora... É bem provável que eles tenham salvado a minha própria sanidade, em diversos momentos da minha vida – disse ele. – Não é fácil para nenhum genitor sozinho criar filhos, seja mãe ou pai. Mas é algo ainda mais incomum que um pai faça isso. No entanto, eu não tenho ressentimentos. É possível que eu os tenha criado como a dois lobos selvagens, mas tenho certeza de haver feito o melhor que pude. Melissa ainda se lembra bem de um verão em que arrastei os dois através do deserto do Vale da Morte, sob uma temperatura de 58°C. Eu os obriguei a saírem do carro e caminhar pelas dunas de areia. "O papai tentou matar a mim e ao meu irmão", diz ela.

Sanders contou-me esta história diversas vezes, sempre com um meio sorriso orgulhoso no rosto.

**The Monkey Wrench Gang*, obra de ficção mais famosa do escritor norte-americano Edward Abbey, foi publicada em 1975. O livro trata de uma série de atos de sabotagem praticados em protesto contra as atividades econômicas prejudiciais ao meio ambiente. Desde sua publicação, a obra tornou-se tão influente que o termo *monkeywrench* passou a ser utilizado para definir – além de atos de sabotagem e danos propositalmente causados a máquinas e meios mecânicos de produção – qualquer tipo de ativismo político violento, visando a preservação de todas as formas de vida selvagem e seus diversos ecossistemas. (N.T.)

Ao lado da caixa registradora havia algumas poltronas e uns poucos copos de plástico vermelho, deixados ali desde a noite anterior. Todos os dias, por volta das cinco horas da tarde, Sanders oferece vinho, *bourbon* e cerveja – que ele retira de um pequeno refrigerador ao lado do balcão – aos amigos que estejam de passagem por ali. Um desses amigos, o artista digital Edward Bateman – conhecido como "Capitão Eddie" –, disse-me que a livraria é o centro da contracultura em Salt Lake City. Eu bem podia ver a razão disto: a loja de Sanders é tão atraente quanto o sótão da casa de uma tia-avó excêntrica, onde em cada canto pode-se encontrar um verdadeiro tesouro. Some-se a isto o charme de "contador de histórias" de Sanders e não será de admirar que a livraria seja um ponto de encontro favorito. Com o ruído de fundo dos lentos ventiladores pendentes do teto, escritores, autores, artistas e cineastas bebericam alguma coisa enquanto relembram as recentes sessões de leituras que têm lugar na loja – as melhores transformam-se em ruidosos acontecimentos literários, enquanto Sanders já começa a planejar os próximos. Em torno dos presentes, os bonecos de Robert Crumb, os bustos e os rostos dos integrantes da *Gangue da Chave-Inglesa* parecem participantes-fantasmas das conversas que transcorrem. Pendurado na parede por trás da caixa registradora há um grande retrato de Sanders, pintado por um amigo:

– Eu o chamo de meu Dorian Gray – diz ele. – Sempre desejei ter esses olhos de personagem de Walt Disney, para poder vigiar melhor a loja.

E a loja bem poderia beneficiar-se deles, caso os tivesse. Antes de visitá-lo, durante nossa primeira conversa telefônica, Sanders mencionara o Sujeito do Jaguar Vermelho. Durante o passeio pela loja, quando lhe perguntei por mais detalhes, deu-me um olhar como se dissesse "você está preparada para isto?". Eu já tivera demonstrações suficientes da capacidade de Sanders para contar histórias, ao menos até o ponto de saber que lhe abrira a porta para que contasse mais uma delas, e das boas! Nada parecia deixá-lo mais feliz do que encontrar bons ouvintes para os seus casos.

– Na verdade, esta é uma história embaraçosa. Por seis anos eu havia liderado uma campanha de prevenção contra roubos, ensinando os livreiros a se protegerem contra fraudes com cartões de crédito – e esse vagabundo, de vinte e poucos anos de idade, conseguiu me tapear. "Ryan" veio à loja, certo dia, dizendo-me que ele e seu pai vendiam livros pela internet, e que estavam saindo-se muito bem. Mais ou menos uma semana depois, ele voltou e comprou alguns exemplares antigos do *Livro de Mórmon* e outras obras. No total, fez três compras, usando um cartão de crédito, totalizando 5.500 dólares. A cada uma das vezes em que consultei a companhia, seu crédito foi aprovado. Então, recebi um telefonema de outro livreiro de Salt Lake City reclamando ter tido debitado de sua conta um valor que fora creditado pela venda de um *Livro de Mórmon*, um mês antes. Fiquei intrigado e fui à sua loja. A descrição que o livreiro fez do indivíduo que lhe havia "obtido" o livro conferia com a descrição de Ryan. Tive uma sensação de profunda desconfiança. Telefonei para outras livrarias e descobri que Ryan havia estado, com certeza, em pelo menos duas delas. Entrei em contato com a empresa de cartões de crédito, mas eles nada fizeram – *os porcos!* Decidi alertar todos os livreiros, desde Provo até Logan, e soube que cinco dentre nós havíamos sido visitados por Ryan. Em seguida, recebi um telefonema de um livreiro de Provo que vira um dos meus exemplares do *Livro de Mórmon* – uma edição de 1874 – posto à venda no *site eBay*. Pensando haver encontrado o ladrão que procurava, liguei para o vendedor-anunciante – que revelou-se um homem idoso, chamado Fred, que costumava vender livros baratos pela internet. Ameacei Fred com a "ira de Deus" e ele acabou revelando que, embora não tivesse roubado meus livros, conhecia Ryan, e que costumava encontrar-se com ele em pátios de estacionamento, receptando os livros que tivesse em seu poder e pagando-lhe sempre em dinheiro vivo.

Sanders coagiu Fred a lhe arranjar um encontro com Ryan e avisou a polícia.

– Ryan concordou em encontrar-se comigo no pátio de estacionamento de um mercadinho – continuou Sanders – e me disse: "Estarei dirigindo um Jaguar vermelho". Chamei os policiais, mas eles não me deram a mínima atenção. Em vez disso, ficaram perguntando: "Quem é você?", "Por que você nos chamou?". Tente encontrar um policial que dê alguma importância a livros roubados! Eu lhe disse que bastava juntar as "peças": cinco livreiros, quinze mil dólares. E os preveni: "Se vocês não fizerem nada sobre isto, eu mesmo vou fazer!" Então, um policial veio até a minha loja e concordou em preparar a armadilha para Ryan, advertindo-me para que me mantivesse à distância enquanto ele fazia o seu trabalho.

Mas "hesitação" é uma palavra que não existe no vocabulário emocional de Sanders, e o "motor" de sua "máquina de contar histórias" rugia freneticamente, enquanto ele prosseguia, furioso.

– Fred telefonou para mim, dizendo que os policiais haviam sido tão ostensivos, à hora do encontro marcado, que assustaram Ryan. Então, pelo telefone, ele gritou: "Espere aí! Ele está fugindo!" Eu fui para lá, o mais rápido que pude e, veja só, que belo quadro: parado no meio da rua havia um Jaguar novinho, alugado da Hertz, com as portas completamente abertas.

Sanders inclinou-se para a frente e rapidamente tomou fôlego.

– Dentro de um carro da polícia estava o garoto, com as mãos cobrindo o rosto, chorando. O policial perguntou a ele: "Você sabe quem é este homem?", e o garoto olhou para mim, com uma expressão que dizia "Oh, não! Agora estou perdido!". Então, veja você: os policiais se afastaram e me deixaram a sós com o garoto dentro do carro, com as portas abertas! Olhei bem nos olhos dele e berrei: "ONDE, DIABOS, ESTÃO OS MEUS LIVROS?!". Ele começou a falar sobre seu envolvimento com uma rede de tráfico de drogas, à qual pertenciam catorze pessoas. Uma coisa eu lhe digo: aquele garoto estava assustado! Ele estava realmente assustado, porque sabia que viriam atrás dele. Então, no dia seguinte, telefonei para a polícia, para saber do andamento do caso, e eles disseram-me que haviam tentado interrogar o rapaz naquela manhã, mas que ele exigira a presença de um advogado. Eu não podia acreditar! Por que eles não o interrogaram enquanto ele estava assustado? Por que eles tiveram de esperar até o dia seguinte?

Afinal, Sanders fez uma breve pausa e respirou profundamente.

– De todo modo, hoje pela manhã recebi um telefonema. Faz seis meses que eles o interrogaram. Acontece que o garoto pertence a uma boa família e eles decidiram não prendê-lo, mediante seu juramento de frequentar um programa de reabilitação para dependentes químicos.

Sanders concluiu sua história do mesmo modo que costuma encerrar uma porção de histórias sobre ladrões de livros:

– Nada, eu lhe digo, *absolutamente nada*, jamais acontece a esses caras!

É digno de admiração o fato de o negócio de Sanders ser tão bem-sucedido, há tantos anos (registrou a cifra de 1,9 milhão de dólares em vendas, em 2007), considerando-se o tipo de decisões que ele costuma tomar. Sua dedicação aos outros amantes de livros, por exemplo, frequentemente elimina qualquer chance de obter lucros. Enquanto me acompanhava no passeio por sua loja, notou a presença de um cliente diante do balcão. O homem apanhara um exemplar da *História do Desastre na Mina Scofield*, de J. W. Dilley, publicado em 1900, que descreve a catástrofe mais horrível já ocorrida em toda a história da mineração em Utah. O homem disse que seu avô fora um dos poucos sobreviventes daquele desastre. Sanders tomou-lhe o livro das mãos e abriu-o na folha de rosto, na qual havia marcado o preço de quinhentos dólares.

– Você não vai querer comprar este – disse ele ao homem, fechando o livro. – Estou certo de que tenho aqui um outro exemplar, muito mais barato.

Ele voltou-se para o seu funcionário, Mike Nelson, e disse-lhe para buscar o outro exemplar, nos fundos da loja. Mike afirmou ter certeza de que aquele era o único exemplar que possuíam, mas Sanders insistiu. Vários minutos depois, Mike retornou, trazendo outro exemplar – em estado de conservação muito pior do que o primeiro –, e Sanders ofereceu-o ao cliente.

– Está vendo só? – disse ele, visivelmente satisfeito consigo mesmo. – Este exemplar custa apenas oitenta dólares, e ainda tem a vantagem adicional de parecer haver sobrevivido ao próprio desastre!

A maneira como Sanders determina se um livro vale quinhentos ou oitenta dólares é baseada em diversos fatores.

– Nas áreas sobre as quais eu conheço alguma coisa e nas poucas em que possuo um conhecimento profundo, a experiência pesa muito sobre as minhas decisões ao adquirir certos livros ou coleções – escreveu-me em um longo e-mail. – Consequentemente, essa experiência e esse conhecimento determinarão o preço que atribuirei ao material.

O valor de um livro depende muito das mais recentes tendências literárias, considerando que os gostos mudam. A oferta e a demanda também afetam os preços. A primeira tiragem de *In Our Time*, de Hemingway, por exemplo, foi muito pequena (apenas 1.225 exemplares), contrastando com os cinquenta mil exemplares da primeira edição de *O Velho e o Mar**. Os preços refletem isto. Outros fatores incluem a existência de uma "jaqueta" (a sobrecapa de papel que envolve a encadernação com capas duras) que, caso não mais exista, faz decrescer enormemente o valor de um livro; e as condições desta: se apresenta uma etiqueta de preço aplicada sobre ela, se está amassada, rasgada ou manchada. Modernas primeiras edições em estado de conservação precá-

---

*A antologia de contos *In Our Time*, publicada em 1925, foi o livro de estreia de Ernest Hemingway. Alguns dos contos do livro foram traduzidos para o português, embora a obra integral jamais tenha sido editada em nosso idioma. *O Velho e o Mar* (*The Old Man and the Sea*), publicado em 1952, rendeu ao autor o Prêmio Nobel de Literatura, em 1954. (N.T.)

rio podem chegar a valer somente dez por cento do valor de um exemplar em "perfeitas condições".

Assim, um exemplar da *História do Desastre na Mina Scofield* pode chegar a valer menos de um quinto do preço de outro – devido ao seu estado de conservação, neste caso. O preço de oitenta dólares, sem dúvida, parecia justo, mas não pude deixar de notar quando Mike – que conhecia muito bem as circunstâncias às quais Sanders referia-se como "seus desafios de fluxo de caixa" – ouviu Sanders anunciar o preço do exemplar um tanto avariado, encolhendo-se em sua mesa, detrás do balcão.

Nascido em 1951, Ken Sanders cresceu em um ambiente familiar não muito devotado aos preceitos da religião Mórmon, em meio ao fundamentalismo generalizado de Salt Lake City. Desde a infância, foi encorajado a cultivar seus hábitos de leitura e colecionismo, tal como seu pai fazia. (O patriarca Sanders, que morreu em 2008, reuniu uma importante coleção de garrafas manufaturadas no Estado de Utah; abrigou-a em um pequeno museu, mantido em uma garagem vizinha à sua casa.) Ainda muito jovem, Sanders passou a contemplar o panorama social Mórmon com uma boa dose de ceticismo, e a paisagem natural de seu entorno com uma reverência comparável apenas ao seu amor pelos livros. Cercado por crentes fervorosos na escola e na comunidade, disse haver aprendido "o suficiente sobre religião para manter-me tão longe dela quanto do inferno". Todavia, não seria uma simplificação excessiva afirmar que, desde o início, a leitura foi sua verdadeira fé.

– Meu pai costumava brincar dizendo que, quando minha mãe me deu à luz, eu já estava agarrado a um livro – diz ele.

Quando menino, devorou cada livro que os bibliotecários permitiram que chegasse às suas mãos – além de alguns que eles não permitiram. Certa vez, durante uma excursão escolar à Biblioteca da Zona Sul de Salt Lake, tentou retirar por empréstimo exemplares de *Drácula* e *Frankenstein*. Como esses títulos pertencessem à seção de livros destinados aos adultos, a bibliotecária não permitiu que ele os levasse, mas ele encontrou um jeito de lê-los.

Sanders, por mais que gostasse de tomar livros emprestados de bibliotecas, preferia possuí-los. Durante o curso na Escola Elementar Woodrow Wilson, tornou-se um sócio muito ativo do *Scholastic Book Service* e do *Weekly Reader Books*, programas parcialmente subsidiados pelo governo, destinados à formação do hábito da leitura e da aquisição de livros por estudantes do Ensino Fundamental.

– Os livros custavam por volta de 25 ou 35 centavos. Eu coletava e vendia garrafas de refrigerante, por cinco centavos cada, e economizava o dinheiro. Uma vez a cada mês, os professores recolhiam os pedidos dos alunos. Quando as caixas de livros chegavam, pelo correio, os professores chamavam os estudantes pelos nomes e entregavam um livrinho para um deles, dois para outro... Eu era sempre o último garoto a ser chamado, porque havia sempre uma caixa cheia de livros para mim. Sozinho, eu encomendava mais livros do que todos os outros alunos da classe. Grandes "clássicos", como *O Estegossauro Tímido do Riacho Grilo*... Ah, eu adorava esse!

Até hoje, ele mantém ao menos um exemplar deste e de outros títulos favoritos de sua infância – tais como *Danny Dunn e a Tinta Antigravidade* e *A Sra. Pickerell vai a Marte* – no estoque de sua livraria.

No curso ginasial, Sanders ainda era um garoto teimoso e determinado, que faria o que fosse preciso para conseguir o que desejava, mesmo que isso significasse ter de enfrentar forças formidáveis. Este é um traço de personalidade ao qual viria a recorrer amplamente como encarregado da segurança da Associação Norte-Americana dos Livreiros Antiquários. Aos sábados, Sanders ia ao centro da cidade, caminhando por oito quilômetros em vez de tomar um ônibus, para poupar o dinheiro. Com alguns trocados a mais no bolso, ele tentava reunir coragem bastante para fazer o que se propusera. Àquela época, queria desesperadamente botar as mãos na maior quantidade possível de revistas em quadrinhos, mas, para isso, tinha de enfrentar o rabugento dono da loja de objetos de segunda mão, que parecia divertir-se especialmente achincalhando garotos.

– Eu tinha medo daquele velho – disse ele. – Se você entrasse na loja, ele gritava com você, mas eu realmente desejava aquelas revistinhas. Então, eu mergulhava até a cintura em um velho barril de madeira, para alcançar as revistas em quadrinhos das décadas de 1940 e 1950, que estavam lá no fundo. Depois, eu caminhava até o balcão, tremendo como vara verde, ouvindo o homem gritar comigo o tempo todo. É provável que ele estivesse apenas me provocando, mas eu ainda era jovem demais para saber.

Pouco tempo depois de haver começado a colecionar revistas em quadrinhos, Sanders descobriu o Homem-Aranha.

– Aquele cara, sim, tinha problemas – disse ele, descrevendo o principal atrativo do super-herói. – Ele tinha poderes, mas era tão complicado! Que garoto desajeitado não se identificaria com alguém assim?

Em contraste com o Super-Homem, invencível e enfadonho, o Homem-Aranha era um rapaz contestador e rebelde; sabia fazer o que era certo, embora o mundo se mostrasse hostil e desconfiasse dele. Anos mais tarde, ao final do mandato de Sanders como encarregado da segurança da Associação Norte-Americana dos Livreiros Antiquários, um dos seus amigos, um colega livreiro, o descreveria como "um 'fora da lei' que, nos últimos seis anos, tem sido *a própria* lei."

Aos catorze anos de idade, os avôs de Sanders, carinhosamente chamados de Pop e Grammy, o levaram em uma viagem que definiria o rumo de sua vida. Ele e seu irmão Doug foram levados ao sul da Califórnia; visitaram a Disneylândia, a Fazenda de Morangos Knott's e um lugar que Sanders especialmente pedira para conhecer: a livraria *Acres of Books* (cujo nome poderia ser livremente traduzido como "Hectares de Livros"), de Bertrand Smith.

– Não consigo me lembrar onde ou quando ouvi falar dela pela primeira vez, mas ainda lembro do endereço: Long Beach Boulevard, 240 – Long Beach, Califórnia. Era um dia realmente muito, muito quente. Pop e eu passamos pelas docas de Long Beach a bordo de um Ford Sedan 1950. Ele estacionou bem em frente à loja. Eu fiquei lá dentro por umas boas horas, e ele ficou todo esse tempo sentado no carro, fumando um cigarro Camel sem filtro atrás do outro, em consequência dos quais viria a morrer.

Existe uma diferença entre as pessoas que simplesmente amam os livros e as que os colecionam. Um negociante experiente pode identificar um colecionador no mesmo instante em que este lhe pergunta onde está "escondido" o exemplar da primeira edição de *O Hobbit*, que dificilmente estaria colocado entre os outros livros, em estantes acessíveis ao público em geral. O coração de Bertrand Smith deve ter tido um sobressalto quando o jovem Sanders adentrou a loja, com os olhos arregalados.

– A loja parecia estender-se até o infinito – disse Sanders. – Pilhas e pilhas, emaranhadas e muito altas, formavam uma floresta profunda e escura; em vez de árvores, eram livros. Era preciso subir numa decrépita escadinha de armar para alcançar alguns deles, e era difícil enxergar, pois a única luz naquele lugar provinha de claraboias no teto, lá no alto. Havia uma sala mantida fechada, à esquerda, onde eram guardados os livros raros. Bertrand Smith era um velho casca-grossa; mas, de algum modo, eu criei coragem para lhe perguntar sobre as minhas paixões: Lewis Carroll, Edgar Allan Poe, Maxfield Parrish. Ele acabou por me levar à sala dos livros raros, onde me sentei a uma mesa e folheei uma edição de *O Corvo*, de Poe. Cada estrofe do poema correspondia a uma gravura, de 25 x 35 centímetros, do ilustrador francês do século XIX Gustave Doré. Eu estava encantado. Lembro-me nitidamente do grande livro, medindo 60 x 40 centímetros, que adquiri por dezessete dólares e cinquenta centavos. Também comprei as *Mil e Uma Noites* de Maxfield Parrish, por alguns poucos dólares, e uma edição de *Alice no País das Maravilhas*, ilustrada por Gwynedd Hudson, por dois dólares e cinquenta centavos. Ela ilustrou apenas dois livros em toda a sua vida, e este é um dos meus favoritos. Eu havia economizado moedas, guardando-as em um cofre-porquinho na casa de Pop e Grammy; e Grammy anotara todos os meus depósitos. Naquele dia, gastei até o meu último e abençoado tostão em livros. Ainda faço isso. Posso ter me tornado mais velho, mais calvo e mais gordo, mas não necessariamente mais ajuizado.

Em 1975, Sanders e um par de amigos assumiram a direção de uma loja de artigos relacionados à cultura *hippie*, chamada *Cosmic Aeroplane*, em Salt Lake City; mudaram-na para um novo endereço e começaram a comercializar livros. Entre os clientes que vasculhavam as prateleiras à procura de brochuras baratas, havia colecionadores iniciantes. Sanders dedicou-se a encher suas estantes com títulos que lhes fossem interessantes, enquanto ouvia as canções favoritas de seu público, como *I Had Too Much to Dream Last Night*, da banda Electric Prunes. A loja foi um grande sucesso. No auge, segundo Sanders, ele e seus dois sócios chegaram a faturar 1,4 milhão de dólares anuais em vendas e mantinham uma equipe de trinta funcionários. Contudo, o empreendimento não deixava de ter seus problemas.

– A *Cosmic Aeroplane* era grande e florescente, mas os furtos eram problemas com que tínhamos de lidar constantemente – disse Sanders. – O caso mais memorável envolveu a esposa de um velho amigo. Ela começou a me vender sua coleção de livros de tricô e crochê. Mais ou menos a cada semana, trazia-me uma bolsa cheia de livros. Logo ela passou a fazer visitas mais frequentes, trazendo quantidades maiores de livros. O mais engraçado é que os livros que ela trazia eram sempre mais novos, a cada vez. Até que se tornou dolorosamente óbvio que ela os estava roubando de algum lugar.

Sanders suspirou. Sua maneira de contar esta história carecia do vigor que empregava para contar outras. Aquela mulher podia ser uma ladra, mas era, também, uma amiga. O constrangimento daquela situação, mesmo passados vinte e cinco anos, não parecia ser menos desagradável para ele.

– Passamos a designar alguém para acompanhá-la de perto, toda vez que ela entrasse na loja. A bolsa de crochê que ela usava para transportar os livros que pretendia vender parecia sempre estar mais cheia, quando ela terminava de vasculhar as estantes e saía da loja. O único problema era que os livros que continha haviam sido roubados de nós. Telefonei à *King's English* e à livraria de Sam Weller e descobri que ela também era uma frequentadora habitual de ambas as lojas. Compilei uma lista dos títulos recentemente vendidos por ela para essas livrarias e descobri, é claro, que cada uma das lojas havia adquirido os exemplares que as outras deram pela falta. Na próxima vez em que ela entrou na nossa loja, chamei a polícia e pedi que a esperassem, do lado de fora. Assim que ela saiu, com sua bolsa de crochê cheia de livros, fiz com que recebesse voz de prisão.

A da "ladra com a bolsa de crochê" foi uma das poucas histórias de sucessos. A maioria dos ladrões jamais foi apanhada, e toda a raiva e a frustração que provocaram em Sanders parecem jamais haver desaparecido completamente.

Em 1981, ano em que deixou a *Cosmic Aeroplane*, Sanders cometeria um delito de sua própria autoria – ainda que motivado por uma causa nobre. Edward Abbey, autor de *The Monkey Wrench Gang*, *Desert Solitaire* e *The Fool's Progress*, tornara-se amigo de Sanders.

– Eu havia lhe dito que achava que Hayduke (o protagonista de *The Monkey Wrench Gang*) não deveria sair por aí afora emporcalhando os campos com as latas de cerveja que consumia. Ouviu-me em silêncio, mas acho que não ligou a mínima. Certo dia, telefonou-me, algo que quase nunca fazia, pois odiava telefones, e disse-me, com sua voz roufenha: "Vou conduzir rituais em homenagem à primavera na represa de Glen Canyon. Se você quiser conversar (acerca de um projeto editorial que Sanders lhe havia proposto), encontre-me lá."

Quando Sanders chegou, Abbey e alguns amigos preparavam-se para estender uma faixa de plástico preto de uns cem metros, estreita e terminando em um bico, sobre a beira da represa, para simbolizar uma grande rachadura na mesma. Este foi o primeiro evento público promovido pelo grupo ambientalista radical *Earth First!* Abbey, Sanders e o restante do grupo conseguiram escapar da prisão, por haverem invadido os limites de uma área de acesso restrito – o que serviu apenas para lhes aguçar o apetite por mais atos capazes de chamar a atenção do público para o que consideravam crimes cometidos contra o meio ambiente.

Naquela época, Sanders havia fundado a editora *Dream Garden Press*; pelos anos seguintes, publicaria: agendas e calendários ilustrados com paisagens do Oeste norte-americano acompanhadas por citações dos escritos de Abbey; uma edição de *The Monkey Wrench Gang* ilustrada por Robert Crumb, e um par de outros projetos. Ele convidara Abbey e Crumb para virem a Utah, para uma sessão de autógrafos. Uma de suas histórias favoritas dessa época teve lugar em uma livraria, dentro de uma universidade.

– Eu estava com o meu carro cheio de caixas de livros. Duzentas pessoas aguardavam, em fila, para obterem um autógrafo, e lá estavam Crumb e Abbey, diligentemente assinando seus nomes. Um sujeito aproximou-se de Crumb e perguntou: "Sr. Abbey?" Antes de lhe responder, Crumb voltou-se para Abbey e ambos trocaram aquele tipo de olhar cúmplice. Crumb voltou--se para o sujeito na fila e respondeu: "Sim?" – e assinou o exemplar como "Edward Abbey"! Logo depois ele passou o livro a Abbey que, por sua vez, assinou-o como "Robert Crumb". Eu seria capaz de matar alguém para ter esse exemplar! – disse Sanders. – Tenho certeza de que, até hoje, o cara não se deu conta da brincadeira. Continuo a rezar para que o livro apareça por aqui, um dia. Tenho procurado por ele, há vinte anos!

Tempos depois, devido a desentendimentos com seus sócios, Sanders abandonou a *Cosmic Aeroplane*. Foi na mesma época em que seu casamento se desfez, quando, sozinho, passou a criar Michael, então com nove anos, e Melissa, com sete.

Sanders sustentou sua família com um pequeno escritório e um depósito de livros para vender. Em 1996 fundou e estabeleceu a livraria *Ken Sanders Rare Books* no edifício de tijolos pintado de branco e adornado por duas janelas com vitrais ladeando a porta principal. Um dos vitrais ostenta a figura de um estegossauro, o dinossauro favorito de Sanders; o outro – retirado de uma igreja católica demolida – representa São Judas, o santo padroeiro das causas perdidas. A loja é tão abarrotada de livros que, se um garoto de catorze anos a adentrasse, com uma lista de livros procurados no bolso, tal como Sanders fizera na *Acres of Books*, de Bertrand Smith, anos antes, encontraria material para mantê-lo absolutamente encantado por todo o tempo que desejasse permanecer ali. Por outro lado, se esse garoto pensasse em sair da loja levando um livro sem pagar por ele, se arrependeria amargamente. Sanders já perseguira esse tipo de gente por ruas, vielas e pátios de estacionamento. Já levara alguns desses indivíduos às barras de tribunais. Já amedrontara alguns quase até a beira da morte. E faria todo o possível para recuperar seus livros e para evitar que os ladrões "de primeira viagem" jamais pensassem em roubar um livro outra vez.

6

FELIZ ANO NOVO

UM NOVO MILÊNIO SE INICIAVA, e Gilkey nada possuía além de bons sentimentos para com o ano que viria. Ele tinha um sonho e uma longa lista de números de cartões de crédito para concretizá-lo. Com o término das festas de fim de ano, seu período como empregado da *Saks* chegara ao fim, e, para iniciar o novo ano "com o pé direito", ele decidira levar seu pai em uma viagem a Los Angeles, uma das cidades favoritas de ambos.

– Nós adorávamos os *shopping centers*, as lojas, o clima... Havia muitas celebridades, e mais oportunidades – disse ele.

Uma dessas oportunidades surgiu em uma tarde ensolarada. Gilkey e seu pai haviam almoçado em um hotel luxuoso de Beverly Hills e resolveram dar um passeio para apreciar as vitrines de algumas lojas das redondezas. Aquela era uma vizinhança muito rica, na qual não é incomum que os consumidores sejam levados às compras por motoristas particulares. Gilkey sentiu-se atraído por uma loja pequena, mas particularmente impressionante, com uma considerável área fechada. Vendiam-se rifles por 500.000 dólares, artigos de joalheria que facilmente chegavam a custar preços de seis dígitos – e livros, expostos em pilhas artisticamente arrumadas. Gilkey pensou que poderia muito bem subtrair algo pequeno, com uma etiqueta de preço marcando cerca de dois mil dólares. (Quando lhe perguntei o que seu pai ficava fazendo, enquanto ele prospectava seu possível butim, Gilkey disse-me que ele se limitava a ficar sentado, fora da loja, esperando. Duvidei dessa afirmação, mas fiquei mais interessada no motivo pelo qual Gilkey acobertava a participação de seu pai do que propriamente no grau de envolvimento deste nos roubos.) Considerando os preços da maioria dos artigos à venda na loja, ele pensou que um prejuízo de tão pequena monta sequer seria notado. Avaliou os livros expostos e anotou mentalmente o que desejava. No dia seguinte, enquanto levava suas roupas a uma lavanderia, ligou para a loja de um telefone público. Chegara a hora de utilizar o primeiro dos números de cartões de crédito que ele surrupiara na *Saks*.

– Estive em sua loja, outro dia – disse Gilkey. – Vocês ainda têm aquela primeira edição de *O Conto da Sra. Tittlemouse*, de Beatrix Potter?

A atendente deixou-o aguardando na linha, enquanto verificava a disponibilidade do livro.

– Sim, nós temos o livro – disse ela, ao apanhar o fone novamente.

– Bem, deixe-me ver – respondeu-lhe Gilkey, como se pensasse sobre o que estava para fazer. – Vou levá-lo.

Ele explicou à mulher que se tratava de um presente, e que gostaria que ela embrulhasse o livro. E, imediatamente, acrescentou:

– Você se importa se eu fizer o pagamento agora?

Gilkey deu-lhe um número de cartão de crédito e terminou de lavar suas roupas. Da lavanderia, ele ligou para a loja, para confirmar a compra que acabara de fazer.

– A encomenda já está pronta para lhe ser enviada – confirmou a atendente.

– Será que eu poderia mandar alguém aí para retirá-la para mim? Estou realmente muito ocupado, sabe? – disse Gilkey. – Preciso preparar-me para ir a essa festa...

Ele deduziu que, quando chegasse à loja, ninguém esperaria que estivesse portando seu cartão de crédito. Assim, Gilkey chegou à loja apenas alguns momentos antes do fechamento, por volta das seis horas da tarde. Entrou, lançou um olhar na direção dos livros e exclamou:

– Puxa! Que bela loja vocês têm, aqui! Ele certamente soube escolher bem!

A atendente deu o embrulho com o livro a Gilkey, e ele saiu tranquilamente da loja.

Tal como ele mesmo disse, foi assim, tão fácil.

Por essa época, Sanders já estabelecera e tornara ativo o seu sistema de comunicações por e-mail e, ocasionalmente, recebia notificações sobre livros roubados, mas passava a maior parte do tempo trabalhando em sua loja. Enquanto sua filha, Melissa, atendia os clientes, catalogava as novas aquisições, organizava as estantes e atendia os telefonemas, Sanders encarregava-se das compras de lotes de livros, fazia avaliações e também atendia a clientela. Muitas vezes ele ficava no piso superior da loja, fazendo registros bibliográficos. Sanders vendia seu material para outras lojas, colecionadores, bibliotecas e instituições diversas. Por isso, sempre que adquiria algum livro que soubesse ser especialmente interessante para alguém, enviava uma minuciosa descrição bibliográfica aos possíveis compradores. Esta era uma maneira de impulsionar os negócios, frente aos meses vindouros. Uma quantidade surpreendente de pessoas costuma adentrar a loja trazendo caixas cheias de livros que desejam vender, para que Sanders os avalie. Na maioria das vezes, os livros não são muito valiosos, mas de vez em quando ele se depara com alguma verdadeira preciosidade – tal como aconteceu quando um jovem de uns vinte e poucos anos de idade veio à loja trazendo um livro que dissera haver recebido de seus pais. O livro pertencera à avó do jovem, e a família não sabia dizer se, na verdade, tinha algum valor ou não.

– Bem, eu não quero criar falsas expectativas – disse Sanders ao jovem, enquanto segurava o livrinho, de 10 x 15 cm, na palma de sua mão. – Mas, se isto for autêntico, vale uma cifra de seis dígitos.

Ele disse ao jovem que precisaria obter a autenticação de um perito.

O livro revelou-se realmente um autêntico exemplar do *Livro dos Mandamentos* dos Mórmons: uma edição de 1833 da obra precursora de *Doutrina e Convênios*, uma das três "escrituras" – obras eclesiásticas fundamentais – da Igreja Mórmon. À época de sua publicação, os Mórmons atravessavam um período de desavenças com seus vizinhos e, como forma de retaliação pela destruição de um jornal anti-Mórmon promovida por Joseph Smith, o fundador da Igreja Mórmon, uma multidão enfurecida tomou de assalto a gráfica em que o livro estava sendo impresso, atirando pelas janelas da oficina as páginas já prontas. Uma versão da história, que a maioria das pessoas considera "apócrifa", conta que duas garotinhas Mórmons, vestidas com suas longas saias, recolheram todas as folhas impressas da rua e esconderam-nas em meio a um milharal, até que a multidão ensandecida se dispersasse. Com aquelas páginas soltas, os livros foram, então, encadernados manualmente. Devido à volatilidade de suas origens, a maior parte dos livros eram exemplares incompletos, ainda que, alguns anos mais tarde, uma página de rosto tenha lhes sido acrescentada. Por nunca terem sido finalizados e profissionalmente encadernados, esses livros tecnicamente jamais foram editados, e, ao longo dos últimos 170 anos, apenas vinte e nove exemplares chegaram ao conhecimento público.[1]

Sanders manteve o *Livro dos Mandamentos* em um cofre de segurança e, tempos depois, vendeu-o a um colecionador por duzentos mil dólares em nome do jovem – dessa quantia, Sanders recebeu uma parte, a título de comissão.[2] Todavia, "achados" deste tipo quase nunca surgem espontaneamente sobre o balcão de um negociante. Com frequência muito maior, livros raros costumam "desaparecer". Porém, Sanders nada ouvira dizer acerca do desaparecimento de *O Conto da Sra. Tittlemouse*: os proprietários da loja de onde o livro fora roubado não eram afiliados à Associação Norte-Americana dos Livreiros Antiquários.

Os meses seguintes foram bastante agitados. Em fevereiro, munido de uma longa lista de números de cartões de crédito, Glikey levou seu pai a uma viagem de duas semanas pela França e pela Alemanha, onde visitaram cassinos, vinícolas, restaurantes e museus. Ganharam uma quantia modesta, mas suficiente, apostando em cassinos, o que pareceu reafirmar a confiança de Gilkey em suas próprias habilidades para correr riscos e safar-se ileso, ao menos na maior parte das vezes. Ambos retornaram bem a tempo de acompanhar o Festival do Livro de Los Angeles, onde Gilkey "obteve" cerca de dez outros livros, incluindo uma primeira edição autografada de *Ragtime*, de E. L. Doctorow – o número 86 na lista dos cem melhores romances escritos em língua inglesa da *Modern Library*.

O tipo de coisas que as pessoas escolhem colecionar é algo revelador. O fato de Gilkey preferir os livros da lista da *Modern Library* é consonante com seu desejo de ser admirado. Para isso, ele não obedecia ao próprio gosto literário, mas ao dos conhecedores. Todos aqueles livros já haviam sido sancionados como êxitos indiscutíveis, garantidamente capazes de causar boa impressão.

No decorrer da primavera, Gilkey manteve seu ritmo, roubando um ou dois livros a cada mês. Revela-se tão desenvolto ao justificar esses roubos quanto se mostrara ao praticá-los. A mim, explicou-os da seguinte forma: quando entra em uma loja de livros raros e contempla toda aquela riqueza alinhada nas estantes, ele vê os livros quase como se constituíssem a coleção particular do dono da loja. Que pessoa rica é aquela! Veja só quantos livros ela possui! Não parece justo que ela cobre tanto assim por um único livro, pensa Gilkey. Livros à venda por dez mil, quarenta mil ou meio milhão de dólares encontram-se muito além de suas posses. Como poderia obtê-los?, pergunta-se ele, com "justa indignação". Assim, toma o que vê como seu, "por direito". O fato de os livreiros pagarem somas altíssimas pelos livros que adquirem e que a maioria deles – excetuando-se alguns poucos, realmente experientes – mal consiga equilibrar sua contabilidade, é algo que não lhe ocorre. Mesmo após eu lhe ter chamado a atenção para esse fato, ele prefere não assumir sua culpa. De acordo com a sua visão, se possuir menos livros raros do que outro colecionador ou negociante, o mundo não será justo; e, tal como coloca as coisas, ele tenta "igualar o placar".

Tentei imaginar o que teria gerado sua visão distorcida de justiça. Enquanto muitos colecionadores constroem imagens de si mesmos através de suas coleções, a maioria deles jamais cruza a linha que separa a ambição do roubo. O que Gilkey tentava fazer não era apenas uma coleção, mas também uma imagem de si mesmo para exibir ao mundo. Nesse particular, ele não era diferente dos outros colecionadores, exceto pelo fato de estes geralmente não ousarem ultrapassar o limite entre a cobiça e o roubo. A distância existente entre um colecionador e um ladrão é, basicamente, uma questão moral e ética. Porém, para Gilkey, que repetidamente cruzara esta linha divisória, o fato de não haver pago pelos livros, tendo-os "obtido de graça", como ele diria, apenas os tornava mais fascinantes. Contou-me que, quando ainda mantinha seus livros na casa de sua mãe, antes de passar a estocá-los em um depósito especialmente alugado para esta finalidade, costumava separar os volumes pelos quais pagara dos que havia roubado, guardando cada conjunto em estantes diferentes. Contudo, roubados ou não, a satisfação que os livros lhe proporcionavam era sempre fugaz: quanto mais livros um colecionador possui, tanto mais desejará possuir. Também nesse aspecto, Gilkey age como qualquer outro colecionador. Tal como vários deles costumam afirmar, colecionar é como sentir fome. Como se possuir um livro não saciasse o desejo de vir a possuir outro.

Enquanto a primavera dava lugar ao verão, Gilkey desejava botar as mãos em mais livros; porém, como ainda estava em liberdade condicional por haver roubado moeda estrangeira (usada para pagar por livros e para arcar com despesas cotidianas), achou que deveria agir de maneira mais prudente. Ao mesmo tempo em que restringia a abrangência de suas aquisições, desenvolveu métodos para, ao menos, estar próximo de livros espetaculares. Em junho, visitou o Museu-Biblioteca Huntington, em San Marino, Califórnia. Para os amantes dos livros e das artes, o lugar é um verdadeiro paraíso; para as fantasias de Gilkey, o ambiente deve ter funcionado como um poderoso combustível.

Henry Huntington, nascido em 27 de fevereiro de 1850, em Oneonta, no Estado de Nova York, cresceu em meio a uma família abastada, em uma casa repleta de livros.[3] Foi um leitor e apreciador de livros durante toda a vida. Desde os 21 anos de idade, passou a adquiri-los vorazmente. Décadas mais tarde, após haver fundado a ferrovia *Pacific Electric Railway* e um sistema de transportes intermunicipal na Califórnia, recebeu uma herança de trinta milhões de dólares e começou a colecionar livros e manuscritos raros. Em 1919, fundou o Museu--Biblioteca Huntington, cujo acervo possui atualmente mais de sete milhões de livros raros, manuscritos, fotografias, mapas e materiais impressos relativos à História e à Literatura britânica e norte-americana. O acesso às estantes da biblioteca é facultado apenas a estudiosos, mas Gilkey pôde ver uma pequena seleção de peças da coleção em uma exposição aberta ao público em geral.

Na mostra foi exibido o *Prólogo ao Conto da Esposa de Bath*, parte dos *Contos de Canterbury*, de Geoffrey Chaucer, um manuscrito com iluminuras sobre velino, confeccionado na Inglaterra entre 1400 e 1405, com intrincados arabescos nas margens, semelhantes a gavinhas fabulosamente incrustadas de pedras preciosas.[4] Tal decoração para uma obra literária seria equivalente a emoldurar uma obra-prima da pintura em ouro, ou embrulhar um colar de esmeraldas com papel marmorizado e fitas de cetim: uma tentativa de envolver algo maravilhoso em uma "roupagem" condizente. Outro texto decorado com iluminuras ali exposto era uma *Bíblia de Gutenberg* (impressa por volta de 1455), com as margens igualmente adornadas com desenhos fantásticos, de aspecto tão admiravelmente vivo que parecia que tivessem sido bordados com fios de seda. Ao longo da História, considerando-se a quantidade de vezes em que livros, especialmente textos "picantes" ou religiosos como estes – incluindo o *Kräutterbuch* que tenho sobre minha mesa cujas ilustrações, à época de sua publicação, foram consideradas impróprias para mulheres[5] – foram retirados de circulação, amontoados em praças públicas e queimados, o fato de volumes assim tão antigos ainda existirem é, sem dúvida, miraculoso.[6] Olhando-os retrospectivamente, o profundo cuidado e habilidade artesanal empregados em sua confecção parece uma expressão de épico otimismo. Embora qualquer pessoa possa ver fotografias de livros como esses na internet e analisar detalhadamente cada marca em suas páginas, milhares de pessoas a cada ano preferem "visitá-los" pessoalmente. Além de serem objetos de grande beleza, como o são todos os livros antigos, proporcionam um elo concreto de conexão com o passado. Este é um dos seus efeitos mais poderosos e duradouros.

As obras mais modernas da Huntington são igualmente fascinantes. Na página do título do manuscrito original de *Walden*, de Henry David Thoreau, pode-se notar a caligrafia elegante do autor, acentuadamente inclinada para a direita, desenhada com tinta escura. No canto inferior direito da página, um borrão de tinta nos recorda que aquelas palavras foram escritas por um ser humano real, vivo e falível, cujos dedos mancharam-se de tinta ao tocarem acidentalmente aquele mesmo canto da página. Gilkey ficou encantado com toda a exposição, mas rondou um volume em particular. Não conseguia desviar o olhar do *Diário de Samuel Pepys*, escrito no século XVII, notando quão pequeno e frágil ele parecia, ali, sob sua proteção de vidro.

O próprio Huntington, tal como Gilkey, usava sua coleção para influenciar a maneira como as pessoas o viam. Uma história publicada na edição do dia 25 de dezembro de 1910 do jornal *Los Angeles Examiner* notava que ele "deliciava-se ao ser requisitado por um apreciador e amante dos livros; nesses momentos, o magnata das ferrovias abria suas estantes e delas retirava alguma das joias de sua esplêndida coleção para exibi-la ao visitante."

Já ouvi ao menos um negociante referir-se ao hábito de colecionar como um esporte. Tenho a impressão de que Huntington era um competidor que "jogava para vencer". Um cartum publicado na edição de 27 de março de 1920 do *Los Angeles Times* retrata dois cavalheiros com fartos bigodes no interior de uma livraria, sobre a seguinte legenda: "Henry E. Huntington e Herschel V. Jones, editor do *Minneapolis Journal* e colecionador de livros raros, conversam amigavelmente enquanto fazem compras, em San Marino." O cartum sintetiza perfeitamente os instintos competitivos de ambos os colecionadores. Huntington está dizendo "Acabo de adquirir o *'Diário de Eva'*!"; ao que Jones responde: "Oh! Isto me faz lembrar de que consegui obter o *'Diário de Bordo da Arca'*, de Noé, um dia desses!"

Ainda nessa viagem a Los Angeles, em um dia quente e ensolarado, Gilkey dirigiu-se até o *Century Plaza Hotel*, um dos seus lugares preferidos para "fazer negócios", por contar com uma longa fila de cabines com telefones públicos e bastante privacidade. Também gostava da localização: bem próximo da Melrose Avenue, onde havia duas livrarias que ele planejava visitar.

Do hotel, Gilkey telefonou a uma delas, a *Dailey's Rare Books on Melrose*, perguntando sobre obras de alguns autores – Mark Twain, entre eles. Teve sorte: a loja possuía um exemplar da primeira edição de *Vida no Mississippi*. Deu ao atendente um número de cartão de crédito, dizendo que alguém passaria pela loja para retirar o livro, arranjo com o qual a livraria concordava. Gilkey foi até lá e, para evitar suspeitas, deixou passar algum tempo. Não queria parecer apressado demais ou esconder o rosto por trás de óculos escuros, gaguejando e esbaforindo-se. "Aja normalmente", pensou ele. Ao sair da loja, rasgou o recibo da transação com o cartão de crédito e atirou-o numa lixeira: uma medida de proteção que ele repetia após a aplicação de cada golpe. Ele ainda voltaria à *Dailey's* outras duas vezes, no ano seguinte.

Gilkey dirigiu pelo curto trajeto até o hotel a toda velocidade; odeia quando alguém o ultrapassa no trânsito. No hotel, telefonou à sua livraria favorita, a *Heritage Book Shop*, também situada na Melrose Avenue. Gilkey possui um pronunciado senso de decoro, que transparece quando fala ao telefone – bem diferente do quanto é completamente destituído de remorsos quando se trata de roubar alguém, fato que não transparece. Quando conseguiu completar a ligação com a loja, perguntou se eles tinham algum livro de H. G. Wells. Diante da resposta afirmativa, deu-lhes um número de cartão de crédito e, como de costume, disse que alguém passaria por lá para retirar o livro: um rapaz chamado Robert. Pouco tempo depois, Gilkey chegava à livraria para apanhar a encomenda.

– Bela loja vocês têm aqui –, disse "Robert".

Conversou com um funcionário chamado Ben ou Lou (Gilkey não tinha muita certeza quanto ao nome), por cerca de uns dez minutos, e deu uma olhada casual em alguns outros livros. O livro encomendado já havia sido embrulhado e estava pronto para ser entregue; assim, "Robert" assinou um recibo e saiu tranquilamente da loja, levando um exemplar de *O Homem Invisível*.

Gilkey disse-me que, quando segura um livro antigo em suas mãos, aspira-lhe o aroma dos anos, sente-lhe o frescor e o viço do papel, assegura-se de que o exemplar esteja em perfeitas condições e abre-o com toda a delicadeza. Vira-lhe algumas páginas e, caso seu autor ainda esteja vivo, pondera sobre se gostaria que este lhe autografasse o exemplar. Ele diz que um livro como *O Homem Invisível* é comparável a um bom vinho: é bom poder segurá-lo em suas mãos e incluí-lo muito especialmente em sua coleção – mas não para ser lido. Quase nunca um livro como este servirá para ser lido. Tal como acontece com a maioria dos colecionadores, ele não se sente tão atraído pelo conteúdo quanto pelo que o livro representa.

Winston S. Churchill, um bibliófilo que costumava pagar pelos livros que adquiria, sem dúvida poderia compreender isso, pois compartilhava do mesmo senso de conexão íntima:

> "O que devo fazer com todos os meus livros?" era a questão. E a resposta era "Lê-los", ponderava sobriamente o indagador. Porém, se você não puder lê-los, ao menos manuseie-os e, de algum modo, acaricie-os. Espreite-lhes o conteúdo. Deixe-os se abrirem, sozinhos, na página que quiserem. Leia-os a partir da primeira frase pela qual seus olhos se sentirem atraídos; então, leia outra. Empreenda uma viagem de descobertas, apreendendo ecos de mares jamais navegados. Devolva-os às estantes com suas próprias mãos. Arranje-os segundo os seus próprios desígnios, de modo que mesmo que não saiba o que eles contêm, ao menos saiba onde estão. Se eles não puderem ser seus amigos, permita-lhes ao menos que sejam seus conhecidos. Se eles não puderem ser admitidos ao círculo da sua vida pessoal, não lhes negue um simples meneio de cabeça, em sinal de reconhecimento."[7]

De volta à região da Baía de San Francisco, Gilkey passou a encomendar um livro após o outro. O primeiro deles a chamar a atenção de Sanders foi um exemplar oferecido à venda por 113 dólares de *Toddle Island*, o diário de Lord Bottsford, escrito em 1894, roubado da *Serendipity Books*, em Berkeley. O proprietário da livraria, Peter Howard, era um velho amigo de Sanders. Encontravam-se com frequência nas feiras de livros promovidas por todo o país. Não se tratava propriamente de um livro muito caro, mas mesmo assim o fato deixou Sanders chateado.

– Por que esses ladrões não vão roubar calotas de automóveis? – pensou ele. – Deixem os livros em paz!

Enviou um e-mail de notificação a todos os seus contatos, esperando que *Toddle Island* pudesse ser o último livro roubado sobre o qual ouviria falar, por um longo tempo.

Em dois meses, porém, Sanders recebia notificações de vários membros da Associação Norte-Americana dos Livreiros Antiquários, quase todos do norte da Califórnia, que pareciam assolados por uma onda de roubos de livros cujos títulos nada tinham de comum entre si. A única conexão existente entre os roubos era a de haverem sido praticados por meio da utilização fraudulenta de cartões de crédito. Em e-mails escritos com linguajar cáustico, Sanders passou a referir-se ao perpetrador das fraudes como "O Ladrão do Cartão de Crédito do Norte da Califórnia".

Em novembro de 2000, em plena agitação da temporada de festas de fim de ano, a *Saks* contratou Gilkey novamente.

O norte da Califórnia é um terreno fértil para qualquer amante dos livros, onde também não há escassez de colecionadores. Caminhando pelos corredores de uma recente feira de livreiros antiquários em San Francisco, reconheci a proprietária de uma loja local de artigos e suprimentos para animais, Celia Sack. Eu costumava frequentar sua loja, onde comprava ração para meu cachorro e meus gatos, mas não tinha ideia de que ela fosse uma colecionadora de livros. Nós nos cumprimentamos, mas não foi só na próxima visita à sua loja que começamos a conversar sobre livros. O semblante de Sack ilumina-se quando o assunto vem à baila, e ela revela possuir um profundo conhecimento literário, adquirido ao longo dos sete anos em que trabalhou para uma famosa casa de leilões de livros. Soube então que ela era uma ávida colecionadora, tal como os seus pais. Nenhum outro amigo ou membro de sua família dedica o mesmo amor aos livros e, por isso, ela não tem com quem compartilhar o contentamento de cada nova descoberta. Algumas semanas mais tarde, ela adquiriu vários livros raros sobre jardinagem e culinária, e combinou para que eu fosse ao seu encontro e pudesse vê-los.

Sack mora em um *flat* adaptado no interior de uma bela casinha em estilo vitoriano, no distrito de Castro. Sua loja é repleta de anúncios publicitários e outros objetos relacionados a animais de estimação datados da década de 1950, de modo que eu esperava encontrar apenas um punhado de títulos curiosos, desprovidos de maiores atrativos, mas não foi com isso que me deparei. Ela transformara sua sala de jantar em uma biblioteca impressionante. As paredes eram cobertas, do piso ao teto, por estantes confeccionadas sob medida. A maior parte estava repleta de belos exemplares encadernados em couro e em tecido. Sobre a maciça mesa de madeira no centro da sala, estavam umas duas dúzias de seus livros favoritos. Toda a sala parecia um museu particular, o que me fez imaginar quantos outros *flats* e apartamentos em San Francisco abrigariam secretas coleções como esta. Percorrer a biblioteca particular de alguém é como folhear um álbum de fotos de família; neste caso, os "fotógrafos" eram gente do quilate de Edward Weston ou Roy DeCarava. Tal como fotografias bem tiradas, cada volume tinha uma história por trás de si mesmo. Embora ela tenha parado de contar cada uma delas apenas pelo tempo necessário para retirar mais um de seus títulos favoritos das estantes, nosso encontro estendeu-se por cerca de uma hora e meia.

As áreas de interesse de Sack pareciam ser muito abrangentes: literatura moderna e títulos de literatura lésbica ocupavam toda a parede da esquerda, avançando pela parede seguinte até cederem lugar aos livros de Edward Gorey, volumes sobre a Primeira Guerra Mundial e História Natural, livros sobre culinária, a Exposição Pan-Pacífica e manuais práticos para vendedores varejistas. Ao admirar tantos livros adoráveis, dispostos com arte, senti uma ponta de inveja. Eu adoraria possuir uma biblioteca como esta. O que me impedia de fazê-lo? Muitos dos livros que Sack me mostrou não eram muito caros. Eu já adquiri sapatos que custaram mais do que eles. Muito mais, na verdade. Talvez, suponho, tenha me atemorizado diante da enormidade da tarefa: quanta pesquisa seria necessária para distinguir o que era realmente valioso? Além de quanto empenho eu deveria dedicar à procura dessas coisas? Assim que começasse a me deixar envolver emocionalmente por livros realmente valiosos, problema que, imagino, não seja comum a todos os colecionadores, teria dificuldades em justificar a mim mesma as despesas que tivera com eles, mesmo valorizando conscientemente esses livros e devotando o mais profundo respeito a quem os adquire como forma de investimento. Contudo, mesmo colecionadores com pouco capital disponível encontram maneiras de adquirir livros dignos de figurar em coleções respeitáveis. A diferença entre eles e eu é que, enquanto eu me limito a desejar os livros, eles são compelidos a possuí-los. E nada pode demovê-los de seu intento.

Nem todos os livros de Sack eram financeiramente muito valiosos. Todos, no entanto, possuíam um significado especial para ela. Entre algumas primeiras edições autografadas, havia alguns volumes aos quais ela dava grande importância. Mostrou-me alguns de seus manuais práticos favoritos: *A Arte Integral de Curar, Temperar e Defumar Carnes e Peixes, à Moda Inglesa e às Várias*

Maneiras Estrangeiras, publicado em 1847; o *Comércio de Beira de Estrada: Um Completo Manual de Aconselhamento para o Uso Cotidiano de Horticultores, Cultivadores de Frutas, Avicultores e Fazendeiros, sobre a Comercialização de seus Produtos diretamente junto aos Consumidores*, um guia editado durante a Grande Depressão, com orientações para quem desejasse manter uma barraca para vender as coisas que pudesse produzir à beira das estradas. Estes livros são como fotografias de certos momentos históricos, que poucas pessoas em nossos dias puderam contemplar.

Antes que eu fosse embora, Sack mostrou-me alguns exemplares de seu tipo favorito de livros, os chamados "exemplares de associação". Vários deles eram escritos por autoras lésbicas, autografados por estas com dedicatórias às suas amantes. Entre eles, mostrou-me um exemplar de *No Letters to the Dead* (*"Não Há Cartas para os Mortos"*), de Gale Wilhelm, publicado em 1936. Dedicando o livro à sua namorada, Helen Hope Rudolph, Wilhelm escreveu: "Querida Helen – Alguém disse, certa vez, que esta edição parecia uma caixa de bombons. Então, com todo o meu amor, ofereço-lhe uma caixa de bombons que custa seis *shillings*. Gale."

Revirando os olhos, Sack disse:

– Isto é como testemunhar um momento íntimo da vida da autora.

Sendo uma mulher com menos de quarenta anos de idade, Sack é uma exceção em meio à maioria dos colecionadores de livros. Eu mesma já conheci outros que, igualmente, "não correspondem ao molde". Quando levei o *Kräutterbuch* à livraria *John Windle Books* pela primeira vez, notei um rapaz jovem de origem hispânica caminhando pela loja. Windle chamou-o pelo nome, ele era um frequentador habitual. Ocorreu-me que era algo incomum encontrar alguém de qualquer etnia que não a branca-europeia em uma loja ou evento relacionado ao mundo dos livros raros, objetos de preferência manifestada quase que exclusivamente por homens brancos de meia-idade, há muito tempo. Ao que tudo indica, atualmente é possível que esta tendência esteja em plena transformação.

Joseph Serrano, de trinta e cinco anos de idade, cresceu em San Francisco, criado por uma mãe que lhe lia obras de literatura latino-americana, desde quando era um garotinho. É um homem robusto e amigável, de olhos castanhos com longos cílios por trás de óculos retangulares de armação metálica, que se descreve a si mesmo da seguinte forma:

– Eu sou diferente. Não possuo educação superior, não sou um estudioso ou qualquer coisa desse tipo. Eu sou apenas maluco por livros.

Quando nos conhecemos, ele mantinha *Entre Quatro Paredes* (*Huis-Clos*), de Sartre, e *Complexo de Portnoy*, de Philip Roth, sobre sua mesinha de cabeceira, ambas obras em brochuras simples, ele assegurou-me; nada de primeiras edições, mas apenas livros que serviam para serem lidos.

Quando era criança, Serrano ganhou de uma tia que trabalhara como encadernadora em El Salvador um conjunto de livros encadernados em couro. Ele percebeu quão especiais eram aqueles volumes. Aos dezesseis anos de idade, trabalhava como entregador de uma floricultura na luxuosa vizinhança de Pacific Heights.

– Em quase todas as casas em que eu entrava, havia ao menos uma parede coberta por grandes estantes de livros – disse ele.

Ter uma das paredes de sua casa coberta por uma estante de livros tornou-se um sonho. Aos vinte e três anos, trabalhando como motorista de um caminhão-reboque, conseguiu adquirir seu primeiro livro valioso: *Franny e Zooey*, de J. D. Salinger, comprado por cem dólares.

– *O Apanhador no Campo de Centeio* é um dos meus favoritos – disse ele. – Mas era muito caro para que eu pudesse adquiri-lo.

Após aquela primeira aquisição, começou a vasculhar vendas de ocasião promovidas por particulares, bazares beneficentes e lojas mantidas pelo Exército de Salvação. Não gostava de ter de trabalhar como motorista de um caminhão-reboque, mas o emprego lhe proporcionava oportunidades de, entre uma viagem e outra, perscrutar os catálogos dos negociantes de livros, memorizar as informações neles contidas e sair em expedições de busca.

– Eu entrava em lojas de livros usados sabendo o que era realmente valioso – disse.

Ele gostaria de fazer daquela atividade o seu meio de vida. Poderia comprar um livro por dois ou três dólares e revendê-lo por vinte, ou até mesmo cem dólares. Ao mesmo tempo, começava a formar sua própria coleção, adquirindo títulos de autores relativamente obscuros, cujo valor literário ele sabia reconhecer. Tempos depois, trocava-os por livros das categorias que interessava manter em sua coleção: autores californianos, latino-americanos e literatura do século XX. Uma de suas aquisições favoritas é uma das primeiras descrições impressas da Revolta da Bandeira do Urso, evento ocorrido em 1846, no qual cidadãos norte-americanos nativos rebelaram-se contra as autoridades mexicanas da Província da Califórnia, a mesma que, tempos depois, viria a tornar-se o Estado norte-americano homônimo.

– Costumava ser assim – disse Serrano. – Eu ficava muito feliz ao encontrar livros que valiam cem dólares pagando apenas dois por eles. Descobri livros que mudavam a vida das pessoas. Livros polêmicos, tais como *1984*, de Orwell. Livros importantes: estes eram os que eu realmente desejava colecionar. É o prazer da busca que mantém essa atividade viva. Eu frequento essas vendas de ocasião, onde as pessoas passam direto pelos livros oferecidos, pois talvez estejam mais interessadas em adquirir peças de mobiliário ou objetos de arte. Certa vez, sentei-me no chão em um lugar desses e comecei a retirar livros de uma estante e encontrei várias primeiras edições de Hemingway, Faulkner... Foi fantástico!

Tal como acontece com os aventureiros que, ainda hoje, esquadrinham os mares à procura de tesouros em navios naufragados há séculos, a esperança e a determinação dos "caçadores de livros" é alimentada por histórias como a de Serrano. Ele continua a frequentar lojas de objetos usados, mas também comparece a feiras e livrarias especializadas em livros raros, nas quais pode testar o nível de seus conhecimentos comparando-o com o dos negociantes. Ele reuniu todo o conhecimento que pôde adquirir como um avaliador de livros amador. Recentemente, inaugurou seu próprio negócio de livros raros, na internet. Ele explica seu impulso para fazê-lo da seguinte maneira:

– Você vê alguma coisa pela qual não pode pagar, mas compra-a, mesmo assim – diz ele. – Minha mulher acha que isso é um vício, mas encontrar esses livros me proporciona uma sensação tão boa!

Às vezes, essa mesma sensação boa também é experimentada pelas pessoas que auxiliam os colecionadores em suas buscas. Em várias oportunidades, Sanders mencionou o nome de um homem que vive em Londres, David Hosein, que viaja pelo mundo todo, a negócios. Durante suas viagens, costuma visitar livrarias à procura de livros escritos por andarilhos, viajantes sem destino e outros autores "marginais". Em um e-mail endereçado a mim, Hosein assim descreveu sua coleção:

> O foco da minha coleção concentra-se sobre pessoas (iconoclastas, seitas e grupos) e atividades (legais e ilegais) que se distanciam das normas da sociedade. Por exemplo: histórias de prisão, motociclistas foras da lei, andarilhos, rufiões, viciados em drogas, estelionatários, ativismo ambientalista, colecionadores de tênis esportivos, cultura urbana anterior ao hip-hop e livros japoneses de protesto. A parte principal da coleção é constituída por um grande número de livros escritos por presidiários.

Tenho adquirido avidamente relatos pessoais não ficcionais do século XX e obras fotográficas autorais sobre esses assuntos, há mais de dez anos. Interesso-me apenas por livros em bom estado de conservação; e, neste aspecto, sou tão "nerd" quanto qualquer um desses fanáticos por livros de Stephen King.

Sanders é fascinado pela originalidade dessa coleção. Eu também. Na verdade, as coleções desse tipo são como um sopro de renovação constante, tanto para os próprios colecionadores quanto para negociantes como Sanders, que, agora, mantém sempre um olho aberto para livros sobre andarilhos, vagabundos e congêneres, reservando-os para colecionadores como Hosein.

– Alguém como Hosein – diz Sanders – está sempre adiante de seu tempo, sendo um pioneiro em um novo tipo de coleção bibliográfica. Muita gente começa a prestar atenção nisso.

De acordo com Sanders, tentar encontrar um comprador para uma coleção tão original quanto a de Hosein requer tanta ingenuidade quanto é necessária para formá-la; é muito mais provável que algum livreiro ou instituição visionária venha a adquiri-la, do que um outro colecionador particular.

– Do ponto de vista do colecionismo – diz Sanders –, é a busca, a descoberta e a aquisição de um determinado livro que movem um colecionador e impulsionam a coleção. Com frequência, colecionadores "queimam" ou desfazem-se de suas coleções quando elas são definidas de maneira tão estrita que impeçam a aquisição de quaisquer novos acréscimos. A coleção chega a um ponto de estagnação, e o colecionador fica exausto.

É provável que um colecionador como Hosein não gaste muito tempo preocupando-se com quem poderia vir a adquirir os seus livros. Reunir uma coleção como a dele parece ser algo como um desafio particular. Porém, quando ele decidir vendê-la, tal como acontece com qualquer coleção, o esforço por haver reunido todos os livros será recompensado: o valor do todo será sempre maior do que o da soma de suas partes.

Mesmo quando um livro não pertence a uma coleção, caso seja "rotulado" como um "clássico", terá seu valor elevado. Uma amiga deu-me um artigo que encontrou em uma edição da revista *Worth*, dizendo que os clássicos literários haviam ultrapassado os índices de valorização das ações e bônus do mercado financeiro, nos últimos vinte anos. Um gráfico – desenhado de forma a se parecer com um indicativo exagerado como o de um cartum – demonstrava quão lucrativo podem ser os investimentos em coleções de livros. Ingenuamente, deduzi que esta deveria ser uma excelente notícia para os negociantes de livros: se mais pessoas soubessem que colecionar livros era uma forma tão inteligente de investir seu dinheiro, os negócios melhorariam muito. Escrevi a Sanders sobre isso, e ele respondeu-me à altura:

> Na verdade, não acho que seja necessariamente uma coisa boa. Livros devem continuar sendo adquiridos apenas por amor e pela alegria que proporcionam. Pensar neles como objetos, adquiridos como forma de investimento, transforma-os em meros produtos ou *commodities*. Isso reduz-lhes o valor como repositórios de uma herança cultural, e diminui não somente os livros, mas também os seus autores e leitores. Deixemos que Wall Street se ocupe do "mercado futuro do boi gordo".
>
> Sem a influência de Wall Street, inúmeros livros, incunábulos e obras-primas da literatura moderna já são praticamente inalcançáveis para o colecionador médio, ou mesmo para alguns mais experientes e abastados. Imagine um exemplar de *O Grande Gatsby* valendo mais de cem mil dólares... Veja o que acontece com o mercado de arte, no qual pinturas que há poucos anos costumavam custar algumas centenas de dólares, valem agora alguns milhares, enquanto outras, que já valiam milhares, custam hoje alguns milhões de dólares...
>
> Se Wall Street se apoderar dos livros e os transformar em valiosos e cobiçados objetos de investimento, é melhor tomarmos cuidado. Logo, ninguém mais poderá adquiri-los, e o prazer de colecioná-los terá se acabado, para sempre. O grosso das movimentações financeiras no mundo do colecionismo bibliófilo ocorre dentro da faixa de umas poucas centenas até alguns milhares de dólares...
>
> Se você coleciona livros que adora e que lhe proporcionam grande alegria, e tenta adquirir sempre o melhor que você pode pagar, comprando exemplares nas melhores condições possíveis, sua coleção será sempre, comprovadamente, um excelente investimento.

Não demorou muito para que Gilkey começasse a subtrair mais vias de recibos dos clientes da *Saks*. Encarava a atividade como uma forma de trabalho, e a sua meta era embolsar dois ou três números de cartões de crédito por dia. Seus planos funcionavam perfeitamente, sem qualquer embaraço. Aquilo *era diver-*

tido, pensava ele. Sempre que conseguia obter um novo número, ele tinha um momento de regozijo íntimo, e logo já estava empenhado em obter o seguinte.

Às vezes, a ajuda de Gilkey era requisitada fora do andar em que costumava trabalhar, e ele tinha de telefonar para alguns clientes para informá-los sobre alguns eventos ou circunstâncias especiais. Nesses momentos, ele usava uma sala equipada com um telefone, um computador e um envelope de papel pardo cheio de recibos de cartões de crédito: tentação grande demais para resistir.

No entanto, de modo geral, Gilkey jamais se encontrava muito ocupado. Aproveitava o tempo livre e o acesso ao computador para pesquisar sobre livros e para navegar pelos *sites* de alguns livreiros. Tão logo tivesse se decidido acerca de algum livro que desejava – sempre uma obra sobre cujo título ou autor "ouvira falar" –, aproveitava sua hora de almoço para ir até um hotel nas vizinhanças, como o *Crowne Plaza*, o *St. Francis* ou qualquer outro que contasse com cabines telefônicas que lhe proporcionassem alguma privacidade. Jamais encomendava livros telefonando da *Saks*, temeroso de que pudesse ser rastreado.

Após algum tempo, seu sucesso pareceu-lhe bom demais para ser verdadeiro. Tornou-se especialmente desconfiado dos consumidores muito ricos. Gilkey disse que, quando o diretor-executivo da *Netscape* veio à *Saks* para comprar sapatos, precisou resistir ao impulso de embolsar o recibo da transação. Certa vez, quando o executivo telefonou à loja, para se informar sobre uns sapatos, e o gerente de Gilkey mandou-o ir ao departamento de calçados masculinos para ajudar com o trabalho, podia jurar que estavam tentando apanhá-lo em uma armadilha. Naquele dia, um após o outro, clientes portadores de cartões *"platinum"* requisitaram seu atendimento para adquirirem pares de sapatos de 800 ou 900 dólares. Ele tinha certeza de que a *Saks* observava seu comportamento, enquanto propositalmente colocava a tentação em seu caminho. Ao final do dia de trabalho, ele rasgou e atirou ao lixo todas as vias de recibos que havia embolsado.

Seus temores com relação à *Saks* eram infundados, mas em janeiro de 2001, quando o oficial da condicional de Gilkey soube que ele estava trabalhando em San Francisco, pôs um fim na situação. Os termos de sua libertação condicional incluíam sua permanência em Modesto e o oficial disse a Gilkey que arranjasse um emprego na cidade. Trabalhar na *Saks* tinha sido uma das melhores coisas que já lhe acontecera: o serviço era fácil, ele tinha de estar sempre bem vestido e dava-se muito bem com seus colegas. O mais importante, porém, era que o trabalho lhe permitia estar muito próximo de todos aqueles cartões de crédito com limites altíssimos. Além disso, ele mal começara a trabalhar em um segundo emprego, em San Francisco, fazendo pesquisas para uma distribuidora de filmes junto aos frequentadores dos cinemas; em sua opinião, um trabalho quase tão agradável quanto o que fazia na *Saks*. Dizia a si mesmo que, agora, trabalhava para a indústria cinematográfica. Para alguém tão fascinado pela fama, isto era suficientemente excitante. Porém, quando o empregador fez uma pesquisa sobre o passado de Gilkey e descobriu que ele tinha uma ficha criminal, demitiu-o imediatamente. Sua carreira na "indústria cinematográfica" durou apenas duas semanas.

Não bastasse haver sido forçado a abandonar seus dois empregos, no dia 14 de janeiro os *Oakland Raiders,* time de futebol americano do qual Gilkey é um torcedor apaixonado, perderam uma partida do campeonato nacional para os *Baltimore Ravens*, pelo acachapante placar de 16 x 3. Ele e seu pai haviam comparecido ao estádio, certos de que os *Raiders* sairiam vitoriosos. Como tal não aconteceu, Gilkey sentiu-se tão deprimido quanto ficara com a decisão do oficial da condicional, e fez o que costumava fazer sempre que se sentia, de algum modo, ludibriado pela vida: roubou um livro, desta vez, usando um cheque sem fundos. Fazer isso serviu como um lenitivo para as mágoas causadas pelas injustiças pelas quais ele se sentia vitimado. Achou que não causara senão um prejuízo inofensivo a alguém: apenas duzentos dólares. Contudo, a polícia foi notificada e ele acabou sendo preso.

Segundo Gilkey, no tribunal, o defensor público sugeriu que ele alegasse ser portador de um distúrbio mental, o que Gilkey considerou uma ideia genial. Porém, quando o juiz lhe disse que, se de fato ele o fosse, teria de passar um ano internado em um hospital psiquiátrico penal, Gilkey disse:

– Esqueça essa ideia. Não há nada de errado comigo.

Por fim, concordou em cumprir uma sentença de seis meses e meio de prisão. Devido ao modo como são atribuídas as sentenças para esse tipo de crimes, ele sabia que, na verdade, não passaria mais do que a metade desse período atrás das grades. Gilkey ainda requisitou um adiamento, que foi concedido pelo juiz, para que sua sentença começasse a ser cumprida a partir do mês de junho, quatro meses mais tarde. Sentindo-se injustiçado pela perda de seus dois empregos e pela sentença de prisão, que também considerava injusta, Gilkey sabia exatamente como pretendia passar o tempo de que dispunha.

– *Vocês querem brigar?* – pensou ele. Seu desafio era dirigido ao mundo, de maneira geral, mas particularmente endereçado aos negociantes de livros raros. – *Então, agora é guerra!*

7

TRILOGIA DE KENS

DISPONDO DE QUATRO MESES ANTES DE TER DE COMEÇAR A CUMPRIR sua sentença de prisão, Gilkey e seu pai decidiram empreender uma viagem de automóvel pela costa da Califórnia, passando por Lake Tahoe, San Francisco, Los Angeles e San Diego, parando por alguns dias em cada cidade, intercalados por rápidas incursões de volta a Modesto, a cidade onde ficava o lar da família. Este período foi encarado como uma espécie de férias estendidas, com data fixada para terminar, financiadas pelas economias do pai de Gilkey e pela utilização de números de cartões de crédito alheios.

No dia 14 de março, os dois hospedaram-se em um hotel próximo ao aeroporto de San Francisco, porque a taxa de permanência do carro no estacionamento era mais barata do que nos hotéis do centro da cidade. Era um dia bonito, e eles saíram em seu carro alugado e dirigiram-se para o *Westin Hotel*. Lá, Gilkey abriu as *Páginas Amarelas* e foi direto à seção de lojas que negociavam livros raros. Na verdade, ele já havia feito pesquisas preliminares em seu próprio computador, em Modesto, e ficara particularmente impressionado com o acervo abrangente anunciado pela *Brick Row Book Shop*. Enquanto discava o número da livraria, retirou um recibo de cartão de crédito de seu bolso.

Ao telefone, Gilkey identificou-se como Dan Weaver e falou com Andrew Clark, um funcionário que teve uma excelente impressão de "Weaver" e tratou-o com todo respeito, pois ele parecia ser exatamente o tipo de pessoa que poderia vir a tornar-se um bom cliente.

– Estou procurando um livro para presentear alguém – disse "Weaver", com um tom de voz muito educado. – Alguma coisa entre dois e três mil dólares. Por acaso vocês têm *Vanity Fair* (*"A Feira das Vaidades"*), de Thackeray?

– Temo que não o tenhamos, no momento – disse Clark. – Mas temos um outro romance do século XIX que pode lhe interessar: *The Mayor of Casterbridge* (*"O Prefeito de Casterbridge: A Vida e a Morte de um Homem de Caráter"*), de Thomas Hardy.

– Bem... – pareceu considerar "Weaver".

– Trata-se de uma edição em dois volumes – acrescentou Clark – em meia-encadernação, com guarnições de marroquim marrom, capas de papel marmorizado, com arabescos e letreiros nas lombadas gravados a ouro. É uma primeira edição, em estado de conservação muito bom, e está à venda por dois mil e quinhentos dólares.

– Bem, acho que está dentro do que pretendo gastar – disse "Weaver", antes de ler a Clark um número de cartão de crédito, dizendo que retiraria o livro mais tarde, naquele mesmo dia.

Clark embrulhou cuidadosamente *O Prefeito de Casterbridge* com uma folha de papel pardo comum, e, antes de sair para o almoço, informou ao proprietário da livraria, John Crichton, que alguém deveria passar por ali para apanhá-lo.

Na tarde daquele dia, um homem por volta dos setenta anos de idade entrou, apressado, na loja. Disse a Crichton que viera apanhar um livro para seu filho, Dan Weaver.

– Estou com muita pressa – resmungou ele. – Estacionei o carro em fila dupla. Tenho de apanhar logo esse livro.

Crichton conferiu tudo, para ter certeza de que a despesa com o cartão de crédito fora autorizada, e, como tudo parecia estar em ordem, entregou o livro ao homem, e uma cópia do pedido.

O pai de Gilkey desceu ao piso térreo pelo elevador, embarcou no carro alugado e entregou o livro em suas mãos.

Gilkey viria a me explicar que o seu pai retirara o livro por ele precisar ir ao banheiro; assim, Gilkey disse-lhe que satisfizesse suas necessidades e, depois, apanhasse o livro para ele. Ele insistiu em dizer que seu pai não sabia que o livro fora adquirido com um número de cartão de crédito roubado. Contudo, seu pai comparecera à loja dizendo ter de retirar um livro encomendado por "Dan Weaver"; portanto, não há como sustentar a proposição de que ele agira sem estar consciente de sua cumplicidade. Todavia, a veemente negação de Gilkey quanto ao papel desempenhado por seu pai era ainda mais intrigante do que o próprio envolvimento deste. Ambos ainda continuam a me intrigar.

Para Gilkey, ter nas mãos um livro como *O Prefeito de Casterbridge*, antigo e refinado, um autêntico fragmento da História da Literatura, proporcionava-lhe uma satisfação profunda. Nada havia comparável àquilo. Ele segurou os volumes, consciente de que valiam alguma coisa, de que "todo mundo desejaria tê-los", mas que apenas ele os possuía. Isso era emocionante. Quando terminou de examiná-los detalhadamente, depositou-os com muito cuidado sobre o banco traseiro do carro. Sentira-se um pouco nervoso durante a operação de retirada dos livros da loja, mas seu pai saíra-se muito bem, e ambos sentiram-se grandemente aliviados ao dirigir para longe dali.

Um mês depois, o verdadeiro Dan Weaver, legítimo proprietário do cartão de crédito, telefonou para Crichton e perguntou-lhe:

– Por que você está me cobrando dois mil e quinhentos dólares? E, além do mais, *por um livro*?!

Crichton averiguou o assunto e descobriu que, de fato, o pedido era fraudulento. Como isto podia ter acontecido? Uma vez, ele mesmo fora o encarregado da segurança da Associação Norte-Americana dos Livreiros Antiquários e costumava ser um comerciante muito cauteloso. No mesmo momento, enviou um e-mail a Sanders, contando-lhe a história com todos os detalhes. Ato contínuo, Sanders enviou e-mails a todos os membros da Associação e aos integrantes da Liga Internacional de Livreiros Antiquários, reproduzindo a transcrição das ligações telefônicas recebidas pela *Brick Row*, as características físicas do exemplar roubado de *O Prefeito de Casterbridge* e, mais importante do que tudo, uma descrição do ladrão: um homem idoso, vestido de maneira desleixada, com uma voz roufenha.

Agora, todo mundo estaria alerta.

Dois meses mais tarde, Gilkey estava ansioso para "obter" um livro de uma livraria em outro condado. Vinha tendo sucesso após sucesso, e sentia-se cheio de ousadia e confiança. Telefonou à *Heldfond Book Gallery*, em San Anselmo, uma cidadezinha no Condado de Marin, imediatamente ao norte de San Francisco. Falou com a proprietária da loja, Lane Heldfond, dizendo-lhe que estava na estrada, a caminho dali, e que desejava adquirir dois livros para presentear: um livro infantil e um exemplar autografado por seu autor. Heldfond sugeriu-lhe *The Patchwork Girl of Oz* (sétimo livro da série "O Mágico de Oz"), cujo preço em seu catálogo era de 1.800 dólares, e *José no Egito*, livro escrito por um dos autores favoritos de Gilkey, Thomas Mann, autografado e catalogado por 850 dólares. Ele disse que, naquele momento, estava olhando para o *website* da loja, um lapso de descuido para alguém que acabara de dizer encontrar-se na estrada.[1] Embora tenha percebido o descuido, Heldfond não lhe deu importância, e Gilkey disse-lhe que um primo seu apanharia os livros na loja no dia seguinte.

Amanheceu ensolarado e claro. Gilkey resolveu usar a balsa para atravessar a Baía. San Anselmo é um vilarejo pacato e sonolento, um dos poucos no rico Condado de Marin onde ainda é possível apreciar, em pleno centro da cidade, o charme de lojas de quinquilharias e de cafeterias que vendem copos de café para viagem sem nenhum logotipo impresso. No vértice mais agudo de um edifício em forma de cunha, a *Heldfond Book Gallery* é uma loja de formato triangular, com um exíguo assento estofado aninhado sob as janelas envidraçadas que formam seu canto mais anguloso. Lane Heldfond é uma mulher pequena e esguia que ultrapassou os quarenta anos de idade há não muito tempo. Tem uma pele azeitonada, com cabelos escuros muito longos e ondulados, e um sorriso capaz de desarmar qualquer sentimento de hostilidade ou suspeita. Além de trabalhar como negociante de livros, é escultora, e seu senso de estética visual é refletido pelo modo como as estantes são dispostas em sua loja. Heldfond e seu marido, Erik, são colecionadores desde muito antes de inaugurarem a loja, em 1991. Apenas compravam o que podiam pagar e esperavam que os artigos valorizassem e seus preços subissem. Aparentemente, eles agiram de maneira acertada. A despeito do fracasso da maioria dos negócios mantidos por maridos e esposas, sua livraria cresceu.

Assim que Gilkey confirmou seu pedido dos dois livros, Heldfond desligou o telefone e chamou seu marido.

– Alguma coisa não está certa – disse ela. Ela sentia uma estranha desconfiança quanto ao pedido que acabara de receber. Tudo havia sido rápido e fácil demais.

– A cobrança foi autorizada? – perguntou-lhe seu marido.

Como a resposta foi positiva, ele assegurou-lhe de que não havia nada com que devesse se preocupar.

Assim, Heldfond retirou os livros das estantes. *José no Egito*, com suas sombrias capas negras, e *The Patchwork Girl of Oz*, com sua jaqueta ilustrada em cores vibrantes. Embrulhou-os com papel pardo e guardou-os sob o balcão.

Quando chegou a San Anselmo, Gilkey entrou em uma agência dos Correios, a um quarteirão de distância da livraria, e telefonou novamente para Heldfond, perguntando-lhe se a encomenda estava pronta para ser retirada. Sim, estava.

Diante da porta de entrada da *Heldfond Book Gallery*, Gilkey olhou ao seu redor, para certificar-se de que nenhum "tira" disfarçado o observava de dentro de algum carro estacionado na rua. Com um movimento, entrou na loja, cobrindo parcialmente a boca com uma das mãos.

– Acabo de sair do dentista – disse ele a Heldfond, falando por um dos cantos da boca, tentando disfarçar a própria voz, para que ela não a identificasse com a que ouvira pelo telefone. Ele sabia que aquela jogada implicava algum risco e começou a sentir-se muito agitado. Afinal, ele deveria se passar pelo primo do homem que telefonara para a loja. Preferiu abreviar ao máximo a conversa amigável e postou-se a meio caminho entre o balcão e a porta, saindo da loja tão logo conseguiu apanhar os livros. Correu até a parada de ônibus mais próxima, assim que teve certeza de que não mais poderia ser avistado por ninguém da livraria. Agora, ele tinha mais dois livros para guardar no depósito que alugara para abrigar sua coleção.

De uma das paredes da *Heldfond Book Gallery* pende uma citação de Oscar Wilde: *"Eu posso resistir a tudo, exceto à tentação."*

Comecei a dar-me conta de que o impulso para colecionar não surge de um momento para outro; começa a ganhar intensidade e chega ao ápice após, digamos, uma ou duas aquisições. Imaginei que, se eu adquirisse algumas primeiras edições de livros que houvessem inspirado meu próprio trabalho e influenciado a minha escrita, e começasse a sentir por eles o mesmo que os colecionadores sentem, na verdade, eu mesma também já teria me tornado uma colecionadora. Um bom ponto de partida seria adquirir primeiras edições de algumas das minhas obras favoritas de narrativas não ficcionais: *A Sangue Frio, O Espírito te Pega e Você Cai, O Professor e O Louco, O Ladrão de Orquídeas*. Comecei a fazer uma pesquisa na internet, visitando *sites* de livreiros antiquários, para ter uma ideia de quanto isso iria me custar. Enquanto eu lia sobre descrições de autógrafos e outros detalhes identificativos que tornavam cada exemplar único, comecei a sentir as primeiras manifestações do que imaginei ser o desejo de um colecionador.

Lendo a respeito desse desejo, encontrei várias provas de um carinho especialmente dedicado às primeiras edições. Depois dos manuscritos originais, elas são o tipo de objeto mais próximo de um autor que um leitor pode possuir. Este tipo de sentimento, que considera um livro como se fosse a extensão de uma pessoa, não é, nem remotamente, algo novo. Em 1644, John Milton escreveu: "Pois os livros não são, absolutamente, meros objetos inanimados, mas contêm, sim, em si mesmos, uma vida em potencial, que é tão ativa quanto aquela que anima a criatura de quem eles são a progênie; e não apenas isso, mas eles ainda preservam, como se em um frasco, a mais pura eficiência extraída daquele intelecto vivo que os engendrou."[2] Quase trezentos anos depois, em 1900, Walt Whitman ecoou esse mesmo sentimento: "Camarada! Isto não é um livro,/Quem toca isto, toca um homem."[3] Um colecionador de pinturas pode ter em suas mãos uma obra original e única; para um colecionador de livros, a melhor opção, além de um manuscrito original, é uma primeira edição. Colecionadores jamais chegam a possuir o que colecionam em quantidade suficiente. Contudo, de acordo com uma antiga charada que encontrei, esta predileção pode ser problemática: Qual é o homem mais feliz? "Aquele que tem uma biblioteca muito bem provida de todos os clássicos do mundo, ou aquele que tem treze filhas? O homem mais feliz é aquele que tem treze filhas, porque ele sabe que tem o bastante."[4]

De todo modo, decidi me aprofundar no assunto e iniciei minha coleção com dois livros de Gay Talese, uma vez que sabia que ele viria, em breve, a San Francisco e poderia autografá-los para mim. Eu havia sido prevenida quanto aos perigos de adquirir livros de negociantes não filiados à Associação Norte-Americana dos Livreiros Antiquários, mas eu estava com pressa, e os poucos membros da Associação a quem telefonei não tinham os livros que eu procurava. Encomendei as primeiras edições de *The Overreachers* e de *The Bridge* por cerca de 40 dólares cada, a dois livreiros não membros da Associação Norte-Americana dos Livreiros Antiquários, a quem encontrei na internet. Quando os livros chegaram pelo correio, desfiz ansiosamente as embalagens feitas de papel e plástico bolha. *The Overreachers* encontrava-se em "muito bom estado": minha primeira "primeira edição"! *The Bridge*, embora também estivesse em "muito bom estado", não era uma primeira edição. Enquanto a ficha catalográfica impressa em uma das primeiras páginas de *The Overreachers* identificava claramente o livro como uma "primeira edição", a ficha de *The Bridge* sequer mencionava qual edição era aquela. Eu também não fazia ideia de qual edição seria aquela. Contatei a vendedora, que admitiu haver cometido um engano e concordou em reembolsar-me a diferença do valor pago. Assim, aprendi a lição.

Gay Talese autografou meu exemplar de *The Overreachers*; coloquei-o em uma estante quando o levei para casa, junto com meus outros livros, aqueles que não são primeiras edições. Achei que talvez devesse lhe arranjar lugar mais honroso, mas jamais o retirei de onde inicialmente o colocara. Tendo tocado as páginas de um manuscrito original de Flaubert, na feira de livros de Nova York, eu compreendia bem por que alguém poderia desejar possuir um manuscrito original. Contudo, devo admitir, jamais consegui compreender bem o ardor com que certas pessoas desejam possuir a primeira edição de um livro impresso. Muito do que é associado ao hábito de colecionar é ditado pelas emoções – talvez até mesmo a maior parte das coisas. Embora eu consiga compreender *racionalmente* a atração despertada pelas primeiras edições, jamais consegui *senti-la*. As ligações mais fortes que já estabeleci com os livros foram para com aqueles que associei a alguma história pessoal. Quando era criança e tive de ficar acamada, com gripe, minha mãe deu-me para ler o exemplar que conservava, desde sua própria infância, de *Anne of Green Gables*. Lembro-me de haver ficado encantada tanto pela beleza antiga do livro quanto pelo charme da história. O livro era encadernado com uma capa de tecido castanho, meio desbotado, com uma ilustração do perfil de Anne. Na parte interna da capa, uma inscrição – *"Para Florence, da Tia Freddie, Natal de 1911"* – que significa que não somente minha mãe o leu, mas também a mãe dela, Florence. Também guardo como um tesouro a edição vividamente ilustrada de *Peter Rabbit* (na qual o coelhinho Peter parece-se com um lunático, com olhos diabólicos), que pertenceu ao meu pai, bem como seus livros da "família dos gatos": *Mamãe Gata, Gatinho Fluffy, Gatinho Muffy* e (o melhor de todos) *Gatinha Kitty*. De todos os livros que pertenceram aos meus avós, nenhum é mais encantador do que *Lettres de Mon Moulin*, uma edição de 1948, com adoráveis ilustrações em aquarela de aspectos da vida campestre na França. (Será que o fato de eu adorar um livro do qual não sei ler uma única palavra é, ao menos, indicativo de uma certa inclinação para a bibliomania?) Em sua capa, de cartão flexível, há uma ilustração representando um moinho, e a proteção de papel vegetal que a envolve apresenta craquelês bastante evidentes, devido à ação do tempo. O modo como essa sobrecapa artesanal obscurece a ilustração impressa faz-me recordar a janela de um velho trem, através da qual pode-se ver a paisagem lá fora. Nenhum desses livros possui qualquer "valor de mercado" (eu conferi); mas eu gostarei deles para sempre, pelas histórias que contêm, tanto as que estão impressas em suas páginas (ao menos, as que estão escritas em inglês, pois posso compreendê-las), quanto as suas próprias histórias, enquanto objetos muito estimados. Duvido que meus sentimentos fossem afetados se eles fossem primeiras edições, a menos que viessem a valer o suficiente para, digamos, custear a educação dos meus filhos, caso em que eu teria de me desfazer deles. Mesmo assim, creio que esta seria uma separação dolorosa.

Assim, minha primeira edição de Talese repousa em uma estante comum, em meio às segundas, terceiras ou décimas segundas edições de outros livros. Por mais apaixonada que eu seja pela leitura, além de uma apreciadora dos encantos estéticos e históricos dos livros antigos, o "bichinho" que me faria desejar ardentemente colecioná-los ainda não me pegou.

Quando Lane Heldfond foi notificada de que o número de cartão de crédito utilizado para a compra das primeiras edições de *José no Egito* e *The Patchwork Girl of Oz* era fraudulento, ficou chocada, mas pensou que sua apólice de seguros cobriria o prejuízo – dinheiro suficiente para que ela, Erik e a filha de ambos, de seis anos de idade, pudessem passar férias no Havaí. Estava enganada: o seguro não cobriu sua perda. (A menos que os comerciantes consigam obter as assinaturas autenticadas dos verdadeiros titulares dos cartões de crédito, são eles mesmos que devem absorver os custos das mercadorias roubadas.) Furiosa, enviou um e-mail muito detalhado a Ken Sanders, relatando o ocorrido. Ela havia lido suas notificações mais recentes e, ao contrário de muitos de seus colegas que relutavam em expor a própria vulnerabilidade, Heldfond achava muito importante divulgar, tanto quanto possível, informações sobre os livros que lhe haviam sido roubados. Seu relato incluiu a informação de que um homem, demonstrando possuir bastante conhecimento, havia lhe telefonado dizendo desejar adquirir livros para serem presenteados. Tal como o ladrão sobre o qual Sanders havia alertado a todos os seus colegas de profissão, esse homem pagou sua compra usando um cartão de crédito e disse que um parente seu retiraria a encomenda. Uma diferença, porém: este ladrão não era um homem idoso; andava por volta dos trinta anos de idade, segundo Heldfond, e tinha cabelos escuros.

Sanders tinha veiculado diversas informações sobre certo "Ladrão do Cartão de Crédito do Norte da Califórnia" a todo seu meio profissional, mas talvez estivesse enganado. Talvez devesse alertar todos sobre a existência de "ladrões". Poderia tratar-se de uma quadrilha inteira? Sentia-se como se estivesse caçando fantasmas. Seu trabalho de detetive seria muito facilitado se todos os seus colegas livreiros se mostrassem mais dispostos a falar francamente sobre as perdas que sofriam.

O prazer das férias estendidas de Gilkey com seu pai foi aumentado por seus sucessos ao conseguir obter tantas coisas absolutamente de graça. Gilkey tinha duas maneiras de conseguir um pernoite gratuito em algum hotel: ou usava um número de cartão de crédito roubado, ou dizia à gerência do hotel que o vaso sanitário do apartamento que ocupara havia transbordado, obtendo assim um reembolso da despesa. Descobrira que a maioria dos hotéis garantia cem por cento de satisfação aos seus hóspedes; por isso, sempre que levasse sua queixa ao conhecimento do gerente de cada estabelecimento, quase nunca lhe cobravam a estadia. Um método similar também funcionava para obter refeições grátis. Esses métodos no entanto não foram eficazes em um par de ocasiões: no *St. Francis Hotel*, em San Francisco, ele teve suas bagagens retidas pela casa, até que surgisse com dinheiro suficiente para pagar pelo quarto que ocupara, e o mesmo aconteceu no *Mandarin Oriental*, também em San Francisco, onde ele se hospedou apenas por desejar experimentar uma estadia em um hotel "cinco estrelas". Todavia, quando esses estabelecimentos se negaram a oferecer-lhe um reembolso, após ele haver reclamado do transbordamento dos vasos sanitários, ele "limpou" os quartos, levando todos os xampus, sabonetes e pantufas oferecidos para o uso dos hóspedes, apenas para ter uma ligeira sensação de revide.

À medida que as semanas passavam e o mês de junho se aproximava, Gilkey retomou seu ritmo habitual, "obtendo" cerca de dois livros por semana. Ainda que não fosse muito valioso, um de seus favoritos era *Zona Morta*, de Stephen King, devido à maneira como o obtivera. Um dos maiores prazeres ao manter-se uma coleção é lembrar-se de como cada volume veio a repousar em uma determinada estante. Gilkey encomendara *Zona Morta* ligando de um telefone público na biblioteca de Beverly Hills, localizada bem em frente de uma delegacia de polícia.

Foi uma época excitante para Gilkey. Tomava precauções, sendo sempre muito atento aos gestos dos negociantes de livros, para saber se algo poderia dar errado, caso um deles chamasse a polícia. Criara algumas regras para si mesmo: mostrar-se invariavelmente relaxado, conversar por cinco ou dez minutos, atentar sempre para a presença de automóveis ou pessoas suspeitas ao redor, assegurar-se de que o livreiro não parecesse nervoso e elogiar-lhe o estoque da loja. Embora ele mesmo costumasse retirar os livros que encomendava, às vezes pedia a um motorista de táxi que fizesse isso. Dizia ao motorista: "Estou com preguiça de ir até lá. Eu lhe darei uma boa gorjeta", ou deixava transparecer que aquela não era uma tarefa de grande importância, dando de ombros, alegando uma dor de cabeça ou não se sentir muito bem. Pensava que os motoristas profissionais eram, de modo geral, "suficientemente gananciosos para fazerem qualquer coisa por dinheiro, mesmo que fossem apenas cinco dólares." Certa vez, considerou disfarçar-se como um padre para retirar uma encomenda, mas achou mais prudente estabelecer um limite para sua ousadia.

Entre janeiro e junho de 2001, Gilkey estava "obtendo" livros no valor de dois mil, cinco mil e até dez mil dólares. Juntos, os livros que ele arrebanhara valiam ao menos cem mil dólares. Nesse ritmo, avaliou que, se deixasse completamente de trabalhar e se dedicasse exclusivamente a colecionar livros, logo terminaria com um acervo que poderia chegar a valer milhões.

Entretanto, ponderou que talvez estivesse seguindo um padrão que poderia atrair atenções indesejadas, especialmente no Norte da Califórnia. Decidiu expandir seu raio de ação, roubando de uma grande livraria após outra, até conseguir obter cinquenta livros raros para si mesmo. Se as autoridades estivessem à procura de um padrão de operação, não poderiam encontrar nenhum, pois ele encomendaria um livro no Oregon, outro em Idaho e ainda outro no Arizona. Passaria a atacar Nova York, Filadélfia e o resto do mundo, pois sabia que o mercado de livros raros é internacional e, como ele mesmo disse, "eu poderia comprar um livro raro na Argentina, outro na Inglaterra, outro na África do Sul ou ainda nas Bahamas".

Além disso, decidiu mudar seu *modus operandi* e deixou de retirar pessoalmente as encomendas que fazia (ou mesmo pedir a alguém que o fizesse em seu lugar). Em vez disso, passou a fazer com que estas lhe fossem entregues em hotéis, onde ele as retiraria posteriormente. Não era necessário dizer aos livreiros que os endereços que lhes fornecia eram de hotéis, bastava que os fornecesse.

Em junho, finalmente, Gilkey foi para a cadeia, para cumprir a sentença pelo cheque sem fundos que emitira no mês de janeiro anterior. Teria três meses e meio detrás das grades, calculando seus próximos movimentos. Antes de partir, disse a seu pai que desconsiderasse a promessa que lhe fizera.

– Esqueça tudo o que eu disse quanto a construir um patrimônio – disse ele. – Vou nos construir um império.

Após cumprir sua sentença, Gilkey deixou a Cadeia do Condado de Los Angeles saindo pela porta da frente. Dentro de poucas semanas, já se encontrava novamente empregado na *Saks Fifth Avenue*. Ao longo de todo o ano seguinte, durante seu período de liberdade condicional, vendeu roupas caras, de marcas famosas, e surrupiou os números dos cartões de crédito dos clientes que as adquiriam. Utilizou esses números para roubar, segundo suas estimativas, cerca de um livro por mês, ou talvez mais.

Ao final de 2002, no auge da temporada de vendas de fim de ano, os empregadores de Gilkey mostraram-se tão satisfeitos com seu desempenho profissional que lhe ofereceram uma promoção, transferindo-o para o centro de serviços ao consumidor, onde teria acesso a dinheiro vivo, além de todos os recibos de cartões de crédito e certificados de bônus. Temendo que a mudança pudesse motivar uma pesquisa que revelasse seu histórico criminal, tentou recusar a oferta. Sua precaução, porém, não surtiu efeito. Quando seu chefe insistiu e o fez preencher alguns formulários com seus dados pessoais, ele escreveu negligentemente seu endereço de Modesto, onde havia passado dois meses do ano de 1998 na cadeia por ter emitido um cheque sem fundos. Poucos dias depois, ao chegar ao trabalho pela manhã, foi chamado à presença do vice-presidente de recursos humanos, que confrontou as informações que prestara recentemente com os registros falsificados que utilizara para obter o emprego – o qual, aliás, acabara de perder por este motivo.

Gilkey gostou de seu emprego na *Saks* mais do que de qualquer outro que tivera. Seus colegas de trabalho tratavam-no bem e os clientes pareciam apreciar sua cordialidade. Tomy Garcia, seu colega do departamento de artigos masculinos, confirmou essa observação. "Geralmente discreto e muito profissional", foram os adjetivos empregados por Garcia para descrever Gilkey. "Sempre disposto a ajudar."[5]

Ter sido forçado a deixar seu trabalho fez com que Gilkey sentisse que, mais uma vez, o mundo fora injusto com ele, isolando-o. Porém, com a pilha de recibos que juntara, possuía os meios para se vingar, e apenas esse pensamento já era suficiente para melhorar seu estado de ânimo.

Poucas semanas depois, em 28 de janeiro de 2003, Gilkey despertou na casa de sua mãe e vestiu-se. Sem sequer tomar o café da manhã, foi de ônibus ao centro de Modesto, andou a esmo por alguns minutos até entrar no *Doubletree Hotel*, onde se instalou em uma cadeira confortável, próxima aos telefones públicos, numa espaçosa câmara adjacente ao *lobby*. Gilkey mantinha escrupulosos registros tanto dos livros que desejava obter quanto dos que roubara, anotando os números dos cartões de crédito que utilizara e as circunstâncias em que cada golpe fora aplicado. Uma de suas regras era jamais fazer mais do que duas ou três encomendas em um mesmo dia; porém, como nem todas as suas tentativas eram necessariamente frutíferas, sua lista para aquela manhã incluía sete ou oito lugares para os quais telefonaria. Além dos livros, Gilkey também cobiçava alguns documentos antigos e um chocalho de bebê, de prata lavrada, que vira em um catálogo de antiguidades. Contatou um livreiro de Idaho – Edward Abbey, o amigo de Sanders – e teve sucesso ao encomendar-lhe um exemplar de *The Monkey Wrench Gang*. Gilkey fez com que o livro fosse enviado, em seu nome, para um endereço em Palo Alto – que, na verdade, era o do *Westin Hotel*.

Depois, Gilkey telefonou para um negociante de Nova York e outro de Chicago; mas, ou estes não tinham o que ele desejava, ou os números dos cartões que tentou utilizar foram recusados. Por último, discou o número de Ken Lopez, um negociante estabelecido no Oeste de Massachusetts. Um anúncio publicado por Lopez na revista *Firsts* – publicação dedicada à bibliofilia –, chamara sua atenção. Ao telefone, Gilkey identificou-se como Heath Hawkins[6] e disse a Lopez que procurava por algo que custasse entre cinco mil e sete mil dólares. "Hawkins" perguntou sobre o exemplar de *As Vinhas da Ira*, de John Steinbeck, e Lopez descreveu-o durante a breve conversação que mantiveram, informando que seu preço era de 6.500 dólares. "Hawkins" pareceu-lhe uma pessoa muito amável, que certamente possuía algum conhecimento, e, após alguma argumentação, Lopez concordou em baixar o preço e vender-lhe o livro por 5.850 dólares.

"Hawkins" perguntou ainda a Lopez se este poderia lhe conseguir um estojo de madrepérola para acondicionar o livro, e algo subitamente ecoou na memória de Lopez. Cerca de seis meses antes, outro homem, um certo "Andrew Meade", havia telefonado, pedindo informações sobre uma primeira edição de *Um Estranho no Ninho*, de Ken Kesey (cujo preço era de 7.500 dólares), e perguntara se ele tinha um estojo de madrepérola que pudesse conter o livro. Naquela ocasião, o número do cartão de crédito fornecido por "Meade" fora recusado. Ele prometera telefonar novamente passando-lhe um novo número, de outro cartão, mas jamais fez isso – pois, na verdade, tratava-se de Gilkey, que possuía em seu poder apenas um número de cartão de crédito em nome de Meade.

Lopez sabia que um seu colega de profissão – Kevin Johnson, da *Royal Books*, em Baltimore – também havia sido contactado por "Andrew Meade", meses antes, e perdera uma primeira edição de *On The Road* (*"Pé na Estrada"*), de Jack Kerouac, no valor de 4.500 dólares. Lopez também já lera uma quantidade suficiente de e-mails enviados por Sanders, prevenindo a todos quanto à atuação do "Ladrão do Cartão de Crédito do Norte da Califórnia", para saber que tinha o homem pelo qual todos procuravam do outro lado da linha. Quando "Hawkins" forneceu um número de um cartão da *American Express*, Lopez disse-lhe que processaria o pedido e pediu-lhe que telefonasse novamente, para confirmá-lo. Um breve telefonema de consulta à *American Express* revelou que o endereço para a entrega fornecido por "Hawkins" não era o mesmo que o do titular do cartão.

Quando "Hawkins" retornou a ligação, Lopez perguntou-lhe:

– Qual é o endereço para cobrança?

– Ah, sim – disse "Hawkins". – Este que lhe forneci não é o endereço de cobrança, apenas o de entrega. O endereço de cobrança, na verdade, é de Nova York.

– Oh, entendo –, disse Lopez.

"Hawkins" deu-lhe o endereço correto do titular do cartão.

– Vou processar o pedido novamente – disse Lopez. – O senhor pode voltar a ligar em alguns minutos?

Rapidamente, Lopez pesquisou, no *Google*, o endereço que "Hawkins" lhe havia fornecido inicialmente. Tratava-se do endereço do *Sheraton Hotel*, em Palo Alto, distante apenas alguns passos do *Westin*, descendo a rua. (Gilkey planejara apanhar os dois livros encomendados no mesmo dia.) Lopez telefonou à *American Express*, que entrou em contato com a verdadeira titular do cartão, Heather Hawkins, em Nova York, e perguntou-lhe se havia, de fato, encomendado um livro raro. A mulher afirmou sequer fazer ideia sobre o que eles estavam falando.

Quando "Hawkins" telefonou novamente, para assegurar-se de que seu pedido havia sido aceito, o sócio de Lopez atendeu-o e pediu-lhe que aguardasse na linha, enquanto Lopez completava uma ligação em outro telefone. O homem na outra linha era Ken Sanders, a quem Lopez alertara acerca de tudo o que estava acontecendo. Inteirando-se dos detalhes da história, Sanders sugeriu a Lopez que "desse corda" a "Hawkins", que aceitasse o pedido e concordasse em enviar o livro por meio de entrega expressa, no dia seguinte. Após desligar o telefone, Lopez apanhou a outra ligação, em cuja linha "Hawkins" o aguardava, e confirmou que a encomenda estava pronta para ser despachada.

Enquanto Gilkey se comprazia em haver "aplicado" mais um golpe, Sanders não perdeu tempo. Entrou em contato com o detetive Ken Munson, da polícia de San José, com quem Kevin Johnson, o livreiro de Baltimore, falara quando registrou uma queixa sobre o roubo de On The Road. Sanders relembrou a Munson sobre aquele roubo, e informou-o da sucessão de outros roubos que ele suspeitava haverem sido cometidos pelo homem que se identificara como "Hawkins", com o qual Lopez acabara de conversar. Assim, a "Trilogia de Kens" – como Sanders chamava ao grupo composto por ele mesmo, Lopez e Munson – entrou em ação.

O detetive Munson é um leitor de romances policiais; gosta especialmente dos de Michael Connelly.[7] É um homem de espírito inquisitivo que se sente frequentemente entediado com os casos corriqueiros de fraudes cometidas pela internet que é obrigado a investigar. Ficou intrigado com esse sujeito que roubava livros. Este não era um caso do tipo com o qual costumava ver-se envolvido, principalmente pelo fato de a vítima tratar-se de um cidadão de Massachusetts, e não de San José. Além disso, a unidade de investigações que ele comanda, especializada em lidar com casos de fraudes, gozava de bastante autonomia, e o hotel encontrava-se em sua jurisdição.

Assim que recebeu a mensagem de Sanders, Munson teve de trabalhar rápido: o livro, uma edição fac-símile do tipo distribuído às bibliotecas, que Lopez havia embrulhado, caso a armadilha não funcionasse, deveria ser entregue na manhã do dia seguinte. Munson supôs que esse ladrão fosse realmente muito esperto. Os negociantes e os titulares dos cartões de crédito de cujos dados ele se apoderara não descobririam suas fraudes senão um ou dois meses depois de terem sido cometidas, quando as faturas chegassem. E, uma vez fossem notificados, quando conferissem seus registros, tudo o que os negociantes teriam seria um número de telefone – ainda por cima, público – e um endereço de entrega, de um hotel. Como não bastasse, o ladrão atuava em diferentes áreas geográficas e jurisdições. Mesmo que a polícia obtivesse um mandado para a apreensão de alguém em outro Estado, a promotoria não se mostraria disposta a pagar alguns milhares de dólares para extraditá-lo, ou para cobrir os custos das passagens aéreas. Munson já havia se deparado com criminosos que tinham perfeita consciência de que, se roubassem quantias suficientemente pequenas de indivíduos pertencentes a um grupo suficientemente grande de pessoas, em vários Estados, jamais seriam apanhados. Por isso, imaginou que Gilkey fosse um ladrão dessa espécie. Munson concordava com Sanders e Lopez quanto ao fato de que o ladrão que roubara Kevin Johnson devia ser o mesmo que telefonara a Lopez. Na pior das hipóteses, pensou ele, todos precisariam se envolver nessa história por umas cinco horas, e suspender todo o plano de ação se o ladrão não aparecesse.

Ao entrar em contato com o *Sheraton*, Munson descobriu que o hotel tinha uma reserva para Heather e Heath Hawkins, feita na verdade por Gilkey, pouco antes de ele telefonar ao hotel e pedir que as suas encomendas fossem recebidas e guardadas. O hotel está localizado ao lado da Universidade de Stanford, e os dois edifícios parecem sofrer de um caso de dupla personalidade: ambos ostentam uma arquitetura em estilo espanhol (com arcadas revestidas de estuque e tijolos vermelhos aparentes) em seus exteriores, e detalhes pan-asiáticos (leões chineses e caixilhos de janelas laqueados) nos ambientes internos. No interior do hotel também havia dois detetives disfarçados: um homem e uma mulher, confortavelmente sentados, vestindo calças *jeans* e camisas polo, aparentando um casal em férias. Haviam chegado cedo, para assegurar-se de estarem presentes quando a encomenda fosse entregue pelo *FedEx*, pontualmente às dez e meia. Segundo presumiam, o ladrão deveria aparecer para retirá-la minutos após haver sido entregue. Lá fora, Munson instalara uma equipe de vigilância, postada em carros sem qualquer tipo de identificação no pátio de estacionamento. Dentro do hotel, os funcionários haviam sido instruídos a fazer um sinal combinado quando "Hawkins" chegasse ao balcão da entrada perguntando por suas encomendas. Naturalmente, ninguém sequer imaginava por quem todos deviam esperar: o ladrão poderia ser um homem, uma mulher, ou mesmo dois homens. Ninguém sabia.

Enquanto Munson aguardava, Sanders tentou organizar seus colegas. Para que pudessem apanhar Gilkey, escreveu ele em um e-mail endereçado à coletividade de livreiros, seria necessário que todos enviassem, tão rapidamente quanto possível, a maior quantidade de informações referentes aos roubos que haviam sofrido recentemente e que tivessem alguma semelhança com o procedimento de Gilkey.

As respostas choveram, embora nem todas se revelassem realmente úteis.[8] A dona de uma livraria em Nova York escreveu dizendo haver sido procurada duas vezes por um homem que dissera desejar adquirir livros para o filho de sua namorada; mas, assim que constatou que o endereço fornecido para a entrega e o endereço para a cobrança da fatura eram diferentes, decidiu não processar os pedidos.

Sanders respondeu-lhe dizendo: *"Eu preciso dos detalhes. Se ele voltar a falar com você, por favor 'dê-lhe corda', e consinta em enviar-lhe os livros. Neste exato instante, uma tocaia policial está armada em um hotel da Califórnia, onde o ladrão virá apanhar um exemplar de* As Vinhas da Ira, *que espera lhe ser entregue esta manhã. Se tudo correr bem, amanhã a esta hora estará na cadeia. Confidencial: se não conseguirmos apanhá-lo, teremos de armar uma nova tocaia".*

Naquele mesmo dia, mais tarde, Peter Howard, da *Serendipity Books*, em Berkeley, escreveu a Sanders sobre dois livros que lhe haviam sido roubados em 2000, por um homem que enviara um "tio idoso" para retirá-los.

Erik Heldfond, da *Heldfond Book Gallery*, onde Gilkey roubara dois livros em 2001, escrevia a Sanders dizendo que sua esposa, Lane, atendera ao balcão no dia dos roubos. Fora levada a crer que entregara os livros ao primo do homem que os encomendara pelo telefone. *"Poderá ser de grande ajuda se você enviar uma foto do sujeito que vier a ser preso, pois ela é uma excelente observadora e tem uma memória prodigiosa"*, escreveu ele. Ela achava que o ladrão andava *"pelo final da casa dos vinte ou início dos trinta anos de idade, tinha cerca de 1,75 m de altura, cabelos castanhos, compleição física mediana, rosto barbeado, vestindo roupas comuns."* Notou que não falava normalmente, dizendo haver acabado de sair do dentista.

Ed Smith, de Washington, lembrou a Sanders haver perdido um exemplar de *Ardil-22*, de Joseph Heller, *"em excelente estado, ainda com a jaqueta, um livro realmente raro, de uma edição limitada de apenas 99 exemplares no total, intitulado* No Knife, *de Samuel Beckett, encadernado em couro, com um invólucro de papel-vegetal, acondicionado em um estojo (tudo em excelentes condições; artigo como novo)".* Sobre a tocaia, escreveu: *"Ótimas notícias. Vamos aguardar o desfecho em silêncio, certo?"*

Pouco tempo depois, Sanders enviava outro e-mail a todos os seus colegas de profissão, resumindo os últimos acontecimentos e perguntando aos livreiros que haviam sido vítimas de roubos se acreditavam ser capazes de identificar a fisionomia do ladrão em meio a uma série de fotografias de pessoas detidas pela polícia.

Gilkey passou a noite no *Windham Hotel*, em San Francisco. Na manhã seguinte, esvaziou seus bolsos de qualquer coisa que pudesse identificá-lo, levando consigo somente a chave do seu quarto de hotel, um cartão telefônico, um par de recibos de cartão de crédito e vinte dólares em dinheiro para pagar por seu almoço. Por volta das onze horas da manhã, embarcou no *Caltrain* para empreender a viagem de uma hora. Pelas janelas do trem, assistiu à passagem, cada vez mais veloz, pela longa sucessão de edifícios industriais com as paredes cobertas de pichações, que deram lugar aos arrabaldes de vizinhanças decadentes e, em seguida, às palmeiras e revendedoras de automóveis importados que assinalam os limites do município de Palo Alto. Ali, desembarcou do trem e caminhou atravessando o curto trajeto de dois quarteirões que separam a estação ferroviária do *Sheraton Hotel*.

Passou calmamente pelo pátio de estacionamento do hotel, notando o furgão de entregas do *FedEx* ali parado. Se o livro ainda não tivesse sido entregue, isso aconteceria dentro de poucos instantes. Ao aproximar-se do balcão de recepção, pensou ter ouvido um clique e o som de vozes daquele modo característico das rádios da polícia. Decidiu, no entanto, que nada daquilo lhe dizia respeito e ignorou o ruído. Faltavam-lhe apenas alguns passos para apanhar *As Vinhas da Ira*.

Quando Gilkey perguntou sobre sua encomenda, o funcionário do hotel dirigiu-se ao recinto situado atrás do balcão onde são guardadas as correspondências e encomendas. Poucos segundos depois, agentes policiais disfarçados algemaram-no, dizendo-lhe que estava preso. Pelo rádio, comunicaram o fato a Munson, que aguardava no pátio de estacionamento.

– Eu acabo de chegar de San Francisco – disse Gilkey. – Estou a caminho da biblioteca de Stanford, para fazer umas pesquisas.

– Então, o que você está fazendo aqui? –, perguntou-lhe Munson.

– Um homem que encontrei no *Caltrain* ofereceu-me vinte dólares para que eu retirasse um livro para ele, aqui.

Munson duvidou da história e achou que Gilkey parecia "muito nervoso, revirando os olhos em todas as direções", mas ele já se havia deparado com inúmeros casos de fraude em que um transeunte inocente é pago para retirar uma encomenda. Havia, portanto, uma chance de a história ser verdadeira.

– Tudo bem. Vamos levar isto adiante – disseram os policiais. – Vamos retirar suas algemas, levá-lo de volta à estação do *Caltrain* e entregar-lhe o pacote. Lá, vá ao encontro do homem que pagou para que você o apanhasse e aponte-o para nós.

– E não tente escapar – preveniu-o um dos policiais. – Estaremos logo atrás, bem de perto.

Gilkey ponderou o conselho que recebera enquanto caminhava em direção à estação do *Caltrain*, com meia dúzia de policiais em seus calcanhares. A Universidade de Stanford estava a apenas um quilômetro e meio de distância; se ele conseguisse correr como um louco, talvez pudesse despistar os policiais. "O que pode acontecer de pior?", pensou ele. "Duvido que eles atirem em mim." Contudo, um quilômetro e meio é uma distância considerável. Assim, enquanto os policiais disfarçados o seguiam, mastigou os recibos de cartões de crédito que trazia nos bolsos e cuspiu-os fora. Ao chegar à estação, em vez de correr, Gilkey tentou ganhar tempo, abordando várias pessoas e perguntando-lhes se haviam visto o homem que ele descrevera à polícia.

Munson perguntou às pessoas que trabalhavam na estação do *Caltrain* se haviam notado, rondando por ali, um homem que correspondesse à descrição que Gilkey fizera: branco, entre quarenta e cinquenta anos de idade, cabelos brancos, caminhando com auxílio de uma bengala. Ninguém vira semelhante pessoa, e depois de Gilkey rondar toda a estação por cerca de trinta minutos, ficou evidente que ele estava mentindo. Os policiais acabaram levando-o para ser interrogado.

Na delegacia de polícia, Gilkey apresentou-se como um cidadão prestativo, que apenas tentara ajudar um homem com uma bengala, que parecia não poder locomover-se muito bem.[9] Embora dissesse seu nome aos policiais, recusou-se a responder a outras perguntas, tais como onde morava. Encontraram o cartão magnético que servia como chave da porta de seu quarto de hotel, mas ele não lhes disse a que hotel este pertencia. Nesse ínterim, Munson descobriu que Gilkey, que informara seu verdadeiro nome aos policiais, estava sob liberdade condicional.

A partir deste ponto, a trama começou a desembaraçar-se. Gilkey dissera à polícia que o homem no trem apenas lhe havia dito que "apanhasse o livro endereçado a Heath Hawkins", embora, no balcão da recepção do hotel, ele tivesse dito que viera "apanhar um livro para Heather Hawkins". Heather Hawkins era o nome que constava como titular do cartão de crédito.

– Então, como você conhecia o nome de Heather Hawkins? Você nos disse apenas Heath – inquiriu-o Munson.

– Ah, sim. Acho que o homem me disse Heather e Heath Hawkins – respondeu Gilkey.

– Você está mentindo – disse-lhe Munson.

Gilkey, que aparentava estar bastante calmo até este ponto, ateve-se inutilmente à sua história, mas Munson ainda tinha uma "carta na manga". No bolso de Gilkey, encontrara um amarfanhado cartão pré-pago para fazer ligações telefônicas, através do qual a companhia telefônica pôde rastrear três chamadas realizadas às 10h11, às 10h56 e às 11h25 da manhã do dia anterior. Todas para o número de Ken Lopez, o livreiro de Massachusetts.

– Está bem. Eu estava mentindo – disse Gilkey, referindo-se ao seu lapso quanto ao nome da titular do cartão de crédito. – Mas não estou mentindo agora.

Foi levado à cadeia.

❦ 8 ❦

A Ilha do Tesouro

GILKEY FICOU NA CADEIA POR DOIS DIAS. Sanders enviou um e-mail ao livreiro Ed Smith, uma das possíveis vítimas de Gilkey:

> *Assunto:* Você sabe como chegar a San José?
> Como você já sabe, nós o pegamos. Mas poderemos retê-lo apenas por 48 horas. Estamos tentando, desesperadamente, ajudar o detetive, fornecendo-lhe fatos que sustentem a abertura de um caso junto à Promotoria Pública, até a manhã de sexta-feira.
> Ele é um mentiroso desgraçado (é claro). Todos eles são. Eu preciso saber se posso contar com mais gente.

No dia seguinte, chegaram mais relatos sobre roubos. Tal como fora sugerido, Munson havia enviado um e-mail a Lane Heldfond, da *Heldfond Book Gallery*, com uma série de fotografias, perguntando se ela seria capaz de identificar o ladrão. Além de possuir uma boa memória para fatos genéricos, a capacidade de Heldfond para recordar características fisionômicas era particularmente notável. Após analisar as seis fotografias que lhe foram enviadas, afirmou que uma delas retratava um homem que se assemelhava muito ao suspeito que conhecera, mas a compleição do homem na fotografia parecia ser um tanto mais abrutalhada; ele tinha um pouco de cabelo a menos e seu rosto parecia um pouco mais inchado do que o do homem de quem ela lembrava. Estas eram diferenças muito sutis, mas ela fez questão de assinalá-las.

Munson, impressionado com a capacidade de observação de Heldfond, explicou-lhe por que o homem parecia diferente. Gilkey vinha tomando uma medicação para combater a alopecia, condição de quem sofre perda dos cabelos, o que fazia com que sua pele se tornasse mais avermelhada e um pouco intumescida. Ela não apenas pudera identificá-lo corretamente, como também notara como seu rosto, que não vira senão durante alguns minutos, em 2001, mudara ao longo do tempo.

Heldfond o denunciara. Agora, Munson podia contar com uma identificação positiva.

Em 1.º de fevereiro de 2003, Sanders enviou um e-mail a todos os membros da Associação Norte-Americana dos Livreiros Antiquários, relatando todos os detalhes do caso e informando-os que Gilkey havia sido libertado, mediante o pagamento de fiança com os fundos de uma conta poupança. Agora, ele encontrava-se em "paradeiro desconhecido".

A caixa postal eletrônica de Sanders recebeu imediatamente uma avalanche de respostas apreciativas. Embora Gilkey tivesse sido libertado, graças aos esforços de Sanders, a comunidade de livreiros antiquários estivera mais perto do que nunca de colocar atrás das grades o ladrão que a assolava.

Embora o roubo sempre tenha sido uma ameaça com a qual os negociantes de livros raros tiveram de lidar no último século, nada facilitou mais a comercialização de bens obtidos de modo ilícito do que o advento da internet. Em todas as conversas que mantive com Ken Sanders, o único tema que parecia irritá-lo tanto quanto a notícia de um roubo ocorrido recentemente era a existência do *site eBay*. Antiguidades muito desejáveis não são o único tipo de coisas que surgem nesse *site* da rede mundial: fraudes de toda espécie também, diz ele. Até mesmo negociantes de reputação inatacável nem sempre são, necessariamente, capazes de distinguir uma verdadeira primeira edição de uma "primeira edição" de um clube de livros; e também há os que sequer distinguem uma primeira edição de uma edição posterior, tal como pude comprovar em primeira mão. Outros sabem distingui-las muito bem, mas também se mostram inteiramente dispostos a enganar compradores ingênuos.

– Uma mulher daqui, do vale, telefonou-me um dia –, contou-me Sanders – dizendo: "Acabei de adquirir um exemplar autografado de *O Apanhador no Campo de Centeio*, no *eBay*, por 1.500 dólares!". Cortei o assunto, no mesmo instante dizendo-lhe: "Olhe, eu nem quero ver esse livro. Não quero que você o traga à minha loja. É falso! Não vale nada! Você foi enganada. Exija o seu dinheiro de volta!". Não é possível adquirir qualquer livro autografado de J. D. Salinger por dez vezes esse valor; muito menos *O Apanhador no Campo de Centeio*. Tentei explicar-lhe isso: "Veja, por que você acha que, dentre as centenas de colecionadores e livreiros sofisticados que existem por aí, logo você teria tanta sorte?". Esse é um dos autógrafos mais desejados e difíceis de se obter de todo o século XX e um dos livros mais procurados! Obviamente não pode tratar-se de uma primeira edição, porque os falsificadores não ousariam arruinar um exemplar verdadeiro da primeira edição. Para cometer uma falsificação, usariam um exemplar de qualquer edição sem valor comercial, sobre o qual aplicariam seus "autógrafos".

Um dos motivos pelos quais as pessoas parecem estar sempre tão ávidas para "comprar gato por lebre", segundo Sanders, deve-se ao que ele chama de "Síndrome de *Antiques Roadshow & eBay*". Devido ao sucesso do programa de TV *Antiques Roadshow* (no qual ele mesmo tem feito aparições como especialista em livros raros) e do *website*, muitos têm se tornado particularmente atentos ao valor potencial de alguns livros. No entanto, os compradores, de modo geral, não dispõem de conhecimento suficiente para se protegerem contra as fraudes.

– Uma porção de gente me telefona, dizendo "eu tenho uma primeira edição de *E o Vento Levou...*!" – diz Sanders. – Bem, o que posso eu dizer-lhes? Elas não têm.

Para início de conversa, existem mais de cem edições desta obra. Todas devidamente impressas com a identificação de "primeira edição". Contudo, somente os exemplares da primeira tiragem impressa, onde se lê "Publicado em Maio de 1936", são considerados como verdadeiras primeiras edições. Encontrar um desses em estado de conservação suficientemente bom para integrar uma coleção, especialmente se ainda conservar sua jaqueta, é quase impossível.

– As pessoas não sabem o que é uma primeira edição – diz Sanders. – Mas sabem que é algo bom, e que se trata de um objeto valioso. E isso porque assistiram a uma quantidade excessiva de episódios do *Antiques Roadshow*. Soma-se a isto a velocidade da internet e o "gorila de 450 kg" que é o *eBay*, e pronto! Qualquer pessoa que trabalhe em prol do cumprimento das leis irá dizer-lhe que o *eBay* é o maior "mercado negro" legalizado do mundo!

Conversei por telefone com um analista de sistemas de segurança computadorizados, Mark Seiden, para ouvir uma opinião menos apaixonada (as

opiniões de Sanders sobre qualquer coisa são invariavelmente apaixonadas!),
mas ele praticamente repetiu as mesmas palavras empregadas por Sanders:
"O *eBay* é a maior cobertura para o comércio de mercadorias roubadas do
mundo todo." Segundo ele, o *eBay* tem escapado de processos judiciais porque tecnicamente não é uma empresa de leilões, já que não mantém leiloeiros
a soldo nem possui instalações físicas em cujas dependências os leilões sejam
levados a termo.

– Sustentam que o negócio que mantêm é apenas um espaço [virtual]
onde outros negócios são realizados – diz Seiden. – Ponto.

Contudo, quer a legalidade do negócio seja questionável ou não, o fato é
que vendedores inescrupulosos vicejam ali.

Em outra conversa que mantive com Sanders, mencionei a confirmação
dos pontos de vista que eu obtivera de Seiden – o que fez com que ele tornasse a abordar o assunto, com energia redobrada. Disse-me que vê surgirem
falsificações no *eBay* o tempo todo.

– Certa vez, vi um sujeito vendendo um autógrafo de John Lennon por um
dólar – disse ele. – Liguei para o comprador e perguntei-lhe se ele possuía um
certificado de autenticidade. Ele me disse que negociantes de livros raros haviam
lhe cobrado cem dólares por uma avaliação do autógrafo. Então, perguntei-lhe
por que ele não seguia em frente e pagava o valor pedido. Caso o autógrafo fosse
verdadeiro, ele teria em mãos algo que poderia valer até cinco mil dólares! Ele
disse que eu fosse para o inferno – depois que fizesse coisa ainda pior!

Sanders contou-me que, vários anos atrás, ele e seu colega Ken Lopez, da
Associação Norte-Americana dos Livreiros Antiquários, reuniram-se com re-
presentantes do *eBay* e sugeriram a implantação de diversas estratégias para o
combate às fraudes. Tudo em vão.

– Lopez e eu passamos nove meses negociando com o *eBay* – afirmou Sanders. – Eles jamais aceitaram sequer uma das nossas sugestões. Ficavam nos
"dando corda", mas jamais mudaram um só detalhe em seu modo de atuar.

Ironicamente, um dos motivos pelos quais as pessoas são enganadas, segundo Sanders, é a prática disseminada de providenciar certificados de autenticidade.

– Quando um material chega às minhas mãos – diz ele, explicando o procedimento tradicional dos negociantes de livros raros –, tento estabelecer sua
procedência; em muitos casos, isso é impossível e a trilha em certo momento
chega ao fim. É preciso analisar o material, a situação de onde ele surgiu, e pe-

dir a pessoas que se considerem especialistas que deem uma olhada nele também. Você tenta juntar tantos pedaços da história quanto puder conseguir. No final das contas, por causa do *eBay*, hoje em dia todo mundo exige um certificado de autenticidade. Eu costumo perguntar às pessoas: quem assinou esse certificado? Até onde consigo me lembrar, nenhum legítimo negociante de livros ou de autógrafos que eu tenha conhecido em minha vida jamais se ofereceria para emitir um certificado de autenticidade. Isto deveria servir de alerta para todo mundo: a mera oferta de um certificado de autenticidade é suspeita. Mesmo tendo se tornado um paradigma bastante popular no *eBay*. É isso o que faz com que os predadores sejam tão bem-sucedidos, e que proliferem tão espetacularmente.

Um dos livreiros que conheci durante a feira de Nova York – Dan Gregory, da livraria *Between the Covers Books*, de Merchantville, Nova Jersey – demonstra preocupação com outro problema que vê surgir, com frequência, no *eBay*: jaquetas falsas. Gregory é um especialista na identificação de jaquetas, e explicou-me o fenômeno. Devido ao fato do preço de uma primeira edição de *O Grande Gatsby* sem a jaqueta ser de uns 150 dólares, enquanto o de um exemplar com a jaqueta chegar a valer até quatro mil, há um grande incentivo para que alguém imprima as jaquetas de seus livros por conta própria (algo perfeitamente possível, com auxílio da moderna tecnologia e uma boa dose de talento), ou que substitua as jaquetas originais por outras, retiradas de exemplares de edições menos valiosas do mesmo livro.

– Se eu fosse um mau sujeito, em vez de um cara bem-intencionado, é o que eu faria – diz Gregory. Prevê que, daqui a dez ou vinte anos, quando as pessoas que acabam de fazer negócios "bons demais para serem verdadeiros" através do *eBay* resolverem vender suas coleções, descobrirão que no fundo fizeram negócios "bons demais para serem verdadeiros".

Um dos motivos pelos quais Gilkey se tornou um sujeito tão difícil de ser apanhado foi o fato de ele não colocar os livros que roubara à venda, nem no *eBay* nem em qualquer outro *website*. Esta foi, precisamente, uma das razões que fez de sua captura algo tão gratificante para Sanders. Pouco depois de haver informado seus colegas, por e-mail, da prisão de Gilkey, Sanders viajou a San Francisco para participar daquela memorável Feira Internacional de Livreiros Antiquários da Califórnia. Como costuma ocorrer sempre com esta feira, o dia da inauguração atraiu milhares de colecionadores; tão logo transpuseram as portas de entrada, ocuparam-se "caçando livros". Mesmo em meio a essa multidão voraz, tendo de tomar conta de um estande que abrigava preciosidades tais como o *Livro de Mórmon* e *A Estratégia da Paz*, de Kennedy, Sanders ainda não conseguira afastar Gilkey de sua mente. Por três anos, instara seus colegas de profissão tanto a denunciar os roubos quanto a manterem um olho aberto para quaisquer tentativas de revenda do material roubado. E nada resultara desse esforço. Haviam chegado muito perto, mas ainda não haviam apanhado o "desgraçado", e Gilkey não apenas estava livre, sob fiança, mas também se encontrava em San Francisco, desfrutando de sua liberdade condicional.

Uma vez que Sanders e Lopez haviam decidido não exibir a foto de Gilkey que constava dos registros da polícia, ou a espalhar, por toda a feira, cartazes de "Procura-se" com ela estampada (para não interferir com um eventual processo de identificação por alguma testemunha), os dois se incluíam entre um mero punhado de livreiros capaz de reconhecê-lo.

Por isso, quando Gilkey transpôs a porta de entrada da feira e se sentiu imediatamente observado, pode ter sido apenas um produto de sua imaginação. Contudo, ele estava determinado a encontrar alguém que comprasse os livros que trouxera para vender, pois necessitava levantar o dinheiro para custear um advogado. Vagueou de estande em estande, admirando os livros e fazendo perguntas. Em uma das suas paradas favoritas, no estande da *Heritage Book Shop*, contemplou um exemplar de *The Fountainhead*, de Ayn Rand. Achou que um dos proprietários, Ben ou Lou Weinstein, o reconhecera porque, como ele mesmo disse, já "fizera negócios" com ele: um dos eufemismos que Gilkey empregava para descrever seus roubos.

– Porém, não peguei nada dele – protestou Gilkey. – Um motorista de táxi apanhou a encomenda para mim.

Gilkey tentou vender à *Heritage* seu exemplar de *O Homem Invisível*, de H. G. Wells, mas a loja recusou-se a adquiri-lo. Esperava obter ao menos mil dólares por ele, mas a livraria ofereceu-lhe apenas quinhentos. Também se aproximou de John Crichton, da *Brick Row Books*, embora este não soubesse que ele era o homem que lhe roubara *O Prefeito de Casterbridge*. No estande da *Sumner and Stillman Rare Books*, Gilkey cobiçou uma primeira edição de *1984*, de George Orwell, cujo preço era de dois mil dólares e, em outro estande, ficou intrigado ao saber que fora atribuída ao escritor Lewis Carroll a invenção das jaquetas como sobrecapas para os livros.[1]

Gilkey lera em algum lugar que John Dunning, o autor da série de livros cujo personagem principal é Cliff Janeway, o detetive que soluciona casos envolvendo livros raros, que tanto o inspirara, faria uma palestra durante a feira, mas não conseguiu vê-lo. Ele teria adorado pedir um autógrafo a Dunning.

Gilkey contou-me que, de fato, detivera-se diante do estande de Sanders. Avistou uma grande quantidade de títulos de autoria de Wallace Stegner, de quem jamais ouvira falar, e alguns livros sobre os Mórmons, assunto acerca do qual não nutria nenhum interesse. Por isso, não permanecera ali por muito tempo. Àquela época, ele sequer imaginava que Sanders fora o homem que havia desencadeado a série de eventos que levara à sua captura.

Apesar do estado de alerta e tensão de alguns livreiros e da determinação de Gilkey em desfazer-se de alguns de seus bens ilicitamente obtidos, nenhuma atividade criminosa foi identificada durante os três dias de duração da feira.[2] Ninguém registrou queixas sobre livros desaparecidos nem prestou atenção especial ao homem que tentava mascatear artigos suspeitos. Não seria senão no mês seguinte, em 25 de março, que Sanders ouviria falar do reinício de um ciclo de atividades criminosas. Gilkey reaparecera em San Francisco, tentando adquirir livros com cheques sem fundos. Sanders enviou novo e-mail a todos os membros da Associação Norte-Americana dos Livreiros Antiquários:

> Hoje cedo, pela manhã, ele foi à loja de Tom Goldwasser e tentou comprar várias primeiras edições de livros de John Kendrick Bangs. Estejam alerta: Gilkey mede 1,75 m, pesa uns 65 kg, anda pela metade da casa dos trinta anos, tem cabelos castanhos lisos e ombros encurvados. É descrito como um sujeito de fala mansa, bem barbeado; veste-se de maneira informal, usando uma jaqueta de tecido sintético e um boné. Quando esteve hoje na loja de Goldwasser, carregava consigo alguns jornais e um exemplar da revista *Art News*. Disse possuir uma coleção de livros de John Kendrick Bangs. Havia outro homem, mais velho, também presente na loja; pode haver estado ali apenas para desviar as atenções – aparenta andar por volta dos 50 anos e é mais alto (cerca de 1,82 m), com cabelos grisalhos.

Dois dias depois, Sanders soube, através de Munson, que Gilkey comparecera à corte de justiça sem seu advogado. A audiência teve de ser adiada.

Gilkey fora intimado a comparecer diante da corte, novamente, mas Munson disse que um período entre seis e doze meses transcorreria antes que quaisquer depoimentos fossem prestados. Assim, devido aos costumeiros atrasos na agenda da corte, Gilkey estaria livre por mais um ano.

Um ano de liberdade; depois, a prisão, seguida da soltura após o pagamento de fiança: uma forma perfeita de vingança. Mesmo após haver sido capturado – e talvez por causa disso – Gilkey estava confiante de que, agora, poderia fazer o que quisesse: o pior, para ele, já havia passado. Estava certo de que, depois de passado um ano, um juiz não o sentenciaria a passar mais do que alguns meses em uma prisão; e isto não representava nada a não ser uma pequena falha em seus planos. Por enquanto, a construção de seu "patrimônio", de sua coleção, era o que realmente importava.

Menos de uma semana após haver recebido a mensagem de Sanders, no dia 1.º de abril, Cynthia Davis Buffington, da livraria *Philadelphia Rare Books and Manuscripts* respondeu-lhe:

> Recebi hoje um pedido por telefone no valor de 6.500 dólares, a ser pago com cartão de crédito *American Express*, em nome de Isser Gottlieb. A conversa por telefone não despertou suspeitas e a autorização do cartão de crédito foi concedida. Mas a pessoa que ligou não tinha certeza de que o endereço para entrega, em Oakland, fosse o mesmo endereço para cobrança. Alegou haver mudado recentemente de Savannah, e deu-me o endereço de lá também. Pesquisei no *Google* o endereço onde a entrega deveria ser feita: um *Hotel Hilton*, cujo código de discagem pertencia a San Francisco. [...] Telefonei à *American Express*, e eles disseram tratar-se de fraude.

Sanders disse a Buffington que enviasse um pacote falso, para ser entregue na manhã seguinte no endereço fornecido pela pessoa que telefonara. Assim foi feito, e o pacote foi entregue, no *Hilton Hotel*, na manhã do dia seguinte. Mas ninguém apareceu para retirá-lo. Desta vez, Gilkey também não fizera reservas usando um nome falso. Mesmo assim, Munson e seus homens ficaram aguardando, do lado de fora do hotel, desde as dez horas da manhã até as quatro da tarde.

"Nós simplesmente tínhamos de esperar pela próxima tentativa", escreveu a Sanders.

Duas semanas depois, Sanders ouviu dizer que Gilkey (sem nem mesmo se dar ao trabalho de usar um nome falso) estivera em Los Angeles, tentando vender um conjunto de livros da série do *Ursinho Puff*, de A. A. Milne, por um preço muito inferior ao valor de mercado (cerca de 9.500 dólares). Primeiro, ele os oferecera à *William Dailey Rare Books*; depois, à *Heritage Book Shop*. Os títulos eram: *When We Were Very Young*, de 1925; *Winnie-The-Pooh*, de 1926; *Now We Are Six*, de 1927; e *The House at Pooh Corner*, de 1928. Tendo reconhecido o nome de Gilkey dos e-mails enviados por Sanders, as duas lojas entraram em contato com ele. No e-mail que enviou, Dailey escreveu que, ao deixar sua loja, Gilkey subira a bordo de um *Nissan*, em cuja placa lia-se a palavra SHERBET. Sanders espalhou a notícia a toda a comunidade bibliófila.

Dailey também divulgou o endereço que Gilkey lhe dera, em Gateview Court, a Sanders. *"Qualquer pessoa que viva em San Francisco, por favor, queira tecer comentários sobre este endereço"*, escreveu Sanders, presumindo tratar-se de um endereço falso.

Várias pessoas responderam-lhe, e Sanders soube por Munson que o endereço situava-se na "Ilha do Tesouro" – um braço de terra artificialmente construído em meio à baía, entre San Francisco e Oakland. Um projeto da década de 1930, administrado pela antiga WPA (*Work Projects Administration*, originalmente chamada *Works Progress Administration*), a agência governamental que, entre 1935 e 1943, fomentava a execução de obras públicas como maneira de combater o desemprego generalizado. A "Ilha" foi construída com a lama dragada do Delta de Sacramento, e seu nome foi inspirado pelo ouro que supostamente havia sido enterrado sob seu solo. O primeiro aeroporto de San Francisco e uma base militar foram localizados na "Ilha do Tesouro" e foi lá também que aconteceu a Exposição Internacional Golden Gate, em 1939. Contudo, muitas das suas edificações encontram-se atualmente desocupadas. Hoje em dia, a maior parte da Ilha assemelha-se a uma "cidade fantasma", cercada pela água e pelas silhuetas das construções de San Francisco, do Condado de Marin e da parte leste da baía. Pouca gente ainda vive ali.

O fato de que um ladrão de livros pudesse morar ali, possivelmente usando o lugar como esconderijo para o produto de seus roubos, parecia ser algo saído de um romance; não apenas devido ao nome do lugar – o mesmo de um famoso livro, comum entre coleções e cujos exemplares de primeiras edições podem chegar a valer trinta mil dólares –, mas, também, porque este é tão evocativo da verdadeira "caça ao tesouro" que o colecionismo de livros revela com tanta frequência ser.

Sanders supôs que seria difícil Gilkey ter fornecido a alguém o seu endereço verdadeiro; mesmo assim, fez a diligência de telefonar a Munson para informá-lo.

– Odeio fazer-lhe perder o seu tempo – disse ele. – E duvido que isto tenha alguma importância.

Arnold Herr, um livreiro de Los Angeles, estava lendo o último e-mail de alerta enviado por Sanders sobre as tentativas de Gilkey de vender os livros de A. A. Milne, quando notou a presença de um homem parecido com uma fotografia de Gilkey. Era como se o livreiro tivesse, de algum modo, conjurado a presença do ladrão em sua loja apenas por haver pensado nele. No entanto, ali estava ele, aproximando-se do balcão. Herr espigou-se e tentou parecer tão frio quanto aço.[3]

– Bela loja você tem aqui – disse-lhe Gilkey. – Veja, eu tenho estes quatro volumes da série do *Ursinho Puff*. Todos em ótimo estado de conservação. Será que você estaria interessado em comprá-los?

Herr olhou para os livros sem nada responder, tentando ganhar tempo.

– Bem, acho que tenho uma cliente que pode interessar-se por eles – disse ele, por fim. – Por que você não me telefona dentro de uma hora, mais ou menos, para que eu possa tentar falar com ela?

– Bem... – respondeu-lhe Gilkey. – Vou ter de sair do meu hotel por volta da uma ou duas horas da tarde... Realmente preciso resolver logo este assunto.

Nem bem Gilkey terminara de pronunciar essas palavras e elas já haviam sido relatadas a Sanders. Este sugeriu a Herr que telefonasse a Dailey, mas este disse-lhe não haver maneira de provar que os livros fossem roubados. Herr, então, telefonou a Gilkey, no *Hyatt Hotel*, em West Hollywood, e Gilkey assegurou-lhe que pretendia mesmo vender logo os livros. Herr disse-lhe que a cliente em potencial estava fora da cidade durante o fim de semana, mas ele poderia entrar em contato com ela na segunda-feira. Assim, Gilkey deu a Herr o número de seu telefone celular.

Doze minutos depois, Sanders recebeu um e-mail de George Houle, da livraria *Houle Books*, em Los Angeles, dizendo-lhe que Gilkey havia acabado de sair de sua loja com os livros de Milne que lhe tentara vender. Gilkey dissera a Houle que esperaria por um táxi, mas Houle vigiou seus passos à distância e viu-o embarcar em um carro escuro sem placas. Houle não conseguira avistar o motorista, mas notou que o carro estacionara a cerca de um quarteirão de distância, embora houvesse bastante espaço disponível para estacionar diante da loja.

Sanders informou a todos os membros da Associação Norte-Americana dos Livreiros Antiquários quanto às mais recentes movimentações de Gilkey, ressaltando que ele fora descrito como um homem que usava uma jaqueta azul estampada com a marca do *Caesars Palace* e calças cáqui. Sugeriu que os livreiros do Sul da Califórnia estabelecessem uma rede de comunicações por telefone, para alertar os que não pudessem ser acessados através da lista de e--mails da Associação Norte-Americana dos Livreiros Antiquários.

Mais tarde, naquela noite, por volta das onze horas, Malcolm Bell, da *Bookfellows Fine and Rare Books,* uma livraria não filiada à Associação que recebera um alerta pelo telefone, escreveu a Sanders:

> Infelizmente, recebi a informação tarde demais. Gilkey esteve aqui, às quatro horas do sábado, oferecendo seus livros do *Ursinho Puff*, por dois mil dólares. Eu não tinha nenhum interesse, mas ele parecia um bom sujeito, com bons modos e uma conversa muito agradável. Pareceu-me um colecionador: avaliou nosso estoque e pediu à minha esposa para que abrisse a estante lacrada onde estavam os livros de ficção científica. Escolheu dois deles: a primeira edição de *Raising Demons*, de Shirley Jackson, à venda por cem dólares, e a primeira edição de *Conan, o Bárbaro*, de Robert E. Howard, por duzentos dólares.
>
> Pagou com um cheque, apresentando um passaporte e uma carteira de motorista como documentos de identificação. Depositaremos o cheque na segunda-feira, com poucas esperanças de que venha a ser compensado. Trazia consigo uma mala com rodinhas e mencionou ter de fazer uma viagem de avião.

Na manhã seguinte, Bell enviou outro e-mail a Sanders: *"Gostaríamos de ser membros da Associação Norte-Americana dos Livreiros Antiquários."*

Poucos dias depois, a 21 de abril, o detetive Ken Munson "encontrou ouro". Com um mandado de busca em mãos, decidiu investigar o endereço na Ilha do Tesouro que Gilkey fornecera. Tocou a campainha, mas ninguém atendeu à porta. A seguir, utilizou uma chave-mestra que obtivera no escritório do administrador do edifício de apartamentos e, tão logo conseguiu abrir a porta, teve certeza de ter encontrado o lugar certo. O endereço pertencia realmente a Gilkey. Cada superfície do apartamento encontrava-se coberta por livros. Caminhando pelas dependências do lúgubre apartamento de três dormitórios subsidiado pelo governo, Munson e os três policiais que o acompanhavam encontraram livros na cozinha, nas estantes, nos dormitórios, sobre aparadores e sobre as cadeiras da sala de jantar. Entre os itens mais antigos havia: um *Livro de Horas*, de cerca de 1480, embrulhado em um saco plástico; uma escritura de posse de terras, datada de 1831; e um documento com a assinatura de Andrew Jackson. Além dos livros, havia também: coleções de moedas, selos, documentos históricos, *cards* de beisebol, pôsteres e fotografias autografadas; livros, anúncios e artigos jornalísticos relacionados a todos esses objetos e seus valores. Os policiais encontraram o que parecia ser uma espécie de "lista de compras", relacionando livros e autores, e ainda recibos de hotéis, cartões de visita e papéis com os nomes de casas de leilões e livrarias especializadas em livros raros, dentre as quais Munson reconheceu várias que haviam sido vítimas de fraudes nos últimos três anos. Recibos de permanência em vários hotéis e documentos que comprovavam viagens também estavam em meio a todo o material. Aparentemente, tanto John Gilkey quanto seu pai, Walter Gilkey, moravam no apartamento. No quarto de dormir do primeiro foi encontrado um envelope de papel pardo cheio de recibos de cartões de crédito emitidos pela loja *Saks Fifth Avenue,* assim como papéis com anotações manuscritas, listando os nomes dos titulares dos cartões, seus números e as datas de expiração da validade dos mesmos.

Munson ligou de seu telefone celular para Ken Sander da sala de estar do apartamento de John Gilkey.

Sanders mal podia acreditar no que ouvia. Seu maior desejo era poder embarcar no primeiro avião e voar para lá, mas contentou-se com a descrição que Munson lhe fez da cena que presenciava no interior do apartamento de Gilkey.

– Você não pode mandar encaixotar tudo, retirar daí e determinar a propriedade de cada coisa mais tarde? – perguntou-lhe Sanders.

Munson explicou-lhe que nada poderia ser removido dali sem informações seguras que indicassem que todo e qualquer objeto havia sido realmente roubado. Postando-se diante de uma estante abarrotada com livros que pareciam ser muito raros e valiosos, pediu a Sanders que citasse os títulos de quaisquer livros que ele soubesse com certeza haverem sido roubados.

Sanders vasculhou seu computador, à procura de relatórios de roubos, trabalhando tão velozmente quanto podia.

– Por acaso você pode ver aí um exemplar de *On The Road*, de Jack Kerouac? – perguntou ele.

Munson respondeu-lhe afirmativamente.

– Pegue-o! – disse Sanders. – E quanto a um livro intitulado *O Prefeito de Casterbridge*?

– Sim. Está aqui.

– *Lord Jim*?

– Sim, também.

Desse modo, com a ajuda de Sanders, Munson pôde identificar a presença de vinte e seis volumes roubados no apartamento de Gilkey. Sanders sentiu-se especialmente feliz, pois a "Trilogia de Kens" fora capaz de reaver os livros roubados do livreiro Malcolm Bell apenas três dias depois de Gilkey havê-los roubado.

– Isto deve ter sido um recorde – disse Sanders.

Contudo, sem evidências consistentes que comprovassem ser os livros produtos de roubos, a maior parte deles teve de ser deixada para trás.

Mais tarde, naquele dia, Gilkey retornou ao seu apartamento. Ao aproximar-se do edifício, ele notou que a tampa de uma de suas latas de lixo havia sido removida, e que parte do conteúdo desta se encontrava espalhado sobre a calçada. Logo intuiu que a polícia devia ter estado ali. Ao adentrar seu apartamento, teve a confirmação. Cedera à tentação de manter seus livros junto de si, para gozar dos prazeres da convivência com eles, em vez de armazená-los no local seguro que alugara para esta finalidade. Fora a sua ruína.

No dia seguinte, Sanders enviou um e-mail à comunidade de livreiros:

> É com imenso prazer que informo que a unidade de crimes de alta tecnologia da polícia de San José devassou o apartamento de John Gilkey, na Ilha do Tesouro [...] É preciso que todos aqueles que tenham tido um livro roubado por Gilkey (ou por algum dos nomes que ele utilizou falsamente) entrem em contato comigo, urgentemente!
>
> O apartamento contém um autêntico tesouro de livros supostamente roubados, que os detetives estão confiscando neste exato momento. Também há autógrafos famosos, moedas raras, pôsteres de filmes antigos [...] Gilkey ainda se encontra em liberdade, mas espera-se que seja preso num futuro próximo.

Sanders encerrava o e-mail com sua "saudação-conselho" habitual: *Governem-se a si mesmos, condignamente*.

Ao longo dos dois anos seguintes, a caixa de mensagens de Sanders foi inundada por uma torrente de títulos de livros roubados e suas respectivas características identificativas (páginas rasgadas, inscrições, nódoas etc.), alimentada por comunicações de livreiros de todo o país. Também passou a receber mais e-mails elogiosos de seus colegas de profissão. Florence Shay, de Chicago, por exemplo, escreveu ao barbudo Sanders: *"Você é o nosso Hercule Poirot – ainda que vocês dois arranjem suas pilosidades faciais de maneiras diferentes."*

Em 24 de abril, Gilkey compareceu à corte de justiça para outra audiência. Quando o juiz ouviu da polícia que ele estivera em atividade em Los Angeles e em San Francisco, o valor de sua fiança foi elevado para duzentos mil dólares.

A questão de determinar quem seria o cúmplice (ou os cúmplices) de Gilkey continuava a instigar os "Kens". Havia o motorista do carro cuja placa ostentava a inscrição SHERBET, e o homem idoso que fora visto durante a aplicação de vários golpes. Gilkey costumava dizer às suas vítimas que seu pai, ou irmão, ou tio, ou sobrinho, retiraria as encomendas: na verdade, quantos deles existiam? Seriam essas pessoas realmente seus familiares, ou apenas parceiros de crimes? Sanders escreveu aos membros da Associação Norte-Americana dos Livreiros Antiquários: Munson está fazendo uma sessão de identificação fotográfica com Crichton.

Naquele dia, Munson checou os registros de licenciamento de veículos com o intuito de localizar o carro cuja placa tinha a inscrição SHERBET e a bordo do qual Gilkey fora visto. O automóvel pertencia a Janet Colman, uma mulher que trabalhava no ramo de pôsteres de filmes e era proprietária de uma loja chamada *Hollywood Poster Exchange*. Não foi preciso muito tempo para que, através de investigações posteriores, Munson determinasse que a "Mulher do Sorvete", como Gilkey costumava chamá-la, era inocente. Gilkey havia lhe vendido um pôster e ela oferecera-lhe uma carona. Fora isso, não havia nenhuma conexão entre ela e os roubos cometidos.

No entanto, havia evidências de sobra para sustentar o caso da investigação sobre Gilkey. Munson descobriu que cada um dos titulares dos cartões de crédito cujos números haviam sido utilizados por Gilkey fizera compras na *Saks*, e que os números dos telefones que ele informara aos vários livreiros conferiam com os dos hotéis em que ele se hospedara, ou nos quais pedira que os livros fossem entregues. No *Radisson Hotel*, em Brisbane, sua conta telefônica incluía chamadas para a *Lion Heart Autographs*, para a *Butterfield*

& Butterfield Leiloeiros e para as casas de leilões *R&R Enterprises* e *University Stamp Company*.

Em 30 de abril, Sanders escreveu a Lopez dizendo-lhe que Gilkey fora intimado a comparecer à corte na semana seguinte, para que lhe fosse designado um defensor público. Isso significava que ele não conseguira pagar sua fiança, nem tinha dinheiro suficiente para contratar um advogado. Munson esperava que ele fosse de fato representado por um defensor público, pois dessa forma seriam maiores as chances de que viesse a aceitar uma barganha judiciária que lhe rendesse uma pena de prisão de três anos. Caso recorresse da decisão, o caso teria de ser levado a júri popular.

No dia seguinte, Munson e outro policial foram à livraria *Brick Road*, em San Francisco, e mostraram ao proprietário, John Crichton, seis diferentes fotografias, uma de cada vez. A que retratava o pai de Gilkey, Walter, era a Foto N.º 2 (reproduzida a partir da fotografia de sua carteira de motorista). Crichton examinou cada uma das fotografias e disse achar que Walter fosse o homem retratado entre as três primeiras que vira. Munson mostrou-lhe as fotos mais uma vez e, embora ainda não estivesse absolutamente certo, limitou suas dúvidas às Fotos N.ºs 2 e 3. Na última avaliação, ele identificou Walter, corretamente, como o homem que viera retirar *O Prefeito de Casterbridge* em sua loja. O homem da Foto N.º 2. Munson tinha agora em mãos uma identificação positiva. Em seus relatórios policiais, passou a incluir o nome do pai de Gilkey. Walter havia sido acusado anteriormente de posse de propriedade roubada, e agora seria também acusado de cumplicidade nos crimes atribuídos ao filho. "Os suspeitos John Gilkey e Walter Gilkey devem ser acusados de haver incorrido nos seguintes artigos do Código da Polícia: 182 – Formação de Quadrilha; 487 – Roubo Qualificado; 530.5 – Falsidade Ideológica; 484 (g) – Roubo e Utilização de Cartão; e 496 – Posse de Propriedade Roubada."

Desde o início de junho até o mês de setembro, Munson manteve Sanders a par dos desdobramentos do caso de Gilkey. Este optou por não aceitar um defensor público e, durante as primeiras semanas, trocou repetidamente de advogado, contratando-os e demitindo-os, e atrasando dessa maneira o andamento do processo.[5] Afinal, o promotor geral da comarca mostrou-se disposto a ouvir o que Gilkey tivesse a dizer, desde que assumisse a sua culpa e aceitasse uma sentença de três anos de prisão. Se recusasse esta proposta, a corte arquivaria as outras dez ou doze acusações adicionais, incluindo as que envolviam seu pai. Lembrando-se de que, dois anos antes, seu advogado sugerira que ele poderia se beneficiar de uma avaliação psiquiátrica, Gilkey tentou argumentar nesse sentido, mas a juíza não se mostrou receptiva à ideia. Sem opção, assumiu sua culpa. Disse ainda à juíza que gostaria de apelar da decisão, uma tática que ele pensou poder lhe garantir uma permanência maior na cadeia do condado, muito mais confortável do que a prisão estadual. A juíza, no entanto, não queria mais ouvir nada a seu respeito, e enviou-o diretamente à prisão de San Quentin.

Quase um ano após a tocaia que armaram, no dia 24 de fevereiro de 2004, Munson enviou um e-mail a Sanders, informando-o de que Gilkey fora mandado para a prisão estadual. *"Se ele quiser apelar de qualquer coisa"*, escreveu ele, *"poderá fazê-lo, de um lugar bem menos agradável do que a cadeia do condado."*

Foi assim que Gilkey passou a viver numa cela da Prisão Estadual de San Quentin, por vinte e três horas por dia,[6] imaginando formas de ganhar uma apelação. Contudo, mesmo que perdesse suas apelações, sabia que provavelmente cumpriria apenas a metade dos três anos de prisão a que fora sentenciado. Não obstante, dezoito meses pareciam ser – como ele mesmo disse – "um tempo horrivelmente longo para ser mantido atrás das grades, apenas por gostar de livros." Passou a maior parte desses meses dormindo durante os dias, para evitar manter contato com os outros presos, e permanecendo acordado à noite, pensando sobre quão injusto era o mundo e quão merecedor ele era de uma vida melhor, e de mais livros raros. Este era o ponto que marcava o início da repetição de um ciclo que ele já vivera tantas vezes; contudo, não era devido à frequência de sua repetição que este momento se tornava menos intenso. Antes, se a repetição fomentava alguma coisa, era repetidamente o seu desejo de vingança.

❧ 9 ❧

BRICK ROW

DOIS MESES APÓS GILKEY SAIR DA PRISÃO, em 2005, encontrei-me com ele diante do número 49 da Rua Geary, um edifício que abriga várias galerias de arte e lojas que vendem livros raros em San Francisco. Era uma manhã de setembro e ele vestia uma camiseta branca alvíssima, calças de sarja cáqui com vincos, seus tênis de couro bege e o boné de beisebol com os dizeres *"PGA Golf"*. Trazia consigo um folheto, sobre o qual havia uma lista manuscrita, com itens numerados: a lista de coisas que ele deveria fazer naquele dia.

– Então, como é que você quer fazer isso? – perguntou-me ele.

Na semana anterior, havia concordado em deixar que eu o acompanhasse em uma de suas expedições em busca de livros, para que soubesse como ele seleciona os que deseja. Eu sugerira que fôssemos ao bazar da Boa Vontade, local que ele costumava visitar com frequência, agora que era considerado *persona non grata* na maioria das lojas de livros raros de San Francisco. Gilkey, porém, quis levar-me à *Brick Row*, livraria da qual havia roubado *O Prefeito de Casterbridge*. Tentei disfarçar minha incredulidade e esperei que pudesse lhe ocorrer outro lugar.

– Você tem certeza? – perguntei. – O bazar da Boa Vontade não lhe agrada? Ou, senão aquela, não há outras lojas que você preferiria visitar?

Provavelmente sentindo o meu desconforto, ele hesitou.

– Talvez eles me reconheçam lá – disse ele; mas logo reconsiderou: – Por outro lado, isso não será nenhum problema.

Em casa, enviei um e-mail a Sanders, perguntando-lhe sua opinião. Será que o proprietário, John Crichton, a quem eu ainda não conhecera em pessoa, ficaria constrangido, ou furioso, se eu, conscientemente, acompanhasse um ladrão de livros raros à sua loja? Eu não gostaria de ter de lidar com a ira de quaisquer das vítimas de Gilkey, mesmo indiretamente.

– Crichton é um bom sujeito –, assegurou-me Sanders, levando-me a crer que, tal como Gilkey dissera, não haveria nenhum problema.

Eu ainda mantinha minhas reservas, mas estava curiosa demais para deixar escapar uma oportunidade de ver Gilkey agindo em seu elemento. Que tipo de pessoa retorna à cena de um crime que tenha cometido? Até então, eu apenas tinha podido conhecer Gilkey através das conversas particulares que mantivéramos. Eu ainda não fazia ideia do modo como ele se comportava no mundo exterior; especialmente em seu mundo idealizado, cercado por livros raros. Ele possuía muitas características em comum com outros colecionadores, mas os seus roubos o diferenciavam destes, de maneiras que ainda me confundiam. Seria ele um homem amoral ou mentalmente doente? E, afinal, como são estabelecidas essas definições? Acompanhar Gilkey à *Brick Row* seria uma oportunidade irresistível para tornar-me testemunha ocular da atividade de Gilkey. Além do mais, eu ouvira dizer que a loja era muito apreciada entre os colecionadores de livros raros, e, por isso, queria conhecê-la em primeira mão. Havia me comprometido a escrever uma matéria sobre Gilkey e Sanders para a *San Francisco Magazine*. Assim, incumbida de uma responsabilidade, parti para a observação de Gilkey de um modo como jamais o vira.

Parado na calçada diante da *Brick Row*, Gilkey disse que ia me mostrar como e o que costuma procurar, e como faz para conseguir o que deseja.

Não parecia apreensivo, enquanto eu era toda um feixe de nervos. Eu não tinha ideia do que Crichton poderia fazer quando entrássemos na loja. No mínimo, a situação seria embaraçosa.

Subimos de elevador ao segundo andar. Diante das portas abertas, uma placa indicava que a *Brick Row* localizava-se à esquerda, seguindo pelo corredor, mas Gilkey tomou o rumo da direita. Chamei sua atenção para a sinalização e ele comentou que a loja devia ter mudado. Mais tarde, ele notaria, com alguma satisfação, que os negócios não deveriam andar muito bem para a *Brick Row*, pois sua antiga localização, na extremidade oposta do corredor, era muito mais espaçosa.

Passamos diante da loja de livros raros de John Windle, que tanto me auxiliara alguns meses antes, quando o consultei acerca do compêndio alemão de botânica do século XVII – o livro que havia despertado minha curiosidade e que me levaria a conhecer Gilkey e Sanders. Eu estava certa de que Windle me reconheceria e temia que talvez pudesse reconhecer Gilkey, quando passamos por sua loja; de modo que eu virei o rosto e olhei para o lado oposto, para que não tivesse de dar alguma explicação.

Estas são lojas pequenas e silenciosas; lugares em que é normal encontrar-se apenas um cliente por vez, às vezes dois, num dia movimentado, ou três, em caso de agitação absolutamente inusitada. Gilkey e eu chegamos à porta da *Brick Row* em seguida. Adentramos a livraria onde havia dois homens: John Crichton, o proprietário, postado de pé nos fundos da loja, e um funcionário, sentado a uma mesa de trabalho próxima da entrada. Teriam reconhecido Gilkey? E, em caso afirmativo, chamariam a polícia?

Imaginei como Gilkey reagiria, se eles fizessem isso. Durante um encontro anterior, quando lhe perguntei o que estava fazendo – esperando ouvir algo sobre os livros que estivesse lendo, as pesquisas que fazia constantemente, ou as suas visitas quase diárias à biblioteca –, relatou-me um novo problema.

– Tenho de ser muito cuidadoso com o que digo, pois há dois livreiros fazendo repetidas queixas, tentando arranjar-me problemas.

De acordo com Gilkey, em seu encontro semanal com o agente supervisor de sua liberdade condicional, este dissera que um negociante de autógrafos de Nova York, chamado Roger Gross, alertara a polícia acerca de um cartão-postal que havia localizado, posto à venda no *eBay*. (Na verdade, fora Sanders quem localizara e identificara o cartão.) O postal era assinado por Johannes Brahms, compositor do século XIX, e Gilkey o havia roubado de Gross alguns anos antes (contudo, sem possuir provas, uma vez que Gross ainda não havia relatado sua perda, a polícia devolvera o autógrafo a Gilkey, após a batida em sua casa na Ilha do Tesouro).

Na semana anterior ao seu encontro com o agente da condicional, Gilkey vendera o cartão-postal a Tod Mueller, um negociante de autógrafos do Colorado, eximindo-se de ser acusado de posse de material roubado.

– Acho que aquele sujeito [Roger Gross] já havia sido reembolsado por sua perda, mas mesmo assim *queria* ter de volta o que fora de sua propriedade – disse-me Gilkey, meneando a cabeça desalentado.

De maneira bizarra, mas de um modo tipicamente particular que eu já começava a poder identificar, ele distanciava-se dos crimes que cometera.

– Ora, no que me diz respeito, eu sequer estive envolvido nisso. Gross exigiu o cartão do sujeito que o comprou de mim e, de algum modo, meu nome veio à tona.

De algum modo? Para Gilkey, uma vez que houvesse se livrado do cartão, livrava-se também de toda a culpa.

No interior da *Brick Row*, a luz natural filtrava-se através das janelas, iluminando os livros alinhados em armários por todas as paredes, sob as janelas e em um gracioso conjunto de estantes que dividia ao meio o espaço da loja. Tratava-se de um refúgio tranquilo das ruas da cidade, lá embaixo, e, desconsiderando-se a presença do computador e do telefone que havia sobre a escrivaninha de carvalho maciço de Crichton, aquele poderia ser o ambiente de uma livraria do século XIX. Milhares de majestosos livros encadernados em couro, muitos dos quais com dourações aplicadas sobre as capas, refletiam a luz do sol enquanto eu passava diante deles. Conhecendo as fantasias de Gilkey sobre bibliotecas vitorianas, pude compreender o motivo pelo qual ele gostava tanto desta loja e por que escolhera trazer-me até ela. Ao contrário da loja de Sanders em Salt Lake City, a *Brick Row* era limpíssima e parecia ser muito bem organizada. Tive a sensação de que somente colecionadores sérios percorreriam seu interior, em contraste com a livraria de Sanders, onde colecionadores misturavam-se às pessoas comuns, que buscavam apenas encontrar um livro usado bom e barato para ler, e para o qual encontravam opções em quantidade apreciável, nos fundos da loja. As portas fechadas dos armários à direita da entrada estavam cobertas por uma tela de fios de metal entrelaçados, o que tornava desafiadora a tarefa de decifração dos títulos que continham. Esses armários abrigavam alguns dos livros mais valiosos de Crichton. Um cineasta poderia muito bem haver utilizado a *Brick Row* como cenário, representando a seleta biblioteca de um cavalheiro de posses.

– É uma atitude de muito maior classe do que demonstram possuir outras livrarias, que simplesmente enchem estantes comuns com livros como esses – definiu Gilkey.

– Posso ajudar? – perguntou Crichton detrás de sua escrivaninha.

Sua pergunta parecia conter uma indagação bem mais profunda. Ele encarava Gilkey com uma mirada dura.

– Não pretendo comprar nada – disse Gilkey, em tom amigável. – Só pretendo dar uma olhada, se não tiver problema. Estamos aqui apenas para olhar.

Não houve resposta.

Crichton continuou nos encarando. Ele andava pela casa dos cinquenta anos, tinha os cabelos brancos, uma aparência saudavelmente robusta e olhos azuis muito claros. Exibia um ar de segurança e parecia ser o tipo de homem que dificilmente seria enganado por alguém.

Gilkey recorreu à sua lista dos "100 Melhores Romances" da *Modern Library* e explicou-me como costumava buscar pelos livros ali indicados. Ele apontou-me o nome de Nathaniel Hawthorne.

– Você teria alguma coisa de Hawthorne? – perguntou Gilkey a Crichton.

– Não –, respondeu Crichton, secamente.

– Eu *sei* que ele tem um livro de Hawthorne – Gilkey sussurrou.

Seu comentário indica o antagonismo que ele estabelecia com os livreiros, como já o via declarar em nossos encontros anteriores. Argumentava que havia, de fato, práticas fraudulentas disseminadas entre os negociantes de livros raros – fraudes das quais não apenas era absolutamente inocente, mas que também faziam dele uma vítima.

Um dos exemplos citados por Gilkey era a prática da reencadernação. Os negociantes, explicou-me ele, costumam remover as capas e as folhas de rosto de uma segunda edição (ou de edições ainda mais recentes) e reencadernar um livro com as capas e a folha de rosto de uma primeira edição que estivesse em mau estado de conservação.

– Eles fazem o livro parecer-se com uma primeira edição, primeira impressão – disse ele. – Esta é apenas uma das fraudes que eles cometem; e isso é perfeitamente legal.

Tempos depois, descobri que não há nada de legal quanto a esta prática; no entanto, não é muito incomum. Quanto mais caro é um livro, maiores são as chances de alguém ter-lhe adulterado a encadernação. Não é um tipo de fraude novo: no século XVIII, por exemplo, reproduções de páginas, ou "folhas", de textos antigos costumavam ser produzidas à mão, recriando uma aparência quase perfeita. Naturalmente, essas tentativas nem sempre passaram despercebidas – particularmente se as páginas originais tivessem sido impressas em papéis do século XVIII, com marcas-d'água identificáveis. Porém, ainda hoje em dia negociantes deparam-se com páginas "novas" em livros antigos, lavadas e tingidas para lhes conferir aparência semelhante à do restante do volume. Livreiros que zelam pelas próprias reputações costumam examinar minuciosamente os livros que lhes chegam às mãos, em busca de sinais reveladores de reencadernações. Contudo, também há livreiros menos responsáveis, que não se preocupam em fazer isso.

– Vê-se muito frequentemente essas coisas surgirem no *eBay* – disse-me um livreiro. – Mas você jamais verá um livro assim em poder de um membro da Associação Norte-Americana dos Livreiros Antiquários. Quem tentasse comercializar um livro desse tipo seria expulso da organização.

Enquanto perscrutávamos as estantes da *Brick Row*, Gilkey apontou para outro livro de sua lista.

– Kurt Vonnegut! – disse ele. – Eu gostaria de alguma coisa dele, também. E algo de D. H. Lawrence. Ele também é bom.

Crichton pareceu chocado e virou-se de costas para nós, tornando-se de novo para encarar Gilkey nos olhos. Segundos depois, enquanto Gilkey explicava-me por quais livros gostaria de procurar, Crichton perguntou-lhe:

– Qual é o seu nome?

– John.

John! Como se Crichton fosse dar-se por satisfeito com um simples prenome! Baixei os olhos para as minhas anotações, enquanto o ruído dos meus batimentos cardíacos parecia sobrepor-se a tudo o que acontecia ao meu redor.

– John de quê?

– Gilkey.

Crichton aguardou um instante, olhou para alguma coisa sobre sua escrivaninha e, então, levantou o olhar. Ele não tirava os olhos de cima de nós, enquanto Gilkey apontava os títulos de diversos livros e sussurrava, como se faz no interior de uma biblioteca ou de um museu, informando-me sobre os outros autores pelos quais se interessava: Vladimir Nabokov, Willa Cather... Chegou a comentar que mantinha distância das Bíblias.

– E quem é você? – perguntou-me Crichton.

Expliquei que era uma jornalista e que pretendia escrever uma matéria sobre colecionadores de livros. Crichton encarou-me por um momento. Parecia estar tentando desvendar a situação; em seguida, estendeu-me um de seus cartões de visita, convidando-me a lhe telefonar.

– Para o caso de você desejar uma entrevista – prontificou-se.

Eu mal podia esperar para sair dali. Sentia-me desesperada para explicar-me a Crichton, e também para ouvir o que ele teria a dizer, longe da presença de Gilkey.

Analisando uma fileira de volumes antigos, com dourações resplandecentes em suas lombadas, Gilkey disse:

– Penso que, nos últimos dez anos, o valor de muitos livros raros disparou. Se eu fosse comprar algo agora, provavelmente procuraria por obras de Salman Rushdie, Jack London e Booth Tarkington.

Apontando para os armários cujas portas trancadas e cobertas por telas metálicas alinhavam-se contra a parede, continuou: – Olhe só para estes armários. Não se pode ver direito o que eles contêm. E, tentando enxergar através das telas metálicas, Gilkey disse: – Acho que deve haver aí, principalmente, literatura do século XIX. Portanto, nada de Kurt Vonnegut.

Meu gravador ainda estava ligado, e eu tomava notas apenas de vez em quando. Não conseguia concentrar-me devido à tensão nervosa, e rezei para que o gravador estivesse captando tudo.

Crichton aproximou-se de nós. Achei que ele pudesse pensar que eu também fosse uma ladra: para uma repórter, eu fazia pouquíssimas perguntas, deixando que Gilkey conduzisse o assunto livremente.

– De que modo a loja está organizada? – perguntei a Crichton.

Laconicamente, ele apontou sua mão em uma direção: – Estas três ou quatro prateleiras contêm literatura inglesa do século XIX.

Apontando para outra direção, continuou: – Aqui há literatura do século XX, inglesa e norte-americana. E, aqui, há alguns outros livros, mais valiosos, e primeiras edições, organizados da mesma maneira. Tudo o que há, daqui para trás, são obras de... hã... referência... Oh, com licença... – disse ele, parecendo um tanto alheado. – Estou em meio a muitas coisas que tenho a fazer, hoje. Por que você não me dá o seu número, para que eu possa entrar em contato? Eu concedo entrevistas a muita gente.

Em um tom de voz um tanto mais alto, Gilkey contou-me como adquirira seu primeiro livro raro, aos nove anos de idade; uma primeira edição, publicada em 1943, de *A Comédia Humana*, de William Saroyan, por sessenta dólares. Uma história bastante improvável, para início de conversa.

– E acontece que, na verdade, fui enganado! – disse ele. – Descobri, há uns seis ou sete anos, que aquela não era uma primeira edição, primeira impressão, tal como me disseram quando a venderam a mim. Por isso é que eu faço muitas pesquisas bibliográficas, e confiro todos os detalhes.

A voz de Gilkey não soava apenas um pouco mais alta, mas sua entonação também continha um quê de bravata, que eu já ouvira quando ele descrevera os roubos em que tivera sucesso. Iniciou ainda outra história, sobre a compra de um livro de 3.500 dólares que, supostamente, ainda conservava sua jaqueta, o que não era verdade e fez seu valor cair pela metade.

Gilkey criara o hábito de "chorar suas mágoas" comigo durante nossos encontros. Certa vez, contou-me que, em suas pesquisas, encontrara várias empresas que vendiam livros pertencentes a bibliotecas públicas.

– Pesquisei sobre isso na biblioteca, porque o assunto, em parte, coincidia com o meu trabalho. Estava à procura de certos títulos, e encontrei diversos avisos de "faltante". A bibliotecária disse-me que havia gente roubando os livros da biblioteca.

Gilkey disse isso com indignação, e explicou-me sua teoria: – Livreiros pagam a certas pessoas para que roubem os livros para eles. Acho que fazem com que as pessoas se registrem como usuárias da biblioteca, retirem os livros que lhes interessam e jamais os devolvam.

É possível que existam, de fato, alguns livreiros inescrupulosos que paguem a pessoas igualmente inescrupulosas para que façam o trabalho sujo para eles, em bibliotecas públicas. Contudo, jamais encontrei qualquer registro acerca de atividades desse tipo. Além disso, as bibliotecas públicas vendem às vezes coleções inteiras, que costumam ser adquiridas por livreiros e negociantes. Se alguém oferecer a um negociante um livro com o carimbo identificativo de uma biblioteca, sem a correspondente marca que designa sua desincorporação do patrimônio, ele telefonará à biblioteca para assegurar-se de que o livro não foi roubado. O que Gilkey tentava sugerir era algo consonante com sua tendência para justificar a implicação de qualquer pessoa a quem pudesse haver vitimizado com seus roubos.

Gilkey continuou a difamar o comércio de livros raros em todos os nossos encontros. Mesmo como repórter, eu não me encontrava em posição de contradizê-lo. Às vezes era-me difícil controlar a língua, como na ocasião em que ele disse:

– É muito frustrante, para mim. Eu apenas desejava ter retirado uma porção daquelas primeiras edições da biblioteca circulante, apenas por curiosidade. E elas não estavam mais lá.

Apenas por curiosidade? Será que ele me considerava uma boba?

– Você já retirou algum livro da biblioteca, sem devolvê-lo, depois?

Gilkey olhou-me espantado e incrédulo.

– Não! – exclamou. – Isso seria roubar!

Fiquei sem saber o que dizer.

Na *Brick Row*, o macio carpete verde era espesso: o tipo de revestimento que acolhe generosamente os passos, tornando-os inaudíveis sobre o piso. Estimula a conversa em voz baixa, mas Gilkey, num tom de voz ainda mais alto, continuou a contar como adquirira livros em feiras, apenas para descobrir, mais tarde, que fora enganado. Evidentemente, desejava que suas palavras chegassem aos ouvidos de Crichton, tanto quanto aos meus; mas, a mim, custava muito ouvi-las.

Demos mais alguns passos, ao longo de uma estante.

– Theodore Dreiser! – disse Gilkey. – Este é outro! Escreveu *O Financista*... devem ter um exemplar aqui.

Perscrutou a estante mais próxima. Minhas mãos começaram a tremer e deixei cair a caneta.

Gilkey parecia regozijar-se. Este era o seu sonho, eu imaginei: exibir livros raros e alardear o conhecimento que possuía a respeito deles. "Este é o meu mundo idealizado. Aqui está algo que eu conheço", ele parecia querer dizer-me. "E aqui está o que, um dia, ainda irei possuir."

Gilkey deu uns dois passos para a direita, onde havia alguns mapas montados sobre bases de cartão, cobertos com plástico.

– Muitas lojas têm mapas, também. Eis aqui um, de San Francisco – disse ele, apanhando uma estampa e logo acrescentando, em voz alta: – Acho que sei onde arranjam isto. Eles retiram as estampas de alguns livros!

Evitei olhar na direção de Crichton, para não ter de ver sua resposta.

Gilkey olhou mais uma vez através da tela de metal que cobria um dos armários trancados.

– Contudo, há certos livros que um colecionador mediano jamais conseguirá obter. Tal como este, de Edgar Allan Poe. Ninguém jamais poderá ter um livro como este, a menos que se trate de um colecionador muito rico, ou de alguém o receba como herança de família.

Crichton encarou-nos desde a sua escrivaninha. Por quanto tempo Gilkey iria continuar com aquilo?

Gilkey e eu havíamos nos encontrado várias vezes, ao longo dos últimos meses. A cada vez, após descrever-me suas variadas tribulações, ele saltava de uma "grande ideia" para outra. Eu tinha a sensação de que ele havia esperado um longo tempo para poder contá-las a alguém. Uma dessas ideias relacionava-se com a lista dos "100 Melhores Romances", da *Modern Library*. Ele chamara o projeto de "100 Livros, 100 Pinturas". Sua pretensão era publicar um livro no qual uma cena descrita em cada um dos romances fosse retratada. Para manter os custos relativamente baixos, ele planejara contratar um único artista para realizar o trabalho. Primeiro, disse-me que leria cada um dos cem livros para instruir o artista sobre o que deveria pintar, mas logo admitiu que talvez não pudesse vir a ler todos e, nesse caso, perguntaria a alguém que tivesse lido determinados livros.

Eu começava a compreender quão curioso e imaginativo Gilkey era, e quão rapidamente sua ânsia por informação podia ser saciada. Esta característica de sua personalidade refletia seus hábitos como colecionador: não se dedicava a apenas um autor, um período ou um único tema. Tão logo tivesse acabado de roubar uma novela policial norte-americana do século XX, ele poderia voltar suas atenções para um romance inglês do século XIX. Assim, ele roubava livros de todos os gêneros, da mesma forma que um leitor despreocupado percorre as estantes de uma biblioteca: correndo um dedo ao longo da fileira de lombadas, retirando qualquer título que lhe chame a atenção e seguindo adiante.

Tentei desviar o assunto para falar sobre trabalho, um tema que Gilkey havia ostensivamente evitado em nossas conversas. A completa ausência de comentários sobre trabalho era tão impactante quanto as justificativas que ele arranjava para seus crimes. Suas projeções para o futuro jamais incluíam maneiras de ganhar dinheiro. Mais uma vez, esperando chamar-lhe a atenção para essa omissão, perguntei-lhe sobre seus planos para conseguir um emprego.

– Trabalho? – indagou Gilkey. – Na verdade, soube que há uma vaga, em uma livraria.

Naturalmente.

Fazendo um gesto na direção dos armários trancados que ficavam próximos da entrada da *Brick Row*, Gilkey suspirou:

– Acho que estes são alguns dos livros realmente raros que eles têm aqui.

Então, em um tom de voz mais claramente audível, para assegurar-se de que Crichton pudesse ouvi-lo, acrescentou:

– Creio que *a melhor* livraria que já visitei tenha sido, provavelmente, a *Heritage*, em Los Angeles. Eles têm uns vinte armários como estes. Às vezes, eu ia a uma livraria, quando fazia "aquilo" – disse ele, referindo-se ao ato de roubar livros – e telefonava, fazendo um pedido, e apanhava a encomenda. Antes, porém, eu dava uma olhada nas informações bibliográficas dos livros que desejava, para ter certeza de não estar sendo enganado. Porque eu fui enganado diversas vezes, por livreiros "honestos", ao adquirir livros de maneira honesta!

Fiquei tentada a perguntar-lhe se ele alguma vez adquirira um livro de maneira honesta, mas não o fiz.

– Ainda por cima, há livreiros que anunciam que não aceitam devoluções! – continuou Gilkey, vociferando de maneira ainda mais ofensiva. – Estes pertencem a uma organização específica, que tem um padrão ético de conduta, que eles têm de observar. Algumas vezes eu adquiri livros em feiras e, quando telefonei ao livreiro e disse-lhe: "Ei! Você disse que era uma primeira edição, mas não é", fui informado de que o livro não seria aceito de volta. Foi apenas por frustração: acho que fiquei um tanto chateado, tentando ser um colecionador e adquirir coisas de maneira legítima e honesta, apenas para ser enganado!

Gilkey deu um longo suspiro. Afinal, seu fôlego terminara.

– Bem, acho que já vimos tudo por aqui –, disse ele.

Agradeci a Crichton e resmunguei alguma coisa sobre voltar a entrar em contato, em breve; então, disparei pela porta afora, com meu gravador, minhas parcas anotações e uma enorme sensação de alívio.

———•·———

Saindo da *Brick Row*, no elevador, perguntei a Gilkey – que passara muito mais tempo nas imediações da Union Square do que eu – onde ele recomendaria que almoçássemos. Ele sugeriu que fossemos ao café na *Neiman Marcus*, apenas a um quarteirão de distância. Com tetos muito altos, paredes de vidro e mobília de madeira clara e aço inoxidável, o café serviu para que déssemos adeus ao nosso costumeiro ponto de encontro, o simplório *Café Fresco*. Gilkey sentou-se diante de mim a uma mesinha, tirou seu boné de beisebol e passou um pequeno pente de plástico preto pelo topo da cabeça, acompanhando o movimento com a palma de sua outra mão. Aquele não era um gesto ostentatório, executado com estilo, à maneira de Elvis Presley, mas algo mais hesitante e autoconsciente; quase como se fosse um pedido de desculpas, um tornar-se mais apresentável. É o tipo de gesto que quase mais ninguém repete, hoje em dia, especialmente um homem tão jovem quanto Gilkey. Isto foi um lembrete, para mim, de que Gilkey não é uma pessoa parecida com ninguém que eu conheça. Olhando em volta, percebi aliviada que o café era frequentado principalmente por turistas e pessoas que trabalhavam nas redondezas. Seria muito pouco provável que eu viesse a encontrar algum amigo ou conhecido ali, tendo de explicar a companhia em que me encontrava. O que eu diria? "Este é o ladrão de quem lhe falei?".

Gilkey e eu havíamos estabelecido uma rotina, desempenhando nossos papéis de entrevistadora e entrevistado, com a qual já começávamos a nos familiarizar. Contudo, ainda havia uma certa rigidez formal em nossas conversas. Geralmente, tento estabelecer uma comunicação fluida e amigável com as pessoas que entrevisto, mas, no caso de Gilkey, eu apreciava os limites bem definidos que a formalidade nos impunha.

– A situação ali foi meio tensa – disse ele, com um risinho de escárnio. Ele parecia revigorado pela nossa visita à *Brick Row*. – Eu não sabia se ele chamaria a polícia, ou algo assim. Você o ouviu cochichar alguma coisa pelas nossas costas? Provavelmente, ele disse ao rapaz da loja para que não me mostrasse nada. Mas eu não estava fazendo nada errado! Eu disse a ele que não estava ali para comprar nada; apenas para olhar!

Parecia não haver ocorrido a Gilkey que Crichton ainda estivesse ressentido pelo roubo de que fora vítima. No entanto, ele parecia feliz por nossa incursão à *Brick Row* haver transcorrido tão bem.

– Ele foi um tanto ríspido, mas acho que portou-se como um cavalheiro, também. Fiquei realmente surpreso por ele lembrar-se de mim. Eu o vi apenas umas duas vezes! – disse Gilkey, referindo-se à visita que fizera ao estande de Crichton, na Feira do Livro em San Francisco, em 2003, e tempos depois, quando estivera na *Brick Row*, tentando vender-lhe os livros do *Ursinho Puff*. Ele não considerou que os crimes que cometera contra Crichton pudessem haver gravado esses encontros na memória do livreiro.

– Não fosse pela sua presença, ali –, acrescentou ele –, é provável que ele tivesse chamado a polícia. Ou me ameaçado, de qualquer outra maneira... Eu roubei um livro dele, mas foi justamente por isso que o avisei de que estava ali apenas para olhar. Roubei dele *O Prefeito de Casterbridge*, mas ele conseguiu reavê-lo.

Assim sendo, tudo acabara bem.

– Na segunda vez em que estive lá, perguntei-lhe se ele poderia avaliar alguns livros – disse Gilkey, referindo-se à oportunidade em que fora à livraria de Crichton e tentara lhe vender os livros do *Ursinho Puff*, na tentativa de obter dinheiro para custear um advogado. – Eu sabia que aqueles livros eram valiosos e que ele poderia dar-me uns dois mil dólares por eles... Por isso, fui procurá-lo; ele me ofereceu apenas quinhentos! Ora, de jeito nenhum! Os livros valem quase dez mil! Naquele momento soube que ele estivera falando com a polícia; de outro modo, teria oferecido mais dinheiro. Foi aí que eu me entreguei. Ele já havia me apanhado.

O que Gilkey deixou de mencionar – mas que, mais tarde, eu viria a descobrir – foi o que aconteceu exatamente quando Crichton se recusou a comprar-lhe os livros do *Ursinho*.[1]

Gilkey lhe perguntou: – Já que você não está interessado nestes, haveria algum outro livro que você estivesse procurando?

– Sim – respondeu-lhe Crichton. – Na verdade, estou procurando por uma primeira edição de *O Prefeito de Casterbridge*, encadernada em marroquim marrom.

Ele referia-se especificamente ao exemplar que Gilkey lhe havia roubado. Embora flagrado, Gilkey não pestanejou.

– Não – disse ele. – Esse, eu não tenho.

– Você tem certeza? – indagou Crichton. – Porque eu estou realmente à procura *desse livro*!

– Tenho certeza – disse Gilkey, e foi-se embora dali.

— · —

– Aquelas histórias que você me contou, na loja... – disse eu, referindo-me às inúmeras acusações que Gilkey insinuara na livraria. – Elas foram indiretamente endereçadas a Crichton?

Para minha surpresa, Gilkey prontamente admitiu que sim: – Tudo o que vem, volta. Eu estava apenas igualando o placar.

O problema, segundo a ótica de Gilkey, era que ele já havia "igualado o placar" com muitos negociantes da região da Baía.

– Eu me tornei muito conhecido – disse ele. – É provável que eu jamais possa voltar a frequentar essas lojas. E não apenas as livrarias de San Francisco; mas também as de Los Angeles, Nova York... É possível que eu jamais consiga fazer isso novamente. Quer dizer, não poderei mais cometer esse tipo de crime contra nenhuma delas, pois todas já conhecem os meus métodos de operação. E, se outra pessoa fizer a mesma coisa, todos irão pensar que fui eu.

Nunca mais. Nunca mais. Gilkey parecia tentar convencer a si mesmo com tanto empenho quanto dedicava a me convencer. Comecei a recolher as minhas coisas, para irmos embora, mas ele relutava em encerrar nossa conversa.

– Haverá uma feira de livros em San Francisco, em breve – disse ele, referindo-se à venda promovida anualmente pelas bibliotecas públicas municipais. Pensei que ele pudesse sugerir que fossemos juntos, e eu não pretendia ser vista novamente em sua companhia por nenhum livreiro. Em vez disso, sugeri que nos encontrássemos na quarta-feira seguinte; mas, desta vez, assegurei-me de que o encontro seria no bazar da Boa Vontade.

10

DESISTIR, JAMAIS

TELEFONEI A CRICHTON E EXPLIQUEI-LHE por que havia acompanhado Gilkey na visita à sua loja. Ele mostrou-se elegante e compreensivo, e disse-me que decidira não fazer uma cena ou expulsar Gilkey da loja porque não sabia quem eu era. Até onde ele sabia, eu poderia não fazer ideia de que Gilkey fosse um ladrão. Ou talvez eu mesma não fosse uma jornalista, mas outra "artista da fraude" que ali estivesse para escoltá-lo, na prática de mais um golpe. Crichton, então, decidira agir com cautela.

Quando encontrei Crichton pessoalmente em sua loja, na semana seguinte, foi com um misto de impaciência e perplexidade que ele recontou a história de como havia sido roubado por Gilkey. Desde então, tornara-se mais cuidadoso com os pedidos que recebia, embora soubesse que não existem precauções absolutamente à prova de logro.

– Já recebi, aqui, uns sujeitos vestidos com ternos de três peças – disse ele – e, quando menos se espera, eles já estão lhe "passando a perna". É preciso estar preparado para lidar com todo tipo de gente. De qualquer forma, eu prefiro confiar em qualquer pessoa, até que tenha motivos para deixar de fazê-lo.

– Trabalho neste ramo há vinte e cinco anos... Os livros tornaram-se mais valiosos e, por isso mesmo, mais vulneráveis. O roubo deles é algo muito lucrativo. Mas eu não me preocupo muito com esses sujeitos – disse Crichton. – Sanders é quem se ocupa deles.

De volta à minha mesa de trabalho, enviei um e-mail a Sanders, para informá-lo sobre tudo o que acontecera na *Brick Row*. Presumi que, devido ao seu amor pelas histórias, sua curiosidade a respeito de Gilkey e sua persistente fascinação pelos ladrões de livros, gostaria de conhecer as novidades. Por mais constrangedora que tivesse sido minha primeira incursão à *Brick Row*, estava feliz por havê-la realizado.

Algumas horas mais tarde, pouco antes de me recolher para dormir, conferi minha caixa postal eletrônica. Havia uma mensagem de Sanders. Ele tinha sido o meu guia através do mundo do colecionismo bibliófilo, e eu estava ansiosa para ler sua resposta.

Em linguagem formal e direta, diferente do tipo de escrita que eu estava acostumada a receber de Sanders, ele explicitou quão furioso estava com a minha incursão à *Brick Row*. Apesar do fato de havê-lo consultado antes de ir até lá, coisa que ele parecia haver esquecido, sua contrariedade era evidente. Encerrou o e-mail com uma solicitação reprobatória: *"Jamais desejo ouvir falar sobre seus joguinhos doentios, novamente"*. Aquilo era o encerramento definitivo das nossas comunicações. Sanders, o "mocinho" desta história, estava revelando ser mais intratável do que Gilkey, o "bandido". Fiquei acordada a maior parte da noite, temendo que todo o meu trabalho, realizado com tanto sacrifício, tivesse sido em vão, e que eu tivesse perdido a minha história.

Cerca de uma semana após haver recebido o e-mail de Sanders, Gilkey entrou na loja da *Acorn Books*, na Polk Street – uma livraria grande, com uma boa seleção de títulos raros – e foi reconhecido por Andrew Clark, um funcionário da casa. Clark trabalhara para a *Brick Row*, em 2003; tinha sido ele a receber, por telefone, o pedido de *O Prefeito de Casterbridge*. Aproximou-se de Gilkey.[1]

– Por favor, venha por aqui –, disse ele, conduzindo Gilkey ao balcão frontal da loja.

– De que se trata? –, perguntou Gilkey.

Clark apanhou uma câmera fotográfica detrás do balcão e disse:

– Você vai ter de sair daqui, mas antes vou tirar uma foto sua!

Gilkey não esboçou nenhum movimento. Em vez disso, encarou a câmera. Clique!

– Você não pode me obrigar a sair daqui – disse, um tanto agitado mas não enraivecido. Protestou ainda um pouco mais, mas finalmente aquiesceu. Quando era apanhado, parecia resignar-se diante de seu destino, quase como se esperasse que uma situação como aquela viesse a acontecer a qualquer momento.

Rememorando as circunstâncias, Gilkey considerou absurda sua expulsão da loja.

– Eles não sabiam o que eu tinha em mente – disse-me ele, tempos depois. – Na verdade, eu estava lá para pagar por uma bibliografia.

Ele achava que o fato de haver sido mandado retirar-se da loja era uma violação aos seus direitos civis, e pretendia incluir o funcionário da livraria na lista de pessoas a quem ele poderia processar.

Para criar racionalizações, tanto quanto para roubar livros, Gilkey era incansável.

Após mais ou menos uma semana, telefonei a Sanders para ouvir seus comentários a respeito do incidente ocorrido na *Acorn Books*, cruzando meus dedos na esperança de que ele não despejasse uma torrente de impropérios sobre mim. Ou ele esquecera sua raiva, ou decidira me perdoar, pois parecia bastante cordial. Contou-me sobre outro roubo recente, no qual, aparentemente, Gilkey não estava envolvido. Este era mais um exemplo de como um ladrão de livros pode safar-se, impunemente.

A história era a seguinte: os funcionários da *Borderlands Books*, de San Francisco, haviam apanhado um homem que tentara lhes vender uma seleção de primeiras edições de títulos de ficção científica – *The Strange Case of Dr. Jekyll and Mr. Hyde* ("*O Médico e o Monstro*", de Robert Louis Stevenson), *Beyond the Wall of Sleep* ("*Além da Barreira do Sono*", de H. P. Lovecraft) e *Out of Space and Time* ("*Fora do Espaço e do Tempo*", de Clark Ashton Smith) – que eles reconheceram como tendo sido recentemente roubadas, além de outros dez livros, de um negociante especializado em ficção científica de Portland, Oregon, chamado Bob Gavora. Após haver consultado Sanders, Gavora espalhara as notícias sobre o roubo a outros colegas livreiros especializados em ficção científica. Alan Beatts, proprietário da *Borderlands Books*, era um deles. Havia trabalhado como segurança para a Tower Records, por muitos anos, antes de tornar-se um livreiro[2], e, quando se tratava de roubos, tinha uma atitude muito mais enérgica e ríspida do que a de seus colegas. Ele não apenas reavia os livros, mas ainda forçava o suposto ladrão a assinar um termo de responsabilidade, declarando onde os teria adquirido (neste caso, alegadamente de um homem, em uma rua de Ashland, Oregon), fazendo constar o número de sua carteira de motorista e informações sobre como e onde ele poderia ser encontrado. Deste modo, por uma boa meia hora, ele apavorou o sujeito. Pouco tempo depois, o suspeito enviou pelo correio os outros livros roubados a Gavora, acompanhados por uma carta de quatro páginas, na qual ele insistia em não havê-los roubado. Mesmo assim, o promotor público explicou a Gavora que, sem outras provas que evidenciassem ser aquele material produto de roubo, não haveria muito com que abrir um caso. Então, Gavora desistiu de formalizar uma acusação.

Poucos meses depois de Sanders haver me contado essa história, Gavora informou que ouvira dizer que o mesmo suspeito havia sido preso em Olympia, Washington, ao tentar vender um livro à própria loja de onde fora roubado – e que, mais tarde, fora novamente posto em liberdade.[3]

"Como sempre", foi a reação expressa por Sanders, ao inteirar-se dos detalhes mais recentes do caso. Mesmo quando ladrões roubam livros muito valiosos, seus crimes são tratados com relativa brandura pelas cortes de justiça[4], muito provavelmente pelas mesmas características particulares que demonstram possuir para roubar os livros: cortesia, polidez e solicitude. Estes traços de personalidade também os auxiliam a convencer os juízes de que eles não são pessoas do tipo que seria capaz de cometer tais atos outra vez. Uma exceção a esta regra é o caso de Daniel Spiegelman, o ladrão de quem ouvi falar na feira de Nova York, que roubou uma variedade impressionante de materiais da Universidade de Columbia (um texto sobre Geometria Euclidiana do século XIII, vinte e seis cartas e documentos presidenciais, uma edição da Crônica de Nuremberg, de 1493, vinte e seis documentos medievais, renascentistas e da Idade Moderna, além de muitas outras coisas) e tentou vender tudo ao negociante Sebastiaan Hesselink, da Holanda.[5] Nem todos os itens puderam ser recuperados: alguns chegaram a ser comercializados; outros, foram danificados; e muitos perderam-se para sempre. A defesa requisitou um abrandamento da pena, mas, em vez disso, o juiz impôs uma sentença dura, e explicou o porquê:

> Ao roubar, mutilar e destruir insensivelmente elementos raros e únicos da nossa herança intelectual comum, Spiegelman não apenas espoliou o patrimônio físico de Columbia em 1,3 milhão de dólares. Ele arriscou-se a prejudicar, e provavelmente prejudicou, o desenvolvimento do conhecimento humano, em detrimento de todos nós. Devido à própria natureza do crime, é impossível conhecer exatamente a extensão do dano por ele causado. Contudo, uma coisa é muito clara: este crime é algo muito diferente do roubo de um valor em dinheiro equivalente ao do material roubado, porque priva não somente a Columbia, mas o mundo inteiro, de fragmentos insubstituíveis do passado e dos benefícios que poderiam proporcionar a estudos futuros.[6]

Porém, por mais comovente ou inspirador que possa ser este comentário sobre o valor não monetário dos livros – e por mais positivo que ele tenha sido, ao estabelecer precedentes para a condenação de ladrões de livros –, parece pouco provável que ele sirva para impedir a ação de outros ladrões, especialmente alguém como Gilkey. Não importa quão terrível seja a punição, é praticamente impossível coibir os crimes passionais.

Tampouco a aparente futilidade do ato de apanhar ladrões de livros é um obstáculo para aqueles que apaixonadamente desejam vê-los atrás das grades. À época em que Gavora consultou Sanders acerca do roubo de seus livros, este último concluíra seu mandato de seis anos como encarregado da segurança da Associação Norte-Americana dos Livreiros Antiquários; ainda assim, Gavora, conhecedor de sua reputação, preferiu estabelecer contato direto com ele, em vez de com o seu sucessor. (Tal como o próprio Sanders admite, "quando me envolvo com alguma coisa, tenho uma tendência natural para mergulhar profundamente no assunto; e eu vou fundo, mesmo, a cada vez que faço isso. É um padrão de comportamento que se repete, ao longo de toda a minha vida. [Quando se trata de perseguir ladrões] é uma coisa ótima; mas quando se aplica ao relacionamento com mulheres, tende a ser uma coisa ruim. Tenho sido muito malsucedido nisso".) Sanders, sempre ávido para ajudar a apanhar um ladrão, reassumiu, de bom grado, seu antigo papel.

Eu estava começando a me equiparar a Sanders, em matéria de obsessão. O universo dos livros raros era quase a única coisa na qual eu pensava. Minha mesa de trabalho, assim como o criado-mudo ao lado da minha cama, andavam atulhados de livros sobre gente como Thomas Jefferson Fitzpatrick, um professor e botânico que adquiriu tantos livros, na década de 1930, que sua casa, em Nebraska, excedeu o limite máximo permitido por lei para a armazenagem de coisas.[7] Quando ele morreu, em 1952, aos oitenta e três anos de idade, encontrava-se deitado em uma cama de campanha do Exército, que armara em sua cozinha, cercado por noventa toneladas de livros. Será que Gilkey conseguiria roubar uma quantidade dessas, se conseguisse manter-se em liberdade?

Devorei também muitas informações sobre o outro Thomas Jefferson, muito mais famoso: o terceiro presidente dos Estados Unidos, que nutria um legendário amor pelos livros.[8] (Sua família dizia que por volta dos cinco anos de idade já havia lido todos os livros da biblioteca de seu pai. Mesmo que os fatos tenham sido um tanto exagerados, o contexto genérico não o foi.)

Quando sua primeira coleção foi destruída pelo fogo, em 1770, começou a substituí-la por outra ainda mais vasta. Como ministro, na França, arranjou tempo para devassar as livrarias parisienses, além de encomendar livros de Londres e de outras cidades europeias. Em sua biblioteca doméstica, em Monticello, Jefferson agrupava seus livros de acordo com os respectivos formatos: os menores eram colocados no alto das estantes; os de tamanho médio iam para as prateleiras do meio; e os realmente volumosos ocupavam as altas divisões inferiores das estantes.

Em 1814, quando o exército britânico incendiou a Biblioteca Congressional, em Washington, Jefferson ofereceu-se para vender sua substancial coleção de 6.700 volumes. Os livros foram transportados em carroças, de Monticello até Washington, onde viriam a constituir as fundações da atual Biblioteca do Congresso. Talvez houvesse volumes demais para serem classificados segundo a disposição doméstica, onde eram agrupados segundo fossem pequenos, médios ou grandes. Jefferson propôs um esquema de classificação que adaptara de *"O Progresso do Aprendizado"* (*The Advancement of Learning*), de Francis Bacon, no qual os livros são organizados dentro de categorias muito abrangentes, tais como Memória, Razão e Imaginação – divisões poéticas, que eu gostaria de ver adotadas pelas livrarias de hoje em dia. Poderia levar muito mais tempo para encontrar o que você procura, mas enquanto estivesse procurando, quem sabe o que poderia vir a encontrar?

Em minha casa, quanto mais eu lia as pilhas de livros sobre Thomas Jefferson, Thomas Jefferson Fitzpatrick e muitos outros colecionadores que escreveram copiosamente sobre seus amados livros, mais eu pensava sobre o papel que esses homens (e algumas poucas mulheres) desempenharam como preservadores da herança cultural. Nas palavras de Wilmarth Sheldon Lewis, um colecionador falecido em 1979, "loucos ou sãos, eles salvaguardaram a civilização".[9] E eu não conseguia fartar-me deles.

Naturalmente, a salvaguarda da civilização promovida por eles nem sempre foi objeto de aclamação popular. Alguns desses homens foram notavelmente egoístas. Uma das histórias que me manteve acordada até bem tarde foi a de Giglielmo Libri (1803–1869), um dos mais altamente considerados guardiões da herança cultural, que provavelmente surrupiou tantos bens quanto os que preservou.[10] Libri, um conde italiano que ostentava o nome profético de uma família da nobreza toscana, foi responsável por um desfalque de magnitude assombrosa. Matemático, jornalista, professor e uma autoridade em História da Ciência, transitava livremente entre os círculos acadêmicos franceses, italianos e ingleses. Em 1841, foi designado para catalogar manuscritos históricos pertencentes às bibliotecas públicas francesas. No exercício desta função, era admitido em qualquer sala, a qualquer hora e, com frequência, requisitava acesso a elas no meio da noite, para ostensivamente conduzir suas pesquisas sem ser interrompido. (Quando algum bibliotecário lhe negava permissão, Libri desafiava-o para um duelo.) Sua reputação de venerável estudioso protegeu-o até muito tempo depois que fortes suspeitas foram levantadas sobre a diminuição das coleções por ele catalogadas. Como catalogador dos vastos acervos das bibliotecas francesas, ele sabia quais manuscritos ainda não haviam sido registrados, e estes pareciam-lhe absolutamente irresistíveis. Ele fora visto escalando escadas para alcançar as prateleiras mais altas, onde os trabalhos mais raros – quase invariavelmente não encadernados e não catalogados – eram guardados. O homem era não apenas voraz, como ardiloso. Ele retirava edições raras de alguns livros e as substituía por outras, menos valiosas. Após apagar as marcas identificativas das bibliotecas, lixando os lugares onde elas eram aplicadas, vendia as obras originais com lucros polpudos. Muitos desses manuscritos não tinham preço: noventa e três deles datavam de antes do século XII. Ao fim de tudo, o valor da coleção que Libri reunira foi estimado em mais de seiscentos mil francos (mais de um milhão e meio de euros, em moeda atual). Foi apanhado em 1850 e sentenciado a dez anos de confinamento solitário. Após esse tempo, retornou à Itália, onde viveu o restante de seus dias. Tenho sérias dúvidas de que este homem, capaz de duelar por livros, tenha vivido o período final de sua existência abstendo-se de roubar ainda mais livros.

Pouco depois de haver me contado sobre ter sido expulso da *Acorn Books*, Gilkey começou a falar sobre quão impressionado ele estava com a maneira como a Biblioteca de San Francisco protegia seus livros. Parece que, certa vez, quis obter apenas uma fotocópia de um livro, mas a bibliotecária não permitiu que ele fizesse isso. A única maneira que consegui imaginar que isto pudesse ter acontecido foi Gilkey ter tentado retirar um livro de uma área restrita, ou mesmo tentado sair das dependências da biblioteca com ele. Alguns meses mais tarde, em conversas mantidas com livreiros a respeito de

Gilkey, devo haver mencionado minha preocupação com a possibilidade de ele vir a roubar alguma coisa da biblioteca, um dia. Quando telefonei ao oficial responsável por sua liberdade condicional, para confirmar o que Gilkey me havia contado sobre os termos de sua condicional e outros detalhes, disse-me que não tinha liberdade para discutir o caso de Gilkey. Ressaltou que, em uma audiência recente da condicional, alguém mencionara minha preocupação quanto a ele ser capaz de vir a roubar algo da biblioteca. Minhas palavras haviam "viajado" rapidamente. Dei-me conta de que precisava ter muito cuidado com o que dissesse, se quisesse que Gilkey continuasse a falar comigo. Àquela altura, após meses de entrevistas e pesquisas, eu estava metida até os cotovelos nessa história. Não pretendia perder contato nem com Gilkey, nem com Sanders. Nós três éramos buscadores muito persistentes: Gilkey, por livros; Sanders, pelos ladrões de livros; e eu, pelas histórias de ambos. O que eu não poderia ter adivinhado era que o meu papel na história se tornaria muito mais complexo. Deixaria o papel de observadora objetiva, para entrar diretamente no enredo.

11

ESTA LIGAÇÃO PODE ESTAR SENDO GRAVADA OU MONITORADA

QUANDO ESTIVE EM SALT LAKE CITY, Sanders contou-me uma história sobre a sua visita ao escritor Wendell Berry, a quem admira enormemente. Falando compassadamente, de modo a evocar o ritmo, o lugar e o linguajar típico de seus habitantes, compôs um retrato vívido, não apenas de Berry e de uma plantação de tabaco no Kentucky, mas também de si mesmo.

– Wendell Berry tem um lugar no mundo, e sabe disso. Acho que, em sua juventude, vagou para longe das colinas de Kentucky, mas depois voltou para casa. E, como ele mesmo diz, "desde então, tenho cuidado do meu sertão". Foi ele que me convidou a ir até lá...

– Ele é um homem do campo e aquela era a temporada da colheita. Ele ajudava seus vizinhos a colher o tabaco... Eu jamais vira um pé de tabaco em toda a minha vida. Aquelas coisas são monstruosas! Alienígenas enormes, com folhas do tamanho desta mesa e caules da espessura deste copo! [Após um dia de trabalho, colhendo tabaco,] nós nos sentávamos na varanda de sua casa, contemplando a dança dos vaga-lumes no ar e bebericando *bourbon*. Às seis horas da manhã seguinte, começávamos tudo de novo. No domingo, Wendell levou-me para conhecer o seu sertão. Ele possui aquele senso de estar em seu próprio lugar no mundo e pratica a filosofia que prega.

– Voltei para Salt Lake, pensando: "Este é o meu lar. Eu nasci aqui; descendo de uma longa linhagem de antepassados Mórmons, mas não sinto esta espécie de familiaridade. Não me sinto parte deste lugar, de forma alguma. Sinto-me como um exilado em minha própria terra. Não sinto qualquer espécie de conexão com ela, e acho que jamais serei capaz de sentir."

Talvez Sanders pudesse sentir-se desconectado de Salt Lake City; mas, para mim, parecia que, ao conduzir os negócios em sua loja, ele estivera, de certa maneira, "cuidando de seu próprio sertão". Este era um "sertão" de outro tipo, povoado por uma eclética gama de livros e um contínuo fluxo de pessoas que os amavam. Este era o mundo que ele havia criado, e ao qual, irrefutavelmente, pertencia. Certamente, Sanders conhece tão bem suas fileiras de livros quanto Wendell deve conhecer as fileiras de pés de tabaco das plantações de seus vizinhos. Quando manuseia um volume antigo e obscuro, às vezes, ele é capaz de lhe atribuir o valor do mesmo modo que um plantador de tabaco sabe predizer as mudanças do clima, apenas sentindo certas fragrâncias no ar. Sentar-me na companhia de Sanders, observá-lo ajudar seus clientes a encontrar um determinado livro (*"Phantom Blooper: Guerrilheiro da Morte"*, de Gustav Hasford, e "qualquer clássico romano, em latim" foram dois dos pedidos que ouvi, naquela tarde), fez-me ver que ali eu era a "estranha". Invejei-lhe a dedicação de toda uma vida ao mundo que criara, talvez tanto quanto ele invejara o mundo de Wendell Berry.

O que me interessava eram as histórias de Sanders e de Gilkey. O modo como eles viviam vidas tão diferentes – e como, não obstante, se entrelaçavam – era o que dominava meus pensamentos. Eu ainda estava por determinar o que fizera de Gilkey um homem tão apaixonado por livros, a ponto de arriscar sua própria liberdade por eles, e por que Sanders se mostrava tão determinado a apanhá-lo, colocando em risco a estabilidade financeira de sua loja para consegui-lo. Impus-me a meta de passar mais tempo com cada um deles e de explorar mais profundamente o território comum a ambos: o colecionismo bibliófilo.

Todo colecionador de livros, por definição, parece ser ao menos um pouco obsessivo; um tanto louco (um dos meus livros favoritos sobre o colecionismo bibliófilo é intitulado *"Uma Suave Loucura"*). Para um colecionador, "um" jamais é o bastante: quando uma coleção é completada, o início de outra já é iminente – se não tiver sido iniciada ainda antes do término da anterior. A acumulação jamais tem fim. Embora Sanders diga que não mais coleciona livros, ele admite que o estoque da sua loja é uma espécie de "coleção vicária", e que todos os livros que o integram são partes de sua reserva pessoal. Além disso, ele possui um galpão – ao qual se refere como "as catacumbas" – onde milhares de livros são armazenados. Ele vende alguns desses livros, todos os dias, mas também adquire outros, em quantidade superior. Gilkey é igualmente determinado: mesmo quando não está efetivamente roubando livros, faz pesquisas sobre eles. Sob circunstâncias favoráveis, até onde ele ou qualquer outro colecionador obsessivo poderia chegar?

Encontrei uma resposta na História. Don Vincente foi um monge espanhol do século XIX, que roubava livros da biblioteca de seu claustro cisterciano, no nordeste da Espanha – bem como de vários outros antigos mosteiros.[1] Após haver desaparecido por algum tempo, ressurgiu como proprietário de uma loja de livros antigos notavelmente bem abastecida, em Barcelona. Ali, logo adquiriu a reputação de comprar muito mais livros do que vendia, comercializando somente os volumes que considerava mais ordinários, reservando os mais raros para si mesmo. Um livro em particular era a sua obsessão: *Furs e Ordinacions fetes par los Gloriosos Reys de Aragón als regnicols del Regne de Valencia* ("Éditos e Ordenações proclamados pelos Gloriosos Reis de Aragão, como regentes do Reino de Valência"), impresso em 1482 por Lamberto Palmart, o primeiro impressor estabelecido na Espanha. Em 1836, com a morte de seu proprietário, o livro foi oferecido em leilão. Acreditava-se que aquele fosse o único exemplar ainda existente, e Don Vincente estava determinado a adquiri-lo. Porém, embora tivesse oferecido todo o dinheiro que possuía, Augustino Patxot, um negociante de livros cuja loja ficava próxima da de Don Vincente, superou seu lance. Don Vincente pareceu haver perdido sua sanidade mental e deixou a casa de leilões, vociferando ameaças pela rua, recusando-se até mesmo a receber seus *reales de consolación*, uma pequena compensação financeira paga pelo arrematante do leilão a quem fizesse o segundo lance mais alto, tal como era costume nos leilões espanhóis. Três noites depois, a casa de Patxot foi consumida pelo fogo, e seu corpo carbonizado encontrado em meio às ruínas no dia seguinte. Pouco depois, os cadáveres de nove homens muito instruídos, que também haviam participado do leilão, foram encontrados, todos esfaqueados até a morte. O rompante de fúria e as ameaças de Don Vincente no dia do leilão fizeram dele um dos principais suspeitos. Quando sua casa foi revistada, o *Furs e Ordinacions* foi encontrado, escondido no alto de uma estante, com livros pertencentes às outras vítimas. Ele confessou haver estrangulado Patxot e esfaqueado os outros homens, mas só depois de ter recebido do magistrado a garantia de que sua biblioteca seria bem cuidada quando ele fosse encarcerado. Na corte, quando o juiz perguntou ao acusado por que jamais roubara dinheiro de suas vítimas, ele respondeu: "Porque não sou um ladrão." Quanto a haver tirado suas vidas, acrescentou: "Todo homem deve morrer, mais cedo ou mais tarde; já os bons livros, devem ser conservados." Além do defensor argumentar que seu cliente era insano, apresentou, com grande ênfase, ter acabado de descobrir a existência de outro exemplar do livro, em Paris. Com base nessa argumentação, não poderia ser provado, de maneira irrefutável, que o exemplar encontrado na casa de Don Vincente fosse o mesmo que pertencera a Patxot. Em completo desespero, seu cliente protestou, em altos brados: "Desgraça! Desgraça! Meu exemplar não é o único!". Repetiu incessantemente esta frase até o dia em que foi executado, em 1836, em Barcelona.

Esta história inspirou um dos primeiros contos escritos por Gustave Flaubert, sendo sua primeira obra literária publicada, *Bibliomanie*, escrito em 1836, pouco antes de o autor completar seu décimo quinto aniversário.

Quando minha visita a Salt Lake City se aproximava do fim, Sanders perguntou-me como eu pretendia retratá-lo na matéria para a revista em que estava trabalhando.

– Tão maluco quanto Gilkey? – perguntou ele.

Aquela não foi a primeira vez em que ele fez esta pergunta. De vez em quando, em meio a uma entrevista, ele diminuía o ritmo de sua fala; como se, de repente, lhe ocorresse que eu não perceberia se ele me contasse as coisas de um modo que lhe fosse mais favorável. Parecia estar sempre dividido entre seu desejo por reconhecimento e sua desconfiança em mim. Eu admirava seu estilo de vida não convencional, suas opiniões francas, sua natureza iconoclasta, seus amigos artistas, suas histórias vibrantes e sua dedicação aos livros e aos seus filhos. Mas a sua postura alerta e desconfiada, que tanto o ajudara em seu trabalho como "bibliodetetive", agora criava uma barreira entre nós. Tentei assegurar-lhe de que pintaria um retrato positivo dele.

Gilkey, por outro lado, jamais me perguntara como eu pretendia retratá-lo. Caso o tivesse feito, eu também não saberia lhe dizer como. *"Tão maluco quanto Gilkey?"*, Sanders perguntara. Mas seria Gilkey maluco? Se o fosse, qual o diagnóstico preciso? Mesmo com toda a informação que já havia coletado, eu ainda não possuía respostas claras. Sanders e Gilkey haviam compartilhado comigo suas histórias, seus desejos e suas motivações, mas todas essas informações não contribuíam para que eu pudesse lhes pintar senão retratos um tanto desfocados.

De volta à casa, li em um jornal que John Berendt, autor de *"Meia-Noite no Jardim do Bem e do Mal"*, faria uma leitura pública de seu novo livro em uma livraria de San Francisco. Lembrei-me de que Gilkey dissera estar planejando comparecer ao evento. Considerei a possibilidade de ir também, mas decidi não o fazer. Eu não pretendia suportar outro encontro constrangedor em público. Além do mais, Gilkey e eu já havíamos agendado um encontro para a quarta-feira seguinte, no bazar da Boa Vontade, na esquina das ruas Mission e Van Ness, em San Francisco.

Liguei para o telefone celular de Gilkey, mas ele não atendeu, nem respondeu à mensagem que lhe enviei. Liguei uma segunda vez, mas novamente sem sucesso. Era incomum, pois ele sempre se mostrara cuidadoso, chegando pontualmente a cada um dos nossos encontros e avisando-me com antecedência, caso não pudesse comparecer a algum deles.

Na semana seguinte, recebi uma ligação a cobrar.

– Sra. Bartlett? – disse a única pessoa que me chamava dessa forma, além dos operadores de telemarketing. – Aqui fala John Gilkey.

A ligação foi feita de um telefone público na Instituição Vocacional Deuel, em Tracy, a prisão onde eu o havia entrevistado pela primeira vez. Ele disse que havia sido preso em Modesto, no mesmo dia em que eu lera sobre a leitura pública de Berendt, e explicou-me que fora novamente mandado para a prisão por causa do cartão-postal de Brahms que vendera.

– Propuseram-me uma sentença de três meses e meio, mas eu recusei – continuou ele, tentando explicar por que, na verdade, fora sentenciado a nove meses e meio de prisão. Não era a primeira vez que Gilkey recusava uma condenação, apenas para se ver obrigado a, depois de protestar contra a injustiça, cumprir uma sentença de prisão ainda mais longa.

– Vou recorrer à corte de justiça para esclarecer tudo isso – disse ele, parecendo mais resignado do que indignado. – Sou inocente, desta vez! – acrescentou. – Esta é a parte engraçada!

Naturalmente.

Gilkey contou que, depois de a polícia haver dado uma batida em seu apartamento na Ilha do Tesouro, restituíram-lhe vários objetos, incluindo o cartão-postal de Brahms que roubara de Roger Gross. Em sua concepção, isso justificava sua alegação de que aqueles objetos não eram produtos de roubo.

– Eles o devolveram a mim! – disse ele. – Então, o que eu deveria achar disso?

Enquanto eu contemplava a lógica distorcida da estratégia de defesa de Gilkey, uma gravação interrompeu nossa conversa: *"Esta ligação pode estar sendo gravada ou monitorada"*.

Quando eu lhe disse que poderia visitá-lo na prisão, mostrou-se mais do que receptivo:

– Eu preciso assinar alguma coisa? – perguntou.

Decidi que seria mais franca acerca do meu ponto de vista quanto aos seus roubos. Disse-lhe que havia falado com livreiros cujos livros ele roubara, e que alguns deles haviam me contado não possuir apólices de seguro, de modo que tiveram de arcar com os prejuízos por conta própria.

– Bem, se eu fosse uma pessoa melhor... Mas eu estou na cadeia, agora, é claro... – disse ele, concordando com o fato de não ser, possivelmente, uma "pessoa melhor". – Eu diria que isto é da natureza do negócio. É o que penso, neste momento. Se eu fosse proprietário de um negócio, certamente não gostaria de sofrer um prejuízo de quinhentos dólares. Mas, se você abre um negócio, sabe que coisas assim irão acontecer. Porque, digamos, se você abre uma loja de bebidas, é muito provável que seja assaltado, uma vez por mês. Então, se você deseja abrir um negócio, tem de estar preparado para coisas desse tipo.

"Coisas desse tipo" acontecem. O fato de ele mesmo fazer com que acontecessem parecia ser completamente irrelevante para Gilkey. Enquanto me explicava a sua visão das coisas, sua voz soava como das vezes em que me contou sobre os roubos que praticara com sucesso. Ele articulava suas frases em *staccato*, com uma entonação desdenhosa e arrogante, como um gângster em um filme da década de 1940. Não pude deixar de pensar que ele, simplesmente, não conseguia "ligar os pontos". Não conseguia dar-se conta de que seus atos o levaram a estar onde estava: ligando-me a cobrar de um telefone público, com guardas às suas costas. Cheguei a desejar que ele fosse capaz de fazer esta conexão. Perguntei-lhe se ele podia imaginar viver uma vida sem livros.

– Sim, eu posso – disse-me ele. – Quer dizer, eu não poderia colecionar livros, a menos que as pessoas os doassem.

De maneira muito clara, ele excluía completamente a hipótese de vir a comprar livros.

– De vez em quando – admitiu ele – eu poderia tentar obter um ou outro livro raro. Mas, neste exato momento, não sei o que eu faria para obtê-lo...

Por mais intensos que os poderes de sua imaginação pudessem ser, ele parecia incapaz de considerar a hipótese de um futuro desprovido de livros raros. E, ao que tudo indicava, tampouco ele podia deixar de arquitetar maneiras escusas para apropriar-se deles.

– Para ser totalmente honesto – disse ele – tramei um plano criminoso para obtê-los. Mas não acho que seja factível.

Elaborando suas ideias, ele disse:

– Estava pensando em algo envolvendo fraude com apólices de seguro.

E, como se quisesse justificar sua confissão, ele acrescentou:

– Eu estou apenas sendo honesto.

A despeito dos lembretes frequentes de que a ligação poderia ser monitorada – ao estilo *Big Brother* – ele continuou a falar, revelando alternadamente impulsos delirantes, vacilantes, cautelosos e orgulhosos.

– Uma fraude envolvendo seguros, para obter todos os cem livros da lista da *Modern Library* de uma só vez! Isto poderia funcionar, ou não. Mas é provável que eu não faça nada disso. Quer dizer, eu ainda não pensei muito sobre esse plano...

Perguntei a Gilkey se achava certo ou errado aquilo que fizera.

– Em termos de porcentagem – disse ele – não é como se eu estivesse cem por cento errado. Eu diria que o que fiz é uns sessenta por cento errado, e quarenta por cento certo. Quer dizer, claro, há os negócios deles, dos livreiros... Mas eles deveriam fazer com que os livros fossem mais acessíveis às pessoas que gostam deles.

Parecendo ser capaz de antecipar minha reação, acrescentou:

– Este é o tipo de raciocínio distorcido que eu tenho.

Porém, com igual facilidade e rapidez, retomou sua lógica autocentrada:

– Isto é, de que outra maneira eu poderia formar minha coleção, a menos que fosse, digamos, um multimilionário?

Gilkey tinha o desejo de jamais poder ser capaz de dar-se alguma coisa como recompensa a si mesmo. Desse modo, sempre poderia transferir a culpa para todos quantos o impedissem de fazê-lo – especialmente os livreiros. Fiquei imaginando como seria viver com tal visão de mundo: sentindo-se merecedor de tudo o que se desejasse possuir, sendo perfeitamente capaz de justificar para si mesmo quaisquer meios empregados para obter as coisas desejadas. Se Gilkey realmente percebesse o mundo desta maneira – um sentimento que todas as conversas que mantive com ele pareciam confirmar (e eu não posso imaginar qualquer motivo para que ele me revelasse esta visão de mundo como uma forma de disfarce, porque afinal de contas ela não é nada lisonjeira) – então, talvez ele fosse, mesmo, mentalmente doente. Tinha perfeita consciência de que o ato de roubar livros era ilegal, e, no entanto, continuava a roubá-los, porque não conseguia equiparar o conceito de "ilegal" com o de "errado". Seria esta uma condição mental permanente, ou ele poderia alterá-la? De todo modo, não parecia querer fazer isso. Em vez disso, mantinha sua mente focada em sua coleção de livros, imaginando como esta poderia elevar-lhe a própria posição na sociedade. Gilkey seria então considerado um homem de grande erudição e cultura, tal como a mulher que aparecia no anúncio de gerenciamento de investimentos, fotografada no momento em que saía de uma loja de livros raros. Para onde quer que ele olhasse – cinema, televisão, livros, anúncios publicitários ou catálogos de moda –, haveria imagens que confirmariam a reverência que a nossa cultura presta não à literatura em si, mas ao acúmulo de livros, como um sinal distintivo de que o proprietário destes pertence a uma espécie de elite. Através de sua coleção, Gilkey poderia ocupar uma posição reverenciada, em um mundo idealizado. Talvez ele fosse apenas um pouquinho mais louco do que o resto das outras pessoas.

A mensagem gravada interrompeu nossa conversa outra vez. *"Esta ligação pode estar sendo gravada ou monitorada".*

Perguntei a Gilkey por que ele deixara tantos livros desprotegidos em seu apartamento na Ilha do Tesouro. Ele riu.

– É... Fui muito estúpido, mesmo. Deveria tê-los embalado e despachado dali, mas apenas deixei-os ficar nas estantes. Custou-me cinquenta mil dólares em livros... Eu não achava que eles fossem entrar ali e ver tudo.

A franqueza de Gilkey encorajou-me, e eu perguntei-lhe onde se encontrava o restante dos livros.

Aparentemente esquecido de haver me contado que não possuía mais livros, ele disse:

– Estão armazenados em um lugar. Eles (a polícia) me tiraram muitos... Mas ainda possuo alguns.

Perguntei-lhe se os livros estavam em poder de algum membro de sua família, ou em um depósito alugado. Gilkey ficou pensativo, por um momento.

– Bem... Na verdade, eu os tenho sob custódia em uma casa de leilões. Sempre os mudo de lugar. Penso em vendê-los, quando esta situação "esfriar". Atualmente, finjo que pretendo leiloá-los.

Gilkey avisou-me de que tinha apenas mais uns poucos minutos para falar. Lembrei-me de que ele me contara que, em 1994, adquirira *Lolita* e *A Volta de Sherlock Holmes* com seu próprio cartão de crédito. Senti a pressão que o tempo exercia ao se escoar e provoquei-o, mais uma vez, lembrando-o de que ele dissera não gostar nem um pouco de gastar seu próprio dinheiro.

– Esse é que é o negócio – disse ele. O cartão *American Express* tem um plano de pagamento parcelado. Eu gastei cerca de quinze mil dólares em compras, mas tinha de pagar apenas trezentos dólares por mês.

Eu estava a ponto de expressar minhas dúvidas quanto à sua real intenção de fazer os pagamentos, quando ele adiantou-se a mim e confessou:

– Mas eu tinha um outro plano, por trás desse; de modo que, essencialmente, eu os obtive de graça.

– Como? –, perguntei eu.

– Bem... – disse ele, timidamente. – Eu disse a eles que havia perdido meu cartão *American Express*, e que não autorizaria as despesas feitas com ele.

Em menos de cinco minutos, Gilkey dissera-me que adquirira dois livros raros, pagando por eles em prestações mensais, e, logo depois, afirmara que não pagara um único centavo por eles. Em vez disso, dissera à *American Express* que as despesas não eram suas.

– Bom – resignou-se ele – acho que agora eles realmente querem que eu desligue o telefone.

E assim nos despedimos.

Desliguei o telefone e imaginei se mais alguém saberia sobre a trapaça que ele fizera com a *American Express*. A própria companhia de cartões de crédito? A polícia? Por que ele resolvera me contar? Por que ele parecia não temer que eu o denunciasse a alguém? Eu deveria denunciá-lo? Do ponto de vista legal, seria obrigada a fazer isso? Apreciei o fato de ele haver me prestado esta informação, mas não gostaria de assumir a posição de quem iria entregá-lo. Resolvi não tomar nenhuma decisão enquanto não soubesse exatamente quais eram as minhas obrigações, embora eu soubesse que o meu maior incômodo não era apenas o cumprimento de um dever legal, mas a satisfação de uma responsabilidade ética. Seria preciso contar isso aos livreiros? Isso adiantaria alguma coisa, uma vez que eu não sabia onde os livros se encontravam? Resolvi que seria melhor consultar um advogado antes de tomar minhas decisões.

Tempos depois, naquele mesmo outono, visitei a *Heldfond Book Gallery*, uma das livrarias que haviam sido roubadas por Gilkey. Já falara com Erik

Heldfond pelo telefone, e ele sugerira que eu conversasse com sua esposa, Lane, uma vez que fora ela quem atendera Gilkey.

Quando entrei na loja, Lane estava atendendo dois ingleses, que pareciam ser clientes habituais. Não tendo intenção de atrapalhar uma possível venda, fiquei apreciando a loja. A maioria dos livros possuía capas lindas e muito atraentes; por isso mesmo, para explorar seu lado mais "fotogênico", os livros eram expostos nas estantes com as capas voltadas para frente, em vez de alinhados lado a lado, apenas com as lombadas visíveis. Naquele dia, pude ver ali uma espetacular primeira edição de *007 Contra a Chantagem Atômica*, de Ian Fleming; um exemplar da revista literária *The Dial*, com a primeira publicação do poema *A Terra Desolada* (*The Waste Land*), de T. S. Eliot; *No Oeste Americano* (*In the American West*), de Richard Avedon; e diversas primeiras edições de livros infantis, tais como *Ovos Verdes e Presunto* (*Green Eggs and Ham*, o famoso clássico de Dr. Seuss), os *Contos de Fadas de Andersen*, *Elfos e Fadas* e *Peter Pan e Wendy*. Do alto de sua "torre de vigia", em uma cadeira por trás do balcão, Lane lançava-me olhares suspeitosos, e eu imaginei que ela pudesse estar pensando que eu fosse uma ladra. Quando os clientes foram embora, aproximei-me do balcão e apresentei-me.

– Lembre-me para qual publicação você trabalha – disse-me ela, avaliando-me de alto a baixo com seu olhar. Erik dissera-lhe que eu estava trabalhando em uma matéria jornalística sobre Gilkey, e ela estava evidentemente contrariada. – Você tem um cartão de visita?

Expliquei-lhe que deixara meus cartões em outra bolsa, mas que estava escrevendo uma matéria para a *San Francisco Magazine*. Ela anotou meu nome e o número do meu telefone em um pedaço de papel, ao lado da caixa registradora. Não creio que ela tivesse qualquer intenção de me telefonar. Seu gesto parecia ser apenas uma maneira de me informar que ela não era nenhuma tola, e que não pretendia perder-me de vista.

Depois de me haver inspecionado, Lane aceitou, ainda que com relutância, falar comigo. Recontou-me a história de como Gilkey fizera o pedido, de como disfarçara sua voz cobrindo a boca enquanto falava, ao vir à loja para retirar os livros, e de como ela o identificara nas fotos que lhe haviam sido enviadas pela polícia. Eu já conhecia a maior parte da história, quando a ouvira do detetive Munson e de Sanders, mas ambos tinham omitido um detalhe: Lane Heldfond estava furiosa. Exceto por raras exceções, negociantes não se tornam ricos vendendo livros raros. Para a maioria deles, um prejuízo de cinco mil dólares representa uma grande perda. Três anos após haver sido roubada, Lane Heldfond ainda estava muito ressentida com Gilkey e, agora, aborrecida comigo também.

– O que você está fazendo é... bem... Isto pode acabar glorificando-o! – disse ela, relembrando toda a publicidade que o assassino em série Charles Manson recebera, à época em que cometeu seus crimes. – Até hoje, todo mundo sabe quem ele é.

Para mim, parecia muito forçado estabelecer uma ligação entre Manson, o assassino, e Gilkey, o ladrão de livros, mas eu sabia onde ela queria chegar. Ambos eram criminosos, e receberam, pelas ações que praticaram, uma atenção que ela considerava indigna.

– Este negócio é um trabalho feito com amor – disse Lane, colocando a mão sobre seu coração. – Atinge a gente bem aqui. Eu ainda sinto uma raiva muito grande desse sujeito.

Lane parecia não desejar falar mais. Por isso, pus de lado o meu bloco de anotações. Porém, quando estava para sair de sua loja, ela me deteve.

– Sabe – disse ela – nós temos livros realmente especiais. Uma porção de gente que ama livros e vem aqui, jamais viu livros como estes, e é possível que jamais os vejam novamente, pelo resto de suas vidas. Nós temos trabalhado duro por quinze anos. Primeiro, comprando livros de oito dólares e esperando que seus preços subissem. Depois, livros de oitenta dólares, e assim sucessivamente. Trabalhamos para construir uma joia de loja; um lugar único... Por isso, nós queremos que estes livros passem às mãos de pessoas que realmente os amem. Pessoas que paguem por eles, porque os apreciam... Gilkey deixou-me furiosa, porque fez com que eu me sentisse violada. Quando roubou aqueles livros, ele os tirou de mim, tirou-os dele – disse ela, apontando na direção de seu marido; e, baixando a voz, voltou seu olhar, por um momento, para sua filha, uma menina de uns dez anos de idade, com olhos e cabelos escuros, que a ajudava na loja espanando o pó das estantes. – Ele tirou-os *dela*.

O que ouvi de Heldfond calou fundo em minha consciência. Nem tanto por saber que ela e sua família haviam sido pessoalmente afetados pelos roubos, mas principalmente pela maneira como ela descreveu os livros que abrigava em suas estantes. Aqueles livros que nós "talvez jamais vejamos novamente, pelo resto de nossas vidas", são mais do que apenas belos objetos, e sua materialidade torna seus conteúdos ainda mais significativos, de alguma forma. Sua raiva era justificada.

Eu vinha pensando a respeito da "materialidade" dos livros desde o primeiro contato que tive com o *Kräutterbuch* e quando da minha visita à feira de livros; contudo, algo que Heldfond dissera me fez pensar, também, sobre o lugar físico ocupado pelos livros. Não apenas na História, de modo geral, mas em nossas próprias histórias individuais. Esta foi uma ideia que me ocorreu, alguns meses depois, quando um amigo meu, Andy Kieffer, começou a louvar as virtudes de seu livro eletrônico. Andy e sua esposa haviam comprado um desses leitores eletrônicos para cada um, pouco antes de se mudarem para Guadalajara. Os dois estavam muito felizes pela adquisição, uma vez que era quase impossível encontrar livros escritos em inglês lá, e o sistema de recebimento de encomendas pelo correio não era muito confiável. Andy disse que não tivera problemas para ler na telinha *A Gaivota*, de Chekhov, ou *A Ilha do Tesouro*, de Stevenson (dois textos que havia adquirido recentemente), em vez de em folhas de papel encadernadas entre duas capas. Além disso, ainda carregava em seu aparelhinho portátil: edições diárias do *New York Times*, vários números da revista *The New Yorker*, um dicionário multilíngue e algumas leituras descartáveis, para ler na praia.

– Nunca sei com antecedência o que posso ficar com vontade de ler – explicou-me.

"Bom para ele", pensei. Eu ainda não conseguia compreender por que alguém que *tem acesso fácil* aos livros tradicionais preferia fazer esse tipo de mudança. No entanto, logo pensei em meus filhos adolescentes, ambos tão acostumados a ler em seus computadores a maior parte do dia, não apenas mensagens instantâneas ou e-mails, mas também longos artigos para seus trabalhos escolares. Eles certamente não fariam nenhuma objeção quanto a lerem um livro eletrônico. Ao mesmo tempo, pensei, isto talvez pudesse fazer com que eles se apegassem ainda mais aos livros físicos que possuem e gostam de conservar. Um dos presentes que dei ao meu filho, no dia de sua formatura no curso colegial, foi uma edição de bolso, com capas pretas, da Constituição dos Estados Unidos da América (uma vez que ele é muito interessado em História e em Direito). Dentre todos os presentes que ele ganhou, para ajudá-lo em sua carreira universitária (incluindo um *laptop*), foi esse livrinho barato que o meu filho – geralmente comedido e reservado – segurou junto do coração, dizendo: "Vou guardar isto para sempre!" Quanto à minha filha, agora ela tem em sua estante os exemplares que pertenceram à minha mãe (e, antes dela, à minha avó) dos livros de Lucy Maud Montgomery: *Anne*

of Green Gables, *Anne of the Orchard* e *Kilmeny of the Orchard*. "Quando abro estes livros e começo a lê-los, penso nas pessoas a quem eles já pertenceram, em quem mais já os leu", disse-me ela. "É como se cada um deles tivesse mais de uma história para contar."

Artefatos físicos trazem consigo memórias e significados, algo tão verdadeiro, sejam importantes textos históricos, sejam amados livros infantis. Quando me sento em uma biblioteca, cercada por altas estantes cheias de livros, posso sentir a história profundamente rica da erudição, e sinto-me humilde e inspirada. Esta manifestação da realidade também é válida para outros tipos de artefatos além dos livros. Todos podemos ler sobre o Holocausto, ou sobre o lugar onde Emily Dickinson escreveu sua "Carta ao Mundo", ou sobre onde Jim Morrison foi sepultado. Todos podemos ver fotografias *online* desses lugares. No entanto, ano após ano, milhares de pessoas continuam a visitar Auschwitz, The Homestead e o cemitério Père Lachaise. Suponho que o nosso desejo de estarmos sempre próximos dos livros advenha de um impulso semelhante: os livros podem nos enraizar em algo maior do que nós mesmos, algo real. Por este motivo, creio que os livros encadernados, feitos de papel, sobreviverão, até mesmo muito tempo depois de os livros eletrônicos se tornarem populares. Quando caminho por uma rua e vejo pessoas passarem por mim, absortas no universo de seus *i-Pods* ou telefones celulares, não posso evitar pensar que a nossa conexão com os livros ainda é, após todos esses séculos, tão importante quanto intangível. É essa conexão que torna os velhos livros que pertenceram aos meus pais e aos meus avôs tão especiais para mim, e o que faz do *Kräutterbuch* algo tão sublime.

❧ 12 ❧

O Que Mais Eu Poderia Desejar?

Desde que Gilkey, mais uma vez em liberdade, deixara de ser bem-vindo em suas livrarias favoritas, passou a satisfazer sua necessidade de encontrar-se próximo dos livros com visitas quase diárias à biblioteca pública. Decidira começar a colecionar primeiras edições de livros escritos por ganhadores do Prêmio Nobel, e, na próxima vez em que nos encontramos, ele estava muito feliz por haver encontrado um deles, de autoria de Dario Fo, o vencedor do prêmio de 1997. Gilkey trouxera o livro consigo, uma pequena e fina brochura, com uma capa vermelha comum, e passou-o às minhas mãos. Notei que na contracapa do livro havia o que parecia ser uma etiqueta adesiva com a marca de uma biblioteca. Quando lhe perguntei a respeito, ele resmungou qualquer coisa sobre havê-lo adquirido numa venda promovida pela biblioteca pública de Modesto. Enquanto continuávamos a conversar, ficou raspando a etiqueta com suas unhas, tentando, segundo presumi, removê-la.

Quando lhe perguntei novamente onde guardava todos os livros que possuía, deu de ombros e lançou-me um olhar de cumplicidade.

– Tecnicamente, eu não possuo livros.

Tive quase certeza de que ele gostaria de haver me contado mais alguma coisa, mas reconheceu o risco que isto poderia representar e, agindo com uma prudência que lhe era incomum, não se dispôs a corrê-lo. Gilkey, que sonhara ser admirado por sua coleção de livros, fora apanhado pela armadilha que ele mesmo criara. Por mais que ele desejasse exibir suas aquisições, o próprio ato de exibi-las resultaria na perda das mesmas. Tão logo Gilkey adicionasse um livro à sua coleção, este se tornaria exclusivamente objeto de um prazer privado, que jamais poderia ser compartilhado com ninguém. Assim, ele não poderia, ou não desejaria, contar-me tudo a respeito, nem sequer mostrar-me todos os seus livros. Mas ele podia mostrar-me algumas pequenas brochuras, quer tivessem sido adquiridas em uma venda pública ou não, e falar-me sobre sua importância e significado. Suas grandes "obtenções", no entanto, deveriam permanecer ocultas, ao menos por algum tempo. Não obstante, eu tinha a sensação de que, se falasse a Gilkey com insistência suficiente, alguma "joia literária" viria à luz, e eu estava determinada a buscá-la. Era imensa a minha esperança de poder "garimpar" uma surpresa quanto qualquer colecionador de livros e, por isso, marcamos um novo encontro.

A descoberta de livros que são verdadeiros tesouros não acontece apenas em celeiros perdidos em New Hampshire. John Windle, um negociante de San Francisco, contou-me sobre um leilão em que estivera, ocorrido vários anos antes em Londres, no qual o espólio de um famoso colecionador – livros, mobiliário e outras coisas – seria arrematado. Enquanto examinava algumas peças, Windle abriu a gaveta de um pequeno móvel. Dentro dela, sem o conhecimento de ninguém, nem da casa de leilões, nem de seus colegas colecionadores, nem dos demais arrematantes, havia um exemplar ilustrado do *Livro de Jó*, de William Blake: um volume refinadíssimo, contendo vinte e uma gravuras originais. Exímio poeta, artista e gravador, Blake sempre foi um favorito entre os colecionadores, e o *Livro de Jó* é um dos seus mais belos trabalhos.

– Inserido entre as páginas do *Livro de Jó* – ressaltou Windle – encontrei algo ainda mais valioso: um panfleto de Blake, de quatro páginas, intitulado "A Canção da Liberdade" (*The Song of Liberty*).

Tal como uma *matryoshka*, aquelas bonecas russas que contêm réplicas menores de si mesmas, umas dentro das outras, ali havia um tesouro no interior de um tesouro, que ainda continha um terceiro. O valor do móvel foi estipulado em cerca de dois mil dólares, e o *Livro de Jó*, que jazia em seu interior valia cem mil. Um exemplar do panfleto escondido entre as páginas deste último, "A Canção da Liberdade", não aparecia em leilões havia mais de quarenta anos. Por isso, quando Windle o segurou em suas mãos, não foi capaz de lhe aquilatar o valor. Disse-me ter tido absoluta certeza de que, naquele momento, ninguém mais sabia da existência daquele folheto.

– Noventa por cento do meu ser dizia-me para enfiá-lo em meu bolso e sair para almoçar – contou-me ele. – Mas a minha consciência jamais permitiria que eu fizesse isso.

Windle informou à casa de leilões a respeito do que havia descoberto. Três meses depois, "A Canção da Liberdade" foi arrematada por 25.000 dólares.

Em nosso encontro seguinte, no *Café Fresco*, Gilkey contou-me sobre como andavam as suas buscas. Andara pesquisando sobre Iris Murdoch, cujo livro *Under the Net* ocupava a 95ª posição na lista dos "100 Melhores Romances" da *Modern Library*. Gilkey estava particularmente interessado nos escritos de Murdoch sobre o Existencialismo. Disse que havia lido Jean-Paul Sartre e Simone de Beauvoir, e que sua compreensão das proposições filosóficas desses escritores era bastante pessoal.

– A maneira como eles não conseguem diferenciar entre o certo e o errado – disse ele, referindo-se aos existencialistas. – Bem, acho que também poderia ser a minha maneira.

Gilkey contou-me que estava planejando ir a Los Angeles, para visitar uma feira de livros, e ao Arizona, para comparecer a um festival de livros de terror. Perguntei-lhe se viajar não seria terrivelmente arriscado, sugerindo-lhe que ele poderia violar os termos de sua liberdade condicional, mas ele descartou sua captura como uma hipótese improvável. Além do mais, eu achava que encontrar-se em meio a tantos livros seria uma tentação forte demais para ele, mas quando lhe falei nisso, ele disse:

– Para ser franco, às vezes, é mesmo muito tentador fazer tudo outra vez. Mas o risco é muito grande.

Contudo, correr riscos e jogar com sua própria liberdade jamais fora um impedimento.

Antes, Gilkey havia concordado em mostrar-me onde ficavam os telefones públicos que utilizara para fazer seus pedidos, e eu então sugeri que visitássemos um dos locais.

– Na verdade – disse ele – este aqui é muito bom.

Ao lado do café em que nos encontrávamos, no *lobby* do *Crowne Plaza Hotel*, ficavam alguns de seus telefones públicos preferidos. Recolhemos nossas coisas e caminhamos até lá.

Gilkey abriu um exemplar das *Páginas Amarelas* na página em que estavam listados os negociantes de livros raros e correu seus dedos pelos anúncios.

– Vejamos... Já fiz negócios com alguns destes... Pensando bem, eu deveria me manter longe deste aqui... – disse ele, enquanto passava os dedos sobre a página. – Já estive na *Kayo*, já estive na *Argonaut... Brick Row... Thomas Goldwasser!*

Ele quase me deixou em apuros! E... Aqui está: a *Black Oak Books* – disse, parando um dedo sobre o anúncio. – Vou telefonar para eles. A ligação é gratuita!

Cheguei a pensar que não o ouvira direito, e que ele estivesse apenas brincando, fingindo discar um número. Mas ele estava realmente digitando as teclas do telefone. Com o fone junto ao ouvido, esperando que alguém atendesse a sua ligação, disse-me:

– Eu ainda me lembro direitinho das frases que costumava utilizar! Sei-as de cor!

Limitei-me a olhar, aturdida, agradecida e com um sentimento de culpa pela cumplicidade.

– Ninguém atendeu – disse ele, ao recolocar o fone no gancho. – Acho meio irritante quando ninguém atende. Quando eles fizerem isso, mais tarde, vou me lembrar de obter um livro deles. Vou fazer disto uma das minhas prioridades.

Ele voltou a consultar a página de anúncios.

– Que tal a *Brick Row*?

Não pude conter-me.

– Você não está mesmo pensando em telefonar para a *Brick Row*, está? – perguntei.

– Talvez apenas para uma consulta... – disse ele. – Tudo bem. É melhor não. E que tal tentar a *Jeffrey Thomas Fine and Rare Books*? – perguntou-me, apontando para um anúncio. – Ou a *Robert Dagg*? Oh, aqui está a *Moe's Books*! Eles são mesmo muito bons!

Por fim, decidiu-se pela *Serendipity Books*, em Berkeley, de quem já havia roubado mais de uma vez , e discou o número.

– Alô! Estou procurando por um presente de casamento. Vocês têm algum livro raro de Iris Murdoch? *Under the Net*, ou qualquer outro título de Iris Murdoch? Ou, talvez, algo de J. P. Donleavy, como *The Ginger Man*, por exemplo? (*The Ginger Man* era o número 99 na lista da *Modern Library*.)

Enquanto a pessoa na outra extremidade da linha procurava por algo de Murdoch ou Donleavy, Gilkey, sem sequer dar-se ao trabalho de cobrir com a mão o bocal do telefone, disse-me:

– Isto é o que geralmente faço: pergunto por um livro que eu esteja lendo, no momento. Agora mesmo, a pessoa está checando... Acho que já disse a você, não? Eles têm milhares de livros.

Gilkey permaneceu esperando, e eu continuei olhando.

– O único problema com estes telefones é que eles não recebem ligações – disse ele. – Então, tenho de dizer a eles que estou ocupado e que não posso receber chamadas telefônicas no trabalho. Depois, mais tarde, volto a ligar para a loja e confirmo se o pedido foi aceito.

Gilkey esperou mais alguns momentos, enquanto a funcionária da livraria tentava encontrar algum livro que o satisfizesse. Mas ele já começava a ficar impaciente.

– Está vendo? É por coisas assim, por me fazerem esperar e esperar, que eu, definitivamente, teria certeza de incluí-los na minha próxima lista.

A funcionária da *Serendipity* finalmente retornou, e deve ter-lhe perguntado por seu número de telefone, pois ele leu o número que estava escrito em uma etiqueta afixada no aparelho, e pelo seu nome, pois a próxima coisa que ele disse foi:

– Hã... Robert.

– Eu vi na internet – disse ele à mulher – que vocês são especializados em autores irlandeses, principalmente James Joyce. Você poderia recomendar-me um livro de algum escritor irlandês, para ser dado como um presente? Oh, acho que qualquer coisa em torno de cinco mil dólares... Sim, é um presente de casamento. Ou, se vocês tiverem alguma coisa autografada por James Joyce, ou Charles Dickens, ou... Tudo bem. Se você puder dar uma olhada rápida... Tudo bem. Obrigado.

Eu já ouvira essa mesma história, antes; de Sanders e de outras vítimas de Gilkey. Eles haviam me descrito como a voz de Gilkey soava, quando fazia um pedido; a maneira como ele demonstrava possuir certo conhecimento sobre livros, e a história de estar comprando um presente. Considerando o tom e o conteúdo de sua fala, a interpretação de Gilkey parecia uma paródia de si mesmo, mas era suavemente convincente. Embora eu achasse que Gilkey não fosse dar à vendedora um número de cartão de crédito ou o endereço de um hotel, eu acabara de testemunhar uma impostura, um "meio crime". Eu estava meio apavorada, meio fascinada.

Gilkey desligou o telefone e descreveu-me suas impressões sobre o contato: uma mistura de desprezo pela vendedora e de orgulho de si mesmo.

– Viu só? Este teria sido um golpe perfeito, porque o proprietário não estava lá – disse ele. – É provável que ela nem soubesse qual é o procedimento correto. Ela sequer sabia onde os livros estavam! Se eu quisesse que um livro me fosse entregue ainda hoje, é bem possível que tivesse conseguido. Bastaria dar a ela um número de cartão de crédito. Certamente a despesa seria aprovada, e, se não fosse, eu teria outro número de reserva. Aliás, eu teria três ou quatro números de reserva em meu bolso. Eu faria o pedido do livro e perguntaria "A que horas vocês fecham?", logo em seguida, "Vocês podem embrulhá-lo para presente?", e então haveria alguma atividade perceptível, e logo viria a resposta: "Sim, podemos." Se a loja fechasse, digamos, às cinco horas, eu chegaria lá por volta das quatro e quinze, quatro e meia, para assegurar-me de que nenhum personagem estranho estivesse rondando por ali. Então, entraria e anunciaria: "Vim retirar um livro para Robert." Com um pouco de sorte, já teriam tudo pronto. Às vezes, eu não encontrava tudo pronto, o que me deixava um tanto nervoso. Mas eles são estúpidos a esse ponto. Deveriam pedir que eu mostrasse o cartão de crédito. Em vez disso, alguns deles checavam o número do cartão com a operadora, algo que para mim jamais fez sentido. De todo modo, eu assinava um recibo, e pronto. Não agia de modo suspeito, nem nada parecido. Apenas dizia "Obrigado" e, às vezes, dava uma olhada casual nos livros à minha volta e fazia algum comentário do tipo "Ei! Este aqui é ótimo! Muito obrigado. Eu volto, outra hora. Vocês têm um acervo excelente, aqui!" E, calmamente, saía da loja.

Demonstrei meu entendimento meneando a cabeça, enquanto tentava equilibrar meu bloco de anotações sobre a mesinha exígua que havia sob o telefone público ao lado do que ele utilizara, notando quão satisfeito ele parecia consigo mesmo.

– Obviamente – disse ele – eu não faço mais essas coisas. Mas esta teria sido uma oportunidade perfeita.

Gilkey contou-me a história de outra "oportunidade perfeita" enquanto saíamos do *Crowne Plaza*, rumando para outro de seus lugares preferidos em que havia telefones públicos, poucos quarteirões adiante, no *Grand Hyatt*. Ele e seu pai haviam tomado um voo noturno para Nova York, onde tiveram alguns dias do que ele chamava de "boa vida", utilizando cartões de crédito roubados. A viagem, segundo Gilkey, fora "muito, muito bem-sucedida". Foi durante essa ocasião que ele obteve os livros do *Ursinho Puff* que tentou vender, tempos depois, e um exemplar de *Um Bonde Chamado Desejo*, cujo valor alcançava três mil dólares. Gilkey teve o cuidado de contar-me apenas que conseguira o livro em "uma loja", no *Waldorf-Astoria*.

– Você não acreditaria como foi fácil obtê-lo – vangloriou-se.

Sua terceira aquisição em Nova York envolvia, segundo ele, "uma história engraçada". Ele e seu pai estavam hospedados no *Hyatt*, perto da Avenida Madison, onde há várias lojas de livros raros. Numa lista que fizera, ele destacara uma coleção de livros de viagens que vira em uma delas (cujo nome cautelosamente não citou). Como não conseguisse se decidir quais livros tentaria obter, pediu ao seu pai que escolhesse, dentre as opções da lista. Gilkey-pai achou que os livros de viagem pareciam ser mais atraentes do que os outros títulos, e Gilkey-filho ligou de um telefone público no *Hyatt* e fez o pedido.

– Quando cheguei à loja, eles estavam embrulhando os livros para presente – disse Gilkey. – Era uma coleção de dezessete volumes, que pesava cerca de trinta quilos no total. Eu tive de carregá-los por todo o caminho, até o hotel.

Disse que não tomou um táxi pois queria poupar o dinheiro.

– Foi muito cansativo – continuou ele. – Tive de fazer várias paradas, para retomar o fôlego... Fui arrastando-me, o caminho todo.

Será que alguém sabia sobre este roubo? Sanders, talvez? A Associação de Livreiros Antiquários? Quando perguntei a Gilkey em que loja os conseguira, ele respondeu-me:

– É melhor eu não dizer.

Ultimamente, eu ouvia esta mesma resposta dele com mais frequência, porque, na verdade, eram confissões de haver cometido mais crimes. Todavia, ele parecia adquirir mais confiança em mim, e eu esperei que pudesse, com um pouco mais de tempo, vir a contar-me onde armazenara os livros.

Além de encherem suas malas com livros raros e um punhado de outros objetos colecionáveis, Gilkey contou-me que ele e seu pai passaram sua estada em Nova York comendo refeições de cem dólares, visitando o Empire State Building e passeando pelo Greenwich Village. Comíamos como reis. Eu disse ao meu velho: "Garanto que tudo – os hotéis, as refeições, tudo – sairá absolutamente de graça! Eu lhe garanto!"

A viagem foi uma verdadeira inspiração.

– Aquilo era o que eu queria fazer – disse Gilkey. – Planejar viagens a outras cidades, especialmente porque Nova York foi fantástica! Nada deu errado!

Até a volta de ambos, ao menos. Gilkey e seu pai embarcaram no avião com suas malas cheias com o produto de seus roubos, mas ao chegarem a San Francisco descobriram que suas bagagens haviam sido levadas por alguém.

– Aquilo foi a pior coisa que poderia haver acontecido – disse ele. – Todos aqueles milhares de dólares em livros...

Mas tudo não passou de um susto. A bagagem de um passageiro de San Mateo estava acondicionada em malas Hartmann, do mesmo modelo que as de Gilkey. Desfeita a troca acidental, as malas foram restituídas a Gilkey em questão de horas. A despeito desta experiência, Gilkey evidentemente apreciava a história de sua viagem a Nova York, considerando-a uma de suas lembranças mais agradáveis.

– Era isso o que eu queria fazer. Viajar para uma cidade, conseguir hospedar-me em hotéis de graça, conseguir passagens aéreas de graça. Nova York funcionou direitinho. Eu tinha oitenta ou noventa recibos de cartões de crédito comigo e podia gastar mil, dois mil ou três mil dólares usando cada número, pelo menos... Para quem gosta de ganhar coisas de graça, aquela foi a viagem perfeita. Eu não me senti culpado. Férias grátis, refeições grátis, livros grátis. Eu estava excitado. Pretendia viajar de cidade em cidade, Nova York fora apenas o meu "campo de provas". Nova York representou uma visão do futuro, daquilo que eu pretendia fazer. Afinal, o que mais eu poderia desejar?

❧ 13 ❧

VEJA SÓ: MAIS LIVROS!

APÓS NOSSO *TOUR* PELAS MELHORES CABINES TELEFÔNICAS da Union Square, não tive notícias de Gilkey por várias semanas. Enquanto imaginava se ele não teria sido apanhado roubando e mandado para a cadeia outra vez, mantinha-me ocupada. Certo dia, quando minha filha procurava por uma fantasia no bazar da Boa Vontade, decidi explorar as estantes de livros. Este é o tipo de lugar em que ainda é possível encontrar um tesouro, embora seja pouco provável. Contudo, talvez eu estivesse com sorte. O colecionador Joseph Serrano havia me contado sobre dois de seus recentes achados, ali: uma primeira edição autografada da autobiografia de Willie Mays, por 2,49 dólares (tempos depois, encontrou dois outros exemplares à venda, na internet, por 400 dólares cada); e uma primeira edição de *Edições Perigosas* (*Booked to Die*), a história de suspense sobre colecionadores de livros, de John Dunning (que Gilkey lera na prisão), por 3,49 dólares (cujo valor foi estimado por Serrano entre 400 e 500 dólares). Resolvi fazer uma busca direta pelos "medalhões": não havia primeiras edições dos livros de Stephen King, nem qualquer título da série de livros de *Tarzan*, que eu ouvira dizer serem também muito valiosos. Até onde eu podia afirmar, não havia ali muita coisa além de brochuras meio gastas, do tipo das que são vendidas em aeroportos, e alguns livros de culinária, com muitas nódoas não identificáveis. Percorri uma estante após outra com meus olhos, atentando para os livros de capas duras, mas também não encontrei primeiras edições entre eles. Havia mais estantes cheias às minhas costas, mas, ao contrário do que fazia o homem compenetrado de *parka* escura e manchada ao meu lado, procurando diligentemente por alguma coisa (primeiras edições?), eu estava pronta para desistir da minha busca. Pensei em Gilkey, que já estivera neste mesmo bazar algumas vezes, e não consegui compreender por que ele e tantas outras pessoas continuavam a empreender buscas em lugares onde elas rendiam tão pouco. Quando voltei a adentrar os corredores atulhados de saias de tule e calças de veludo *côtelé*, encontrei minha filha ainda à procura. Eu já estava pronta para ir-me embora dali. Ela tivera tanta sorte em sua busca quanto eu na minha; por isso, saímos com as mãos vazias. Ao sair, vi que o homem sério ainda vasculhava as estantes de livros, tendo separado uma pequena pilha deles, no chão. O que eu havia perdido?

Na semana seguinte, telefonei várias vezes ao serviço de localização de prisioneiros da Califórnia, para saber se Gilkey havia sido preso novamente, mas a resposta foi negativa. Liguei para a casa da mãe dele, onde sua irmã Tina atendeu o telefone e disse-me não saber onde seu irmão poderia estar. Porém, eu soubera, por Gilkey, que os dois costumavam manter-se em contato frequente e, por isso, duvidei de que ela estivesse dizendo-me a verdade.

Finalmente, Gilkey telefonou-me e concordou que nos encontrássemos outra vez, sugerindo o restaurante *Olive Garden*, no *Stonestown Shopping Center*. Ali, diante de uma *pizza*, Gilkey explicou-me que, por não haver comparecido aos encontros semanais obrigatórios com seus oficiais da condicional, ele era agora um "liberado foragido" – mas não poderia sentir-se mais feliz. Mostrou-me o novo *laptop* que comprara, e disse-me estar frequentando cursos em uma "faculdade nas redondezas", cujo nome relutou em me dizer, pois desejava manter seu paradeiro em segredo. Contou-me que havia se matriculado em um curso sobre a filosofia de Nietzsche, pela qual já manifestara ter grande interesse, e que estava profundamente impressionado pelo que descreveu como a ideia de Nietzsche de que se uma lei ou um sistema são injustos, infringi-la ou ir contra ele não é errado. Aparentemente, o "sistema injusto" que Gilkey tinha em mente era qualquer um em que ele não pudesse ter acesso às coisas que desejasse, enquanto outras pessoas podiam. Existem livros que custam mais do que Gilkey pode ou deseja pagar por eles; por isso, ele os rouba. Isto, segundo sua lógica, é apenas uma correção aplicada ao sistema.

Gilkey disse ter arranjado também um emprego temporário na zona portuária, mas negou-se a fornecer quaisquer detalhes adicionais. Viver com o salário pago por um emprego temporário em uma cidade como San Francisco, residindo em um hotel, mesmo de categoria muito baixa, não é tarefa fácil. Perguntei-lhe como conseguia pagar suas despesas.

– Gastei dezoito dólares, ontem – disse ele. – Comprei um bilhete de loteria e ganhei dezenove, de modo que terminei o dia com lucro... Acho que estou atravessando uma maré de boa sorte. Chegou a minha hora de tirar a sorte grande! – disse ele, cheio de energia e otimismo. – Imagine que história seria esta! Eu, ganhando um milhão na loteria e comprando uma loja de livros raros!

Tive a impressão de que ele estava sugerindo um final para o livro que eu lhe contara estar escrevendo. Esta não era a primeira vez que ele fazia tal coisa, e não seria a última. Na oportunidade seguinte em que nos encontramos, ele disse:

– Sabe, eu estive pensando... Quando você tiver terminado o seu livro, talvez eu já tenha terminado de ler todos os cem melhores romances. Talvez então eu contrate um artista para fazer as pinturas, e também terei um trabalho para mostrar. Esta seria uma maneira de concluir a história.

Após considerar essa ideia por alguns instantes, acrescentou:

– A menos que eu faça algo errado, ou qualquer coisa assim... Mas, acho que não...

– Você meteu-se em algum problema, ultimamente? –, perguntei.

– Não – disse ele. – Não tenho tido tempo para isso.

Enquanto Gilkey ainda estava sob liberdade condicional e vivendo, até onde eu sabia, em um motel barato em San Francisco, dirigi até a casa de sua família, em Modesto, para conhecer sua mãe, Cora, e sua irmã, Tina, em um encontro que ele ajudara a marcar.

Os Gilkey moravam em uma vizinhança de casas térreas, com gramados modestos, margeados por fileiras de árvores de liquidâmbar, que deixavam pilhas de folhas sobre as calçadas. Aquele parecia ser o tipo de cidadezinha em que, trinta anos atrás, a atmosfera devia ressoar com o ruído das campainhas das bicicletas e com as vozes das mães chamando seus filhos que brincavam pelas ruas. Entrei pela porta da frente da casa e passei à pequena sala de estar, onde cada canto, parede e prateleira parecia estar atulhado com todo tipo de coleções de objetos. Em um canto, havia candelabros de bronze; em outro, peças de porcelana inglesa – "nada dessas imitações baratas, vindas da China", ressaltou a mãe de Gilkey. Ali também havia: mantilhas de tecido filipino, colheres de prata, bonecas de todas as partes do mundo, pratos decorados com reproduções das pinturas de Norman Rockwell, saleiros e pimenteiros. Gilkey dissera que sua mãe não era uma grande colecionadora, mas eu duvido que ele estivesse tentando ocultar este fato: simplesmente, jamais lhe ocorrera considerá-la como tal. Juntar grandes quantidades de objetos similares – ou seja, colecionar – era algo tão comum, na casa da família Gilkey, quanto pôr a mesa para o jantar: algo tão natural e corriqueiro, que ninguém jamais parava para prestar atenção.

Cora era uma mulher filipina miúda, contando cerca de oitenta anos de idade, com olhos castanho-claros e mãos delicadas e sem rugas, como as de alguém muito mais jovem. Sua audição não era muito boa, e sua voz já dava sinais evidentes de cansaço, mas seu intelecto e sua memória ainda eram bastante vivazes. Após haver me convidado a sentar no grande sofá de couro escuro que dominava a maior parte da sala, contou-me como conhecera seu marido e pai de seus oito filhos, em Okinawa, quando ele prestava o serviço militar, e como haviam se mudado, primeiro para Sacramento e depois para a casa em Modesto, onde as coleções de objetos se multiplicaram em simultâneo ao crescimento da família.

– Eu tenho muitas xícaras antigas – disse ela, falando um inglês com ligeiro sotaque, apontando para uma coleção enquanto me conduzia pelos outros aposentos da casa. – Também tenho sinetas, prataria, livros, relógios... John disse que essas coisas podem se tornar muito valiosas, um dia. Aqui está uma coleção de camafeus. John sempre diz: "Não venda, ainda..." Eu adoro colecionar objetos chineses de prata lavrada. Hummels... Estes são ingleses, também. Você não encontra mais essas coisas em lojas comuns. John me deu isto aqui: uma vela. E isto aqui, também – disse, apontando para um candelabro. – Você está vendo todos aqueles anjos, ali? John comprou-os para mim. Eu tenho uma porção de coisas. Já disse a eles [a John e Tina]: "Não deixem que os outros [irmãos] 'passem a mão' em tudo!". Quando eu me for, tudo será igualmente dividido; mas, agora, eles [seus outros filhos] sequer vêm me visitar... Uma das minhas filhas já passou por aqui e encheu uma *station-wagon* com meus chapéus antigos. Foi Patricia quem fez isso.

– Minha mãe tinha muitos desses chapéus antigos, da década de 1960 – explicou Tina.

– Eu disse a Patricia – recordou-se Cora – "Pode pegar o chapéu que você quiser", mas ela pegou todos!

Caminhamos até a sala de reunião da família.

– Você vê? Livros, livros e mais livros – disse Cora. – Todos estes, até aqui em cima, são livros da *Franklin Mint*. *"Crimes e Castigos"*. Crimes antigos... Velhos casos policiais. Lá embaixo há mais livros. Pilhas deles! Muitos são dele; embalados em plástico – disse ela, referindo-se ao seu filho John. – E ali está o detector de metais dele, usado para encontrar moedas.

Quando nos sentamos para conversar, Cora parecia ansiosa para me falar sobre John. Recordando-o ainda menino, ela ria.

– Criava histórias inteirinhas, saídas unicamente de sua cabeça – disse ela. – E adorava ler. Às vezes, lia um livro inteirinho em apenas um dia, ou em uma noite! Tinha tantas coleções diferentes, e pôsteres de filmes. Ele os encomendava, comprava e sabia que viria a ter algum lucro, quando os vendesse. Ele sempre soube fazer dinheiro! – Observou ela, com indisfarçável orgulho maternal. – Você o tem visto, ultimamente? Oh, ele é grande. E tem uma excelente constituição. Tem uma coisa sobre ele: de todos os meus meninos, ele é o único que tem, realmente, uma boa postura. Sempre empertigado. Meus outros filhos não são assim.

Sentada em uma poltrona a certa distância de Cora e de mim, Tina parecia avaliar se devia ou não participar da conversa. Embora tivesse traços asiáticos quase imperceptíveis – tal como seu irmão –, parecia-se muito com sua mãe. Por fim, contou como seu irmão costumava encenar pequenas histórias de sua autoria, quando garoto. Ele punha-se de pé ali, no meio da sala, e representava todos os papéis da história diante de sua família, gravando as apresentações. Repetindo o que dissera sua mãe, ela lembrou que essas histórias eram, com frequência, "muito engraçadas".

Quando mencionei o assunto dos roubos de Gilkey, os risos desapareceram. Perguntei como elas imaginavam que ele pudesse ter-se envolvido com tantos problemas com a lei, e Cora tentou convencer-me de que ele fora levado a fazer coisas erradas.

– Quer dizer, ele é inocente. Talvez ele estivesse apenas andando de um lado para outro com o livro, tendo esquecido de devolvê-lo, quando foi apanhado – disse ela.

Imaginei até que ponto ela poderia haver sido enganada quanto à real dimensão das atividades criminosas de seu filho, ou até onde ela mesma pretendia enganar-me.

– O pai dele... – disse Cora, sem interromper um olhar apreensivo em direção a Tina. – Acho que ele foi uma má influência.

Olhando para Tina, ela meneou a cabeça, como se esperasse por uma confirmação de sua filha, mas Tina recusava-se a compactuar com esta linha de raciocínio. Não obstante, Cora continuou, sugerindo que o desejo do pai de John de "viver à larga" o havia influenciado negativamente, praticamente forçando-o a arranjar problemas com a justiça. Novamente, ela olhou para Tina, à espera de um sinal de concordância, mas Tina meneou a cabeça, desaprovadoramente. Então, Cora passou a contar como seu marido, ao separar-se dela, tinha levado consigo o jovem John, com dezenove anos de idade.

– Só sei o que o pai dele tirou de mim – disse Cora, tristemente. – O meu caçula...

Esta foi a descrição de um roubo que ela não tentou disfarçar, justificando-o com possíveis intenções mal interpretadas.

Se Cora ou Tina alguma vez auxiliaram Gilkey a praticar seus roubos, nenhuma delas disse. Contudo, graças às minhas leituras, eu sabia que ladrões de livros frequentemente contam com a ajuda de membros de suas famílias. Em um caso famoso, ocorrido na Dinamarca em 2003, a polícia de Copenhague encontrou um verdadeiro tesouro constituído de livros raros, documentos e mapas antigos no porão da casa de uma senhora de 68 anos de idade. Ela era a viúva de um filólogo que trabalhara para a Coleção Oriental da Biblioteca Real Dinamarquesa. Entre o final da década de 1960 e 1978, segundo foi apurado, o homem transferira livros das estantes da Biblioteca Real para as suas próprias. A polícia só começou a suspeitar da mulher, de seu filho e de sua nora quando todos tentaram vender vários livros – incluindo o único exemplar existente de uma obra editada em 1517, pertencente à Biblioteca Real – através da casa de leilões Christie's, em Londres. Entre os livros roubados, havia obras de John Milton, Martinho Lutero, Immanuel Kant e do astrônomo Tycho Brahe. À época em que o roubo foi publicamente denunciado, em 2003, apenas 1.800 dentre os 3.200 livros faltantes à Biblioteca haviam sido recuperados; ao menos uma centena deles já fora leiloada, inclusive uma primeira edição da *Utopia*, de Thomas Morus, arrematada por uma soma equivalente a 244.500 dólares.[1]

Cora e Tina perguntaram se eu gostaria de ver algumas fotos de Gilkey quando menino. Estavam organizadas de forma aleatória, de modo que uma imagem de Gilkey aos seis anos de idade encontrava-se ao lado de outra, que o mostrava em plena adolescência – na página oposta a fotos de seus outros irmãos, ainda bebês. Os tons pastéis das imagens da década de 1960 misturavam-se às fotos com cantos arredondados dos anos 1970 e às cores extremamente nítidas e brilhantes dos anos 1980.

– Você quer ver uma fotografia do pai dele? – perguntou Cora. Conduziu-me por um corredor cujas paredes eram cobertas por retratos de todos os membros de sua grande família. A semelhança entre as feições de John e as de seu pai era pequena: seu pai possuía uma compleição mais delgada, com um rosto mais cheio. Cora e Tina mostraram-me o restante da casa. Apontaram-me algumas das coisas de que Gilkey mais gostava, incluindo uma pintura a óleo de um arranjo de flores.

– John fez questão de que você visse isto – disse Cora. – Por isso, nós o penduramos aqui.

Era um sinal de que Gilkey andara preparando o terreno para a minha chegada. Queria que eu pudesse vê-lo como alguém que sabe apreciar as coisas belas da vida.

Contornamos um ângulo no corredor estreito. – Este é o quarto de John – disse Cora. – Entre. Olhe só para esses livros, aqui!

Tina juntou-se a nós. Retirou de cima de uma cômoda um livro grande sobre vinhos, com uma capa brilhante. Havia uma pilha de outros livros grandes e novos.

Olhei em volta e tive uma forte sensação de que não deveria estar ali, no quarto de Gilkey. Seus sapatos encontravam-se perfeitamente alinhados no chão, e trabalhos artísticos que ele colecionara pendiam das paredes. Sapos de cerâmica – que, segundo as duas me contaram, ele também colecionara por algum tempo – adornavam as estantes. Fiz menção de sair do quarto, mas sua mãe aproximou-se de um armário, abrindo-o.

– Viu só como ele mantém as suas coisas? Tudo organizadinho! – disse ela. – Veja só: mais livros!

Sim, havia mais livros. Pilhas e pilhas deles, debaixo e acima das jaquetas, camisas e calças que pendiam dos cabides. As lombadas de todos os livros encontravam-se voltadas para o fundo do armário, como para não revelar imediatamente de quais livros se tratavam. Para mim, este parecia ser o canto mais recôndito do quarto de Gilkey; mas, em vez de tentar ver se reconhecia algum livro roubado, voltei-lhes as minhas costas. Aquilo era o mesmo que ser convidada a ver uma cicatriz assustadora no corpo de alguém: algo horrível, mas quase irresistível. Tive medo do que eu poderia encontrar, se tirasse os livros de alguma daquelas pilhas. Medo de que grau de envolvimento com um crime eu poderia vir a ter, de que responsabilidade poderia me ser imputada, simplesmente por saber quais livros havia ali. Mais tarde, eu amaldiçoaria minha falta de coragem.

Em dezembro, encontrei-me com Gilkey no *Café Fresco*. A entrevista não durou muito tempo. Eu tinha algumas perguntas a fazer e alguns fatos a confirmar, mas pouco depois de começarmos a conversar, uma faxineira "entrou em cena" com um aspirador de pó extremamente barulhento. O ruído tornava impossível a gravação da nossa conversa em fita; por isso, sugeri que nos encontrássemos novamente, em breve. Estávamos recolhendo e guardando nossas coisas. Enquanto eu desligava meu gravador, Gilkey segurou uma brochura comum diante dos meus olhos, para que eu a visse.

– Retirei isto da biblioteca – disse ele, elevando a voz acima do barulho do aspirador. – Assim, eles não vão poder notar um padrão.

Não reconheci nada de especial no título, nem compreendi qual era a intenção de Gilkey.

– O que você quer dizer? – perguntei.

– Eu costumo retirar apenas clássicos – disse ele.

– E? – indaguei eu, ainda confusa.

– Veja, – explicou ele – eu já consegui obter três jaquetas de clássicos. Vou enviá-las aos autores, para que eles as autografem.

De repente, eu já não estava mais confusa.

– E consegui um mapa, também – acrescentou ele. – Retirei-o de um livro.

Isto já era demais, para alguém que dissera jamais roubar de bibliotecas públicas.

Mas também era algo que aconteceria inevitavelmente. Imagine um ladrão de joias caminhando pela *Tiffany's*, tendo diante de si os mais valiosos diamantes, safiras e esmeraldas, todos elegantemente dispostos sobre bandejas forradas de veludo e ao alcance de suas mãos. A tentação diante dele deve ser a mesma que um ladrão de livros sente ao caminhar entre as estantes de uma biblioteca – especialmente quando algumas primeiras edições ainda podem ser facilmente encontradas, livremente acessíveis a qualquer pessoa.

Quando Gilkey me contou sobre o mapa e as jaquetas que roubara da biblioteca, foi a primeira vez que me confessou alguns de seus crimes recentes:

os outros tinham sido cometidos anos antes. Presumi que as jaquetas não fossem muito valiosas; mas, por outro lado, eu poderia estar enganada. E quanto ao mapa? Eu lera sobre um especialista em cartografia da Nova Inglaterra que havia sido preso por surrupiar milhões de dólares em mapas antigos dos acervos das bibliotecas locais. Duvidei que o mapa recortado de um livro por Gilkey pudesse ser tão valioso, mas eu poderia estar enganada mais uma vez. Seria este o tipo de tesouro que eu esperava poder encontrar? Eu não tinha certeza do que deveria fazer, quanto a isso tudo. Eu não esperava ter de assumir o papel de confessora, e preocupava-me com as possíveis implicações disso. Eu teria a obrigação de informar à polícia? E à biblioteca? Mas, a qual biblioteca? Se eu decidisse não divulgar essa informação ainda, como reagiriam os bibliotecários e livreiros, quando toda a história finalmente chegasse ao seu conhecimento?

Consultei dois amigos advogados. Após haverem feito a ressalva de que não eram advogados criminalistas, ambos disseram-me ter certeza de que eu não tinha a obrigação legal de informar nada às autoridades, a menos que os crimes sobre os quais eu sabia pudessem ter colocado, ou viessem a colocar, a vida de alguém em risco. Mais tarde, o advogado do meu agente literário confirmou as opiniões dos meus amigos.

Porém, o que eu poderia fazer quanto à minha responsabilidade ética? Para mim, a diferença entre as minhas responsabilidades legal e ética era tão indefinida quanto o papel que eu representava – mudara do de uma simples observadora para o de participante da história de Gilkey. Será que eu não devia esta informação aos livreiros, que tanto contribuíram com as minhas pesquisas? Mas, se eu os notificasse sobre esses roubos, será que Gilkey não deixaria de comunicar-me todos os seus roubos futuros – e, possivelmente, ainda mais significativos? Além do mais, será que isto faria com que ele jamais viesse a contar-me onde armazenara todos os livros obtidos ilicitamente? Encontrei-me hesitando entre o egoísmo e a benevolência: ou eu revelava os segredos que Gilkey compartilhara comigo, provavelmente perdendo o acesso a ele e, possivelmente, mandando-o para a prisão; ou guardava os segredos comigo, sendo injusta para com todas as suas vítimas. Tentei tranquilizar-me, assegurando-me de que tais consequências não seriam, diretamente, de minha responsabilidade.

Dois meses depois, ainda indecisa quanto ao que fazer com tais informações, telefonei ao FBI. Havia lido que eles tinham estado envolvidos em casos de roubo de livros raros, e desejei saber quantos criminosos desse tipo eram perseguidos anualmente, quantos casos haviam sido solucionados, que tipo de tendências puderam ser identificadas, e assim por diante. Consegui que me fosse concedida uma entrevista, por telefone, com Bonnie Magness--Gardiner, líder da equipe que trabalha na resolução de crimes envolvendo obras de arte, que também fora responsável pelas investigações relativas ao roubo de livros raros. Expliquei a ela em que eu estava interessada, e por quê. Não me forneceu uma estatística relativa à quantidade de roubos de livros raros praticada nos últimos anos, mas disse-me que a Agência demonstrou interesse em acompanhar os casos que envolviam o transporte interestadual de livros roubados cujos valores ultrapassassem a soma de cinco mil dólares e que pudessem ser identificados como exemplares únicos.

– Nesse momento – disse ela –, o assunto *poderia* passar à alçada do FBI. Mas – acrescentou –, para que seja investigado, há um limite de cinco anos para a comunicação de um crime.

Lembrei-me da coleção de livros de viagem – cujo valor era de 9.500 dólares – que Gilkey roubara em Nova York e levara para a Califórnia, atravessando os limites de vários Estados.

– Você me diria – perguntou-me a agente do FBI –, se soubesse que o ladrão roubara alguma coisa, não é?

– Oh, sim! – disse eu, tentando soar convincente. – É claro!

Assim que desliguei o telefone, passei a vasculhar minhas anotações. Quando Gilkey havia roubado aquela coleção de livros? Eu não conseguia lembrar-me. E quando ele me contara a respeito? Será que já teria passado tempo demais para contar à polícia? Ou ao FBI? Freneticamente, folheei o conteúdo das grossas pastas que continham as transcrições das nossas conversas gravadas.

Procurei, procurei e, por fim, achei.

Gilkey roubara os livros em maio de 2001. Comentara o assunto, pela primeira vez, em setembro de 2006, pouco mais de cinco anos após a ocorrência do fato. Contudo, não pude deixar de sentir-me aturdida pelo fato de ele haver me contado sobre o caso somente quatro meses após a expiração do prazo que permitiria que ele fosse processado pelo crime que relatara, embora já viéssemos mantendo encontros regulares por quase dois anos! Seria ele tão astuto ou, mais uma vez, teria demonstrado possuir uma sorte incrível?

❧ 14 ❧

O PASSEIO DO DIABO

DURANTE UMA VIAGEM A NOVA YORK, visitei a Biblioteca e Museu Morgan. Havia lido sobre a coleção particular de J. P. Morgan – o financista e banqueiro norte-americano, fundador da instituição que leva o seu nome – e quis vê-la de perto. Eu estava ansiosa para ver, também, uma nova exposição: *Federico da Montafeltro e sua Biblioteca*. Formada no século XV, foi considerada a biblioteca particular mais rica da Renascença italiana, tendo pertencido a um único colecionador particular.[1] Hoje em dia, a biblioteca pertence ao Vaticano, mas alguns dos seus volumes mais preciosos foram cedidos em empréstimo, para serem expostos na Morgan. Montafeltro, o filho ilegítimo de um conde, perseverou e planejou cuidadosamente a trajetória que o conduziria à elevada posição de duque. Julgando pelo que li e pude ver, adorava os livros que possuía, mas adorava ainda mais poder exibi-los aos outros. Abrigava sua biblioteca em um salão próximo à entrada de seu palácio, em Urbino, fazendo com que seus livros pudessem ser admirados por muitos, embora pouquíssimos tivessem o privilégio de poder lê-los. Também costumava exibir ostensivamente os dois volumes da sua *Bíblia*, o que, de acordo com um estudioso, servia para "proclamar sua identidade como um príncipe cristão e humanista".[2] Uma mera demonstração de propriedade como prova de identidade – com a qual Gilkey, sem dúvida, concordaria. A exposição teve lugar em uma pequena galeria, cujas paredes foram cobertas por retratos belíssimos. Redomas de vidro abrigavam manuscritos com iluminuras de seiscentos anos de idade, mas as peças que achei mais intrigantes foram as grandes reproduções digitais de vários painéis de madeira entalhada que o duque encomendara para o seu *studiolo*. Delicadamente esculpidos, esses quadros de madeira continham representações profundamente realistas, ao estilo *trompe l'oeil*, de gabinetes com estantes repletas de livros e instrumentos científicos e musicais: um astrolábio, um relógio mecânico, um órgão, um clavicórdio. Individualmente, cada um cumpria uma função simbólica; coletivamente, todos formavam um grande mosaico representativo da cultura e de erudição do duque. Embora Montefeltro tenha sido um homem de riqueza e poder extraordinários e Gilkey não, em meio àquela galeria não pude evitar conjecturar se ambos teriam colecionado tantos livros caso não tivessem tido uma boa plateia para admirá-los – no caso de Gilkey, o sonho de vir a ter uma plateia que o fizesse. Sob este e muitos outros aspectos, compreendi que o comportamento de Gilkey é típico de muitos outros colecionadores de livros. Apenas os seus crimes e suas inabaláveis justificações narcisísticas eram o que o diferenciava.

Gilkey passou aquele verão na prisão, por haver violado os termos de sua liberdade condicional (a polícia finalmente conseguiu apanhá-lo na casa de sua mãe). Após a sua libertação, no outono de 2007, encontramo-nos mais algumas vezes. Eu queria lhe fazer uma pergunta que me incomodava há meses; uma pergunta simples, para poder determinar quão racional e calculista, ou tão somente sortudo, ele fora, durante seu período mais ativo como ladrão de livros. Ele tinha conhecimento de que o fato de haver roubado livros em diferentes Estados, diferentes países e diferentes jurisdições policiais tinha tornado as coisas mais difíceis para que a corte de justiça pudesse condená-lo?

– É mesmo? – perguntou ele, aturdido. Ele pareceu considerar o argumento por alguns momentos. – Oh, sim. Eu sabia disso.

Ele era um sujeito de sorte.

Quando lhe perguntei se sabia da existência de um prazo de cinco anos para que o FBI iniciasse as investigações sobre livros roubados, o que significava que não mais poderia ser processado pelos crimes que cometera, ele pareceu ficar igualmente surpreso.

Mas Gilkey era sortudo por mais um motivo, embora eu mesma tenha demorado a perceber qual. Se, por um lado, sua paixão havia devastado sua vida, por outro também lhe dera forma e propósito. Com frequência, quando conto sua história a outras pessoas, ouço-as dizer: *"Que triste!"*. Ali estava um homem que parecia não poder evitar cometer atos que o levassem à prisão. Passei a discordar desse ponto de vista. Esse tipo de desejo irrefreável não é como uma paixão que jamais pode ser saciada, um sonho que se recusa a morrer, quando trabalhar para satisfazê-lo pode proporcionar um prazer tremendo. Embora Gilkey me contasse da sua depressão na prisão e que desejara jamais ter de voltar para lá, eu comecei a enxergar seu *status* de "ave migratória" (tal como um oficial da prisão se referia) da mesma maneira como ele mesmo enxergava: o preço que tinha de pagar. Algumas pessoas pagam pelo sucesso que obtêm sofrendo de alta pressão sanguínea ou dissolvendo seus laços matrimoniais. Gilkey pagava cumprindo penas de prisão. Aos meus olhos, Gilkey parecia ser um homem feliz com suas metas, sua ambição e um relativo grau de sucesso. Seu único sacrifício para a realização de seu sonho constituía uma sucessão de pausas forçadas no caminho.

Em um dos últimos encontros que tivemos, como se percebesse que seu tempo estava acabando, Gilkey apresentou-me outra de suas ideias para o futuro.

– Eu poderia mandar fazer uma camiseta com os dizeres: "Aceito pagamento em livros raros" – disse ele. – Eu poderia ser fotografado vestindo a camiseta por cima de um terno. Acho que seria legal incluí-la no seu livro.

E isso não era tudo.

– Eu tenho umas anotações, aqui... Estive pensando que, talvez, no final do livro... Acho que seria um final perfeito, se as pessoas que o lessem pudessem doar um livro para me manter fora da prisão, ou algo desse tipo. Tenho tido umas ideias ingênuas como esta...

E ainda:

– O que você acha de chaveiros com efígies de escritores famosos? Eu estive fazendo umas pesquisas sobre direitos autorais e acho que seria possível fazer, talvez, uma edição limitada de, digamos, mil chaveiros. Eu venderia os livros com eles.

Também manifestou a intenção de viajar até algumas cidades fantasmas no Novo México, com uma câmera de vídeo e um detector de metais. – Eu falaria um pouco sobre a História do lugar e, então, sairia em busca de tesouros enterrados – disse ele. Ele pretendia gravar suas experiências e veicular os filmes pela internet.

Quanto aos livros, pensou em publicar alguns cujos direitos autorais tivessem expirado, fazendo com que seus títulos passassem ao domínio público. Segundo especulara, *Os Magníficos Ambersons*, de Booth Tarkington, poderia ser uma boa escolha; ele mandaria imprimir quinhentos exemplares e os venderia, acompanhados de um chaveiro com a efígie de Tarkington.

– Eu tive outra ideia, na qual estou trabalhando. Vou fazer um banco de dados de colecionadores de livros raros, e vou pedir a cada um deles que me envie um livro. Pedir não faz mal! Quer dizer, não estou tentando fazer nada ilegal...

– Você não consegue parar, não é? – perguntei. Mas aquela não era, propriamente, uma pergunta.

– Eu apenas gosto de colecionar livros... De colecionar coisas. Na verdade, pretendia contar a você sobre um novo plano que eu tenho, mas acho melhor não fazer isso. Eu conto a você mais tarde. Não quero praticar nenhum ato criminoso, porque não quero voltar para a prisão. Mas, se, de algum modo, eu puder obter meus livros de graça, tanto melhor!

Na próxima vez em que nos encontramos, quando eu já estava quase me acostumando ao empenho de Gilkey para contribuir com sua própria história, ele me surpreendeu. Pensando que talvez não houvesse ação suficiente no livro que eu estava escrevendo, olhou-me com uma expressão enigmática e perguntou:

– Então, você acha que eu deveria obter todos aqueles cem livros, agora?

– Eu me recuso a responder a essa pergunta – disse-lhe, aturdida. Ele havia começado a orquestrar sua vida com um olho no que poderia vir a aparecer em páginas impressas; mas eu ainda tentava aferrar-me à noção de que apenas registrava uma história que transcorria sem a minha influência. Eu não iria tornar-me a diretora de sua vida.

Gilkey elaborara sua argumentação.

– Eu estava pensando em um final grandioso... – disse ele. – Conseguir obter os cem livros daquela lista dos "Cem Melhores". Para dizer que, no final, eu venci!

Eu estava por um lado atônita, por outro tranquila: tivera uma súbita iluminação. Aproximando-me do final da minha série de encontros com Gilkey, que antes eram situações tensas e constrangedoras, tudo aquilo havia se tornado rotineiro. Às vezes, até agradável. Ele adorava livros, e isto era algo que tínhamos em comum. No decorrer de dois anos, eu me sentara em sua companhia, à mesa de inúmeros cafés, para ouvi-lo contar suas histórias. O que se tornou claro foi que, embora fosse um criminoso, ele também era curioso, ambicioso e cortês – três qualidades que merecem o meu respeito. Porém, mais tarde, em casa, ao ouvir as nossas conversas gravadas em fitas de áudio, pude perceber quanto a presença física do criminoso havia me distraído do teor de suas narrativas. O charme superficial de um estelionatário, tal como a maioria dos encantamentos, é uma forma de manipulação, e, por trás da fachada, revela-se a pungente brutalidade da ganância.

Certa vez, após haver me contado sobre um livro que roubara e, depois, vendera, disse: "Ganância é ganância." Presumi que ele estivesse se referindo à sua própria motivação, até que fizesse seu próximo comentário. "Os livreiros não poderiam resistir a adquiri-lo." Mencionou um livreiro de San Francisco, mas recusou-se a dizer-me o nome do homem. De acordo com Gilkey, o negociante adquiria dele, com regularidade, livros e outros objetos colecionáveis por uma fração de seus valores de mercado. Isso, nas raras ocasiões em que Gilkey precisava de dinheiro vivo. O negociante aconselhou-o, mais de uma vez, a deixar de fazer o que fazia, pois sabia tratar-se de mercadoria roubada, embora mesmo assim a adquirisse. Isso, sem dúvida, confirmava a convicção de Gilkey de que havia muitos negociantes corruptos, nesse ramo de atividade. Insisti e perguntei mais uma vez o nome do negociante, mas Gilkey recusou-se a dizê-lo. Ganância é ganância.[3]

Encontrei um dos livros mais incríveis que já vi em uma feira de livros. Não consigo lembrar-me de seu título ou de qualquer outro detalhe característico, exceto um. O livreiro retirou da estante um livro cujo corte, os lados de um livro em que as bordas das folhas são aparadas por uma guilhotina, recebera uma douração. Lentamente, ele flexionou o volume, como se fosse folheá-lo, mas segurou as folhas sem permitir que o livro fosse aberto, de modo a aumentar a superfície do corte. De repente, a douração desapareceu, revelando uma intrincada gravura de uma cena náutica, com homens navegando em um mar tempestuoso, na borda lateral das páginas do livro.

– Isto é uma gravura de corte lateral – disse ele.

Fascinada, pedi-lhe que a mostrasse, mais uma vez. Então, soube que, por séculos, artistas decoraram livros com pinturas e gravuras nos cortes laterais, a pedido de seus clientes. São imagens delicadamente executadas, cujos temas geralmente aludem aos próprios livros em que são aplicadas: elaboradas cenas de batalhas, retratos de presidentes, belos motivos ornamentais ao estilo *Art-Déco*, até mesmo algumas representações eróticas – o que, devido à natureza "clandestina" das gravuras, não chega a ser algo surpreendente. Como se apenas um tesouro oculto não fosse suficiente, alguns desses livros são decorados com duas gravuras em seus cortes laterais: uma delas, visível quando se flexiona o volume do início para o fim, e outra, quando o livro é manuseado no sentido inverso. Geralmente essas imagens não são aplicadas sobre livros muito valiosos, pois fazê-lo seria praticar uma forma de vandalismo, mas em livros com um interesse especial ou algum valor sentimental para os seus proprietários. Ao surgirem inesperadamente, essas pinturas assemelham-se a aparições mágicas, como se, ao se flexionar as páginas de um livro, a tipologia inerte, impressa em negro, se metamorfoseasse em suntuosas imagens coloridas. Quando as páginas não estão flexionadas e os livros encontram novamente sua posição habitual, ninguém poderia dizer que essas imagens existissem ali, a uma distância insignificante, ocultas no corte.

Após dois anos de encontros com Gilkey, eu já vira a "douração do seu livro", por assim dizer, e já havia contemplado as imagens que se revelam quando esse "livro" era flexionado em um sentido ou em outro. Se pudesse resumir a descrição de Gilkey em uma só frase, eu diria que ele era alguém que acreditava que a posse de uma vasta coleção de livros raros seria a expressão mais perfeita de sua identidade. Quaisquer meios empregados para obter tal coleção seriam justos e corretos; quando as pessoas pudessem contemplá-la, passariam automaticamente a apreciar o homem que a havia formado.

Mas ele era mais do que isso. Ouvi repetidamente as fitas gravadas das nossas conversas. Em cada uma, o egoísmo de Gilkey, que, em sua presença, permanece oculto por trás do denso véu dos seus modos afáveis, revelou-se tão claramente visível quanto tipos em negrito impressos sobre uma página branca. Tal como um livro com uma gravura no corte, Gilkey ocultava muito de si mesmo por trás de uma douração. Cortês, curioso e ambicioso – ou ganancioso, egoísta e criminoso? Evidentemente, ele é todas essas coisas, mas o que me intrigava era o modo como ele parecia, pessoalmente, tão diferente daquilo que revelava nas fitas gravadas. Sua presença física, de certa maneira, refratava um significado, ou, ao menos, favorecia uma das interpretações, em detrimento da outra. Isso não se deve apenas ao fato de eu poder perceber Gilkey de maneira diferente; mas, precisamente por uma biblioteca, representação visual de sua cultura e sua educação, ser-lhe algo tão desejável, ele é perfeitamente consciente de quão persuasiva uma presença física pode ser.

Ao encontrar-me com Gilkey pelas últimas duas vezes, tive outra epifania. Percebi que o homem que eu pensava estar roubando livros para que os outros o considerassem como um cavalheiro de grande cultura – o homem que construía uma imagem enganosa, uma identidade falsa –, estava, na verdade, trabalhando diligentemente para vir a *tornar-se* esse cavalheiro. Estudava Filosofia, pesquisava vários autores, lia a "alta literatura" e até mesmo escrevia seus próprios ensaios e peças literárias. Por meio desses esforços, tentava criar o seu próprio ser idealizado. Outra maneira de engendrar esse ser era, tal como cheguei a compreender, contar sua história por meu intermédio.

Certa manhã, enquanto trabalhava ao lado da minha estante cheia de livros sobre maneiras de colecionar livros, avaliei todo o tempo que passara em companhia dos amantes de livros raros, nas feiras que promoviam, em suas lojas e em suas casas. Desfrutei de cada momento que passei cercada por tanta beleza, e, mais ainda, apreciando as histórias que existem por trás de cada livro. Em minhas leituras, um aspecto da história dos livros com que me deparei, seguidas vezes, foi o da destruição deles. Desde Qin Shi Huang, na China, que em 213 a.C. ordenou que fossem queimados todos os livros que não tratassem de agricultura, medicina ou profecias[4], até o expurgo literário pelo fogo (chamado *Säuberung*, "depuração", em sentido figurado) de 25.000 obras, promovido pelos nazistas, líderes totalitários têm tentado conter o poder dos livros de proporcionarem esclarecimento. Mesmo hoje em dia, alguns líderes norte-americanos têm tentado fazer a mesma coisa, propondo o banimento de certos livros. Por isso, o fato de qualquer texto antigo – tal como o *Kräutterbuch* alemão, emprestado por meu amigo – haver sobrevivido até hoje, é muito enternecedor. A urgência temerosa de destruir ou suprimir um determinado livro é, em si mesma, um reconhecimento de seu poder. Isso é válido não apenas para os augustos textos científicos, políticos ou filosóficos, mas também para as "pequenas" e discretas obras de poesia ou de ficção, que, não obstante, possuem uma enorme capacidade de transformar quem as lê. Porém, por mais tempo que tenha passado em meio a livros raros e seus colecionadores, por mais forte que tenha sentido seu poder e me admirado com seus muitos atrativos, jamais sucumbi à bibliomania desenfreada, como acho que poderia ter acontecido. Todavia, pude compreender inteiramente a satisfação proporcionada pela busca desses livros. O ato de caçar tesouros para uma coleção traz consigo suas próprias recompensas, mas ainda mais satisfatório é formá-la de maneira a criar, através dela, uma narrativa. Quando livros se juntam a outros, com os quais possuem características em comum, formam uma história mais abrangente, que pode revelar algo inteiramente novo sobre a História da democracia, ou da culinária renascentista, ou de motociclistas dos *Hell's Angels* que escrevem romances. Quando conversei pelas primeiras vezes com amantes de livros raros, apaixonei-me por suas histórias de descobertas e roubos, mas ainda não havia percebido que as suas histórias mais importantes eram aquelas contadas através das coleções que eles formavam. Eles não estavam apenas "salvaguardando a civilização"; ao conectarem livros em um todo coeso, envolviam-se em atos de interpretação.

Embora não tenha me tornado uma bibliomaníaca, vejo-me agora como uma ardorosa colecionadora: não mais de pedrinhas de calcedônia ou de canudinhos de balas *Pixy Stix*, mas de histórias. Procurar por elas, pesquisá-las e escrevê-las deu à minha vida uma forma e um propósito, o mesmo que a atividade de buscar, reunir e catalogar livros faz com a vida de um colecionador. Todos nós estamos construindo narrativas. Enquanto pensava nas histórias de Gilkey e de Sanders – bem como nas histórias de outros colecionadores e ladrões que encontrei –, elas amalgamavam-se em minha mente como uma coleção particular: uma grande história que é um testemunho da paixão pelos livros. Por seu conteúdo, tanto quanto pelo couro, pelo papel, pelas delicadas gravações e pelo conjunto de características únicas que perfazem seus corpos físicos. Esta é uma paixão que eu compartilho, com todos eles.

Na última vez em que encontrei Gilkey, cogitei em voz alta se ele havia considerado as possíveis consequências de ter sua vida e sua história tornadas públicas. Resmungou qualquer coisa sobre as limitações de um prazo de cinco anos e olhou para o meu bloco de anotações como se ali estivesse contido o seu futuro. Por um momento, pareceu congelar, para logo depois murmurar algo sobre o livro poder vir, possivelmente, a comprometer futuras oportunidades de emprego para ele.

– Mas, não. Não estou preocupado com isso – disse ele, recuperando sua compostura. – Quer dizer, acho que vou ter de conferir certos aspectos legais. Para ter certeza de que não serei processado por alguma coisa...

E tão rapidamente quanto é possível fechar-se um livro, Gilkey, nessa sua maneira característica, mudou o foco de sua atenção, de um risco que poderia vir a correr, para um glorioso futuro que poderia se delinear.

– Eu estava pensando em um final para o seu livro – disse ele. – Eu poderia escrever uma série de romances policiais. O primeiro deles seria sobre um assassino em série fascinado pelo poema *"O Passeio do Diabo"* (*The Devil's Walk*), escrito em 1820, por Samuel Taylor Coleridge. É um poema muito perturbador, menciona livrarias e uma espécie de obsessão... De todo modo, no meu romance, o FBI tem de chamar o especialista mais famoso do mundo, em termos de livros, poemas e literatura clássica, porque não há livreiros que consigam solucionar o mistério dos crimes do assassino. Este especialista é alguém que, como diz Ken Sanders, já "caminhou pelo lado escuro" e descobriu inúmeras maneiras de roubar livros, para acumular a maior coleção de livros raros do mundo. Por isso, ele foi mandado para a prisão. Mas agora ele está livre, e é chamado para atuar como um consultor. Infelizmente, porém, ele é um ex-presidiário e, você sabe, meio maluco, alguém que roubou livros raros... Estou trabalhando na construção desse personagem obscuro. Talvez eu tente fazer com que ele venha a ter acesso a certos livros que o governo mantém ocultos. Você sabe o que eu quero dizer: *aquele* tipo de livros!... Sempre há aquele tipo de livro que jamais poderia chegar às mãos de ninguém. Talvez ele esteja trabalhando com o FBI apenas para poder ter acesso àquele livro... Talvez seja um livro que esteja na Biblioteca do Congresso, talvez seja um livro especial, que tenha de ser escondido... Os pergaminhos do Mar Morto, um diário do assassinato de Kennedy... Alguma coisa desse tipo. Pode haver um final surpreendente! Agora que ele teve acesso ao livro, quem sabe...?

Gilkey fez uma pausa momentânea, antes de revelar o "grande final".

– Quem sabe eu ainda seja apenas um ladrão... Mas, o que você acha da ideia? Eu quero a sua opinião sincera!

❦ Posfácio ❦

Escrevi a maior parte deste livro no escritório de minha casa, cuja janela abre-se para um pequeno canteiro de ervas que meu filho plantou, tempos atrás, quando tinha nove anos de idade. As únicas plantas que ainda crescem ali são um arbusto de arruda – uma erva amarga e fétida, cujo aroma sempre me traz à mente a frase "arruína o dia" – e um pé de sálvia púrpura, com cujas folhas secas e trituradas ele encheu pequenos saquinhos de pano para, em companhia de um amigo, os queimar dentro de casa para limpar a atmosfera dos maus espíritos. Essas duas ervas possuem páginas dedicadas a elas no *Kräutterbuch*, o secular compêndio alemão de botânica que me levou a escrever esta história. Meu filho tirou a ideia de cultivar ervas medicinais de um herbário, um livro que contém descrições e ilustrações de plantas, com informações sobre suas correspondentes propriedades medicinais. Tinha sido seu presente de Natal, porque era um dos assuntos cuja leitura era obrigatória para Harry Potter, em Hogwarts. Tal como meu filho, quase todo mundo que conheci enquanto escrevia este livro já havia sido profundamente inspirado por histórias contidas em livros.

Por três anos, o *Kräutterbuch* repousou sobre a minha mesa de trabalho. Sem dúvida, um livro inspirador, mas não meu por direito, o que me impedia de conservá-lo comigo. Com muita frequência eu me perguntava se minha relutância em devolvê-lo fazia de mim uma ladra. Ou seria eu uma ladra, enquanto não o devolvesse? Onde estava o limite entre uma coisa e outra? Ter-me apropriado da história de Gilkey fazia de mim uma ladra de outro tipo? Cheguei à conclusão de que eu não era uma ladra, nem do livro, nem da história de Gilkey. Eu apenas tomara emprestado um livro cuja procedência, de resto, não podia ser claramente determinada; e Gilkey cedera-me sua história voluntariamente. Muitas vezes, "arruinei meu dia" graças a coisas que aconteceram e são relatadas nesta história, e talvez tivesse sido bom se eu tivesse queimado folhas secas de sálvia, para que sua fumaça afastasse os "maus fluidos" que acompanham quem escreve quaisquer relatos sobre crimes. Contudo, sempre fui grata pela boa sorte que tive ao encontrar uma história tão cativante para contar, uma história que suscitou questionamentos sobre obsessão e engano, sobre o modo como as paixões nos provocam e as maneiras que encontramos para justificar nossos atos, quando decidimos persegui-las. Tal como uma rara primeira edição – eterno desejo de um colecionador –, esta história manteve-me presa do seu encantamento, do início ao fim.

Não muito antes de este livro haver sido impresso, Sanders, o supostamente aposentado "bibliodetetive", ainda alertou seus colegas de profissão sobre o roubo mais recente cometido por Gilkey. Desta vez, um livro de um negociante do Canadá. Gilkey não foi preso por isso. A história nunca termina.

Este livro pertence a ninguém mais, senão a mim,
E em seu interior pode-se ler o meu nome, sim.
Se roubar este livro alguém tiver tentado,
Por uma corda pelo pescoço será dependurado.
Os corvos, ao seu redor se reunirão,
E os olhos de sua cabeça arrancarão.
E quando então estiver gritando "Ai, ai, ai!",
Lembre-se de que este destino bem lhe cai.

– *Advertência escrita por um escrivão alemão medieval.*

AGRADECIMENTOS

Sem o apoio de Ken Sanders e de John Gilkey, este livro não teria sido possível. Ambos responderam a todas as minhas infinitas perguntas, num ato de excepcional paciência e generosidade, pelo qual eu lhes devo minha mais profunda gratidão.

Entre várias outras pessoas citadas nestas páginas, gostaria de agradecer particularmente o auxílio prestado e a experiência demonstrada pelo negociante de livros raros John Crichton e pelo detetive Kenneth Munson. Meus agradecimentos são extensivos aos colecionadores que entrevistei, especialmente a Celia Sack, Joseph Serrano e David Hosein. A Malcolm Davis, que compartilhou comigo o antigo volume através do qual adentrei o universo dos livros raros e todo o ambiente no qual transcorre esta história.

Ter tido oportunidade de trabalhar com Sarah McGrath foi uma verdadeira sorte. Pela inteligência e profundidade de percepção que ela empregou ao editar este livro, sou-lhe profundamente grata. Meu apreço estende-se, também, a Marilyn Ducksworth, Michael Barson, Sarah Stein e a todo o pessoal da *Riverhead*. Gostaria de expressar meu reconhecimento a Nan Weiner, a excepcional editora da *San Francisco Magazine*, que publicou minha matéria original sobre John Gilkey e Ken Sanders.

Minha mais sincera admiração é dedicada ao agente literário Jim Levine. Por sua visão, conhecimento e fé neste livro, tenho para com ele uma grande dívida de gratidão. Também apreciei muito o trabalho duro e a dedicação de Danielle Svetcov e de Lindsay Edgecormbe, funcionárias da agência *Levine Greenberg*.

Escrever é, geralmente, um trabalho solitário. Porém, por quase uma década, pude desfrutar da enorme boa sorte de pertencer ao grupo de escrita criativa *North 24th*. Meus mais cordiais agradecimentos às colegas Leslie Crawford, Frances Dinkelspiel, Katherine Ellison, Sharon Epel, Susan Freinkel, Katherine Neilan, Lisa Wallgren Okuhn e Jill Storey.

Agradeço a todos os frequentadores do *San Francisco Writer's Grotto* – particularmente a Natalie Baszile e a Melanie Gideon. Também estou em débito de gratidão para com Andy Keiffer, Ursula Bendixon e Waltraud Bendixon, e para com os meus pais, Lyle e Sidney Hoover, por sua ajuda e encorajamento.

Enquanto escrevi este livro, fui muito grata aos meus filhos, Sonja e Julian, cujo apetite inesgotável por histórias sobre roubos de livros, com frequência, me fez seguir adiante. E, para John, por seu apoio e confiança inabalável, devo agradecimentos especiais e o meu amor.

NOTAS

Um colega escritor descreveu-me um dia a experiência de sucumbir à "volúpia da pesquisa". Enquanto trabalhava neste livro, também eu sucumbi a ela, de todo coração. Embora tenha recorrido principalmente a fontes escritas (livros, periódicos, fontes da internet e assim por diante) para a obtenção de informações históricas sobre o comércio de livros antigos, as entrevistas pessoais (com negociantes, bibliotecários, colecionadores e outras pessoas) constituíram a maior parte das minhas pesquisas. De forma especial, as descrições de cenas das vidas de Ken Sanders e de John Gilkey foram retiradas quase integralmente das minhas conversas mantidas com ambos, complementadas com informações adicionais provenientes de entrevistas com seus familiares, amigos e colegas. A documentação processual e os registros policiais também foram fontes de valor inestimável. Mais ou menos a cada mês, encontro novos relatos sobre roubos de livros, na imprensa, o que, para mim, confirma a trivialidade deste tipo de crime e a certeza de que, apesar de sua antiguidade, esta ainda é uma história moderna.

PRÓLOGO

1. Leslie Overstreet, Curadora da seção de Livros Raros de História Natural, no *Smithsonian Institution Libraries*, em correspondência por e-mail com a autora.

2. Bock é um autor controvertido porque, como médico e botânico, acreditava que às diversas partes dos organismos vegetais correspondiam partes do corpo humano e suas funções. Barbara Pitschel, bibliotecária-chefe do Jardim Botânico de San Francisco, em Strybing Arboretum, em correspondência por e-mail com a autora.

3. John Windle. Entrevista pessoal com a autora.

4. Ibid.

5. Ibid. "Há uma história famosa sobre um estudioso do século XIX que foi a uma peixaria, na Alemanha. Ali ele teria visto páginas sendo arrancadas de uma Bíblia, para embrulhar os peixes – e tratava-se de uma Bíblia de Gutenberg."

6. Ursula Bendixon e Waltraud Bendixon. Entrevista pessoal com a autora.

7. Copenhagen: "Reviravoltas no caso de roubo de livro da Biblioteca Real" (*Twists, Turns in Royal Library Book Theft Case*); www.denmark.dk (site oficial da Dinamarca). 28 de maio de 2004.

Kentucky: "Ladrões da Transy retiraram seus nomes do cinema" (*Transy Thieves Took Names from Film*); www.kentucky.com. 11 de outubro de 2005. Este foi um roubo incomumente violento. No dia 17 de dezembro de 2004, um jovem telefonou à bibliotecária responsável pelas coleções especiais da Transylvania University, B. J. Gooch, para agendar uma visita à sala que continha os livros raros. Uma vez lá, o jovem pediu à bibliotecária que lhe mostrasse alguns dos melhores livros da biblioteca. Ele ouvira dizer que a instituição possuía um exemplar da primeira edição do livro *Origem das Espécies*, de Darwin, mas mostrou-se interessado em saber quais outros tesouros havia na biblioteca, e chegou até mesmo a telefonar para um amigo, para que viesse juntar-se a ele. Gooch já havia decidido quais livros retirar dos arquivos metálicos trancados e das redomas de vidro que protegiam alguns dos exemplares mais maravilhosos. Pouco depois, o amigo do rapaz chegou à biblioteca, usando um chapéu, uma echarpe e óculos escuros, que praticamente impossibilitavam a visão de seu rosto. Gooch teve uma sensação ruim acerca do visitante, mas não podia esperar o que aconteceu em seguida. Enquanto se voltava para abrir uma gaveta, os ladrões atiraram nela com uma arma de choque e, depois, amarraram-na e fugiram levando vários exemplares – incluindo o livro de Darwin, dois manuscritos raros e esboços de Audubon. "Fiquei prostrada ali, no chão, indefesa como um bebê, enquanto eles fugiam", disse ela. Poucos dias depois, os dois jovens levaram o lote roubado – com valor estimado em 750.000 dólares – à casa de leilões Christie's. A história inconsistente e altamente improvável que contaram despertou suspeitas e ambos foram capturados, assim como outros dois amigos que haviam contribuído com o planejamento do golpe. Todos os quatro foram condenados ao cumprimento de penas de prisão. Bibliotecária da seção de livros raros da Universidade do Kentucky, B. J. Gooch. Entrevista pessoal com a autora.

Cambridge: "Bibliocleptômanos" (*Biblioklepts*); *Harvard Magazine*, maio de 1997.

8. John Windle. Entrevista pessoal com a autora.

Capítulo 1

1. John Carter, "O ABC dos Colecionadores de Livros" (*ABC for Book Colectors*), 5.ª edição; Nova York, Alfred A. Knopf, 1973, pág. 118.

2. Nicholas Basbanes, "Em Meio aos Ligeiramente Loucos" (*Among the Gently Mad*); Nova York, Henry Holt, 2002, pág. 81.

3. Obra citada, ibid., pág. 72.

4. M. S. Batts, "O Conceito de Livro Raro no Século XVIII" (*The 18th-Century Concept of the Rare Book*); *The Book Collector* n.º 24, outono de 1975, pág. 383.

5. Ibid.

6. Os leitores interessados em aprofundar-se neste assunto deveriam procurar matricular-se em alguma das escolas ou cursos sobre livros raros que existem em todo o mundo. A mais antiga e famosa de todas é a Universidade de Virgínia, nos Estados Unidos, que oferece cursos para adultos sobre tópicos referentes a livros antigos e raros, manuscritos e coleções especiais. Há outras escolas muito conceituadas na Inglaterra, na Nova Zelândia e na Califórnia.

7. Tradicionalmente, o colecionismo é uma atividade masculina; contudo, uma mudança está em curso, segundo a negociante de livros Priscilla Juvelis, de Kennebunkport, Maine. Tal como ela observou, em uma entrevista pessoal com a autora, "sempre existiu esse grupo de pessoas extremamente ricas, algumas das quais mulheres, que coleciona livros porque se espera que gente que herda muito dinheiro faça isto. [...] O que mudou dramaticamente nos 27 anos em que eu trabalho neste ramo é que, quando comecei, em 1980, não havia mulheres curadoras de coleções especiais em bibliotecas, salvo raríssimas exceções. E não havia bibliotecárias com conhecimento sobre livros raros. [...] Hoje em dia, há mulheres encarregadas da curadoria de coleções especiais. Há mulheres docentes universitárias que insistem em incluir a obra de Harriet Beecher Stowe em suas aulas, como algo mais do que uma simples curiosidade. [...] Há um sem-número de mulheres colecionadoras, que colecionam exclusivamente obras de escritoras, escritos sobre os direitos femininos e coisas assim. E há colecionadoras às quais já vendi material desse gênero e que têm seu próprio dinheiro para gastar, podem dispor de seus próprios rendimentos. [...] Toda a atmosfera deste meio mudou radicalmente."

8. Desde a morte de Updike, no início de 2009, o interesse por seus livros tem crescido – bem como os valores de suas edições mais antigas. É o que costuma acontecer por ocasião da morte de um autor famoso.

9. Ken Sanders. Entrevista pessoal com a autora.

10. Basbanes, "Uma Suave Loucura" (*A Gentle Madness*), pág. XIX.

11. Ibid., pág. 59.

12. Ibid., pág. 62.

13. Ibid., pág. 25.

14. Frognall Dibdin, "A Bibliomania, ou A Loucura pelos Livros" (*The Bibliomania or Book Madness*); Richmond, Virginia; Tiger of the Stripe, 2004, pág. 15. Mais adiante, na mesma obra, Dibdin escreveu que, em seu tempo – início do século XIX –, o que os colecionadores mais prezavam era, pela ordem: "1. Exemplares de papel de formato grande; 2. Exemplares com as páginas não refiladas; 3. Exemplares de livros ilustrados; 4. Exemplares únicos; 5. Exemplares impressos sobre velino; 6. Primeiras edições; 7. Edições originais; 8. Um desejo indiscriminado por livros impressos com *Black Letter*" (literalmente, "letra negra": uma tipologia grande e pesada, muito ornamentada, cujos exemplos mais antigos foram utilizados nos primeiros livros impressos por Gutenberg). O próprio Dibdin "ansiava por exemplares não refilados. Para qualquer pessoa em plena posse de seu juízo perfeito, um livro cujas páginas não foram cortadas é um absurdo; nesse estado, ele não pode ser lido. Porém, muitos colecionadores de livros pagarão um preço altíssimo por um livro assim, que permanece *virgo intacta*."

15. Rita Reif, "Leilões" (*Auctions*); *The New York Times*, 1.º de abril de 1988.

16. John Windle. Entrevista pessoal com a autora.

17. O acusado, Daniel Spiegelman, alegou haver fornecido armamento aos homens responsáveis pela explosão intencional de um edifício público em Oklahoma City – o que significaria que, se fosse extraditado para os Estados Unidos, teria enfrentado uma condenação à pena de morte. As leis holandesas especificam claramente que, se um prisioneiro a ser extraditado tiver cometido um crime passível de uma condenação à morte no país que requisita sua extradição, o pedido deverá ser negado. Quando nenhuma conexão entre Spiegelman e os terroristas que praticaram o atentado à bomba em Oklaho-

ma City pôde ser comprovada, foi extraditado para os Estados Unidos, onde foi julgado e condenado a uma pena de reclusão de 60 meses, mais três anos de liberdade vigiada e trezentas horas de serviços prestados à comunidade. Ver Travis McDade, "O Ladrão de Livros: Os Verdadeiros Crimes de Daniel Spiegelman" (*The Book Thief: The True Crimes of Daniel Spiegelman*); Nova York, Praeger, 2006. págs. 58–60.

18. Basbanes, "Uma Suave Loucura" (*A Gentle Madness*), pág. 29.

19. Serviço telefônico de localização de presidiários, do Departamento Correcional e de Reabilitação da Califórnia.

20. "Comércio Brutal de Livros Raros" (*Brutal Trade of Rare Books*), *The Age*, 19 de fevereiro de 2003.

Capítulo 2

1. Basbanes, "Uma Suave Loucura" (*A Gentle Madness*), págs. 411–414.

2. Uma das mais cativantes análises recentes sobre o colecionismo é o livro "Coleções de Nada" (*Collections of Nothing*), de William Davies King (Chicago, University of Chicago Press, 2008).

3. A Universidade da Califórnia em Santa Cruz confirmou a graduação de Gilkey.

Capítulo 3

1. *Modesto Convention and Visitors' Bureau. "Area Information History"* ("Informações históricas sobre a região"). http://www.visitmodesto.com/areainfo/history.asp.

2. "O Condado de Stanislaus é um 'Cenário Perfeito.'" (*Stanislaus County is 'Picture Perfect.'*) http://www.visitmodesto.com/films/default.asp.

3. Departamento de Justiça dos Estados Unidos; *Federal Bureau of Investigation (FBI)*, Divisão de Serviços de Informação sobre a Justiça Criminal. "Crime nos Estados Unidos, 2007". http://www.fbi.gov/ucr/cius2007/data/table_08_ca.html.

4. Celia Sack. Entrevista pessoal com a autora.

5. Gilkey ainda revelou outra de suas lembranças infantis. Ele disse que costumava assistir televisão com muita frequência, e um dos seus programas favoritos era *Amazing Stories* ("Histórias Fantásticas"). Um dos episódios do programa de que ele melhor se recorda é um em que "uma mãe fica repetindo a seu filho que ele é maluco por colecionar tantas coisas. Então, um dia, o filho enche seu carro com todos os seus pertences e sai de casa. Anos mais tarde, seus objetos de coleção passam a valer milhões de dólares." John Gilkey. Entrevista pessoal com a autora.

6. O Dr. Alfred Kinsey, o famoso sexólogo e pesquisador, e também colecionador, escreveu: "A maioria de nós gosta de colecionar coisas. [...] Se a sua coleção é a maior, mesmo que seja apenas um pouquinho maior, do que qualquer outra do gênero em todo o mundo, a sua felicidade aumenta muito. Isso demonstra o grau de completude do trabalho que você foi capaz de realizar, a perfeita ordenação em que você soube dispor os espécimes, o extraordinário conhecimento com que você pode exibi-los e a autoridade com que você pode falar sobre o assunto." Conforme citação do livro de Kinsey "Uma Introdução à Biologia" (*An Introduction to Biology*; Filadélfia e Londres, J. B. Lippincott, 1926), no livro de Geoff Nicholson "Colecionadores Sexuais" (*Sex Collectors*), Nova York, Simon & Schuster, 2006, págs. 236–237.

7. Conforme citado no livro de Janine Burke "A Esfinge Sobre a Mesa" (*The Sphinx on the Table*); Nova York, 2006, pág. 290. Burke cita a obra de Max Schur, "Freud, Vivo e Morrendo" (*Freud, Living and Dying*); Londres, Hogarth Press e The Institute of Psychoanalysis, 1972, pág. 247.

8. Conforme citado no livro de Janine Burke "A Esfinge Sobre a Mesa" (*The Sphynx on the Table*), pág. 7. Burke cita a obra organizada por Jeffrey Moussaleff Masson, "Todas as Cartas de Sigmund Freud para Wilhelm Fliess, 1887–1904" (*The Complete Letters of Sigmund Freus to Wilhelm Fliess, 1887–1904*); Cambridge e Londres, Harvard University Press, 1985, pág. 398.

9. Walter Benjamin, "Desencaixotando Minha Biblioteca" (*Unpacking My Library*), *in* "Iluminações: Ensaios e Reflexões" (*Illuminations: Essays and Reflections*); tradução de Harry Zohn; Nova York, Schocken, 1969, pág. 67.

10. Rick Gekoski, "A Borboleta de Nabokov" (*Nabokov's Butterfly*); Nova York, Carroll and Graf, 2004, pág. 12.

11. Em 1998, os membros do conselho editorial da *Modern Library* lançaram uma lista dos livros considerados por eles como os cem melhores romances publicados em língua inglesa, desde 1900.

Capítulo 4

1. Ken Sanders. Entrevista pessoal com a autora.

2. Susan Benne. Entrevista concedida por e-mail à autora.

3. Patricia Hampl, "Arabesco Azul: Uma Busca pelo Sublime" (*Blue Arabesque: A Search for the Sublime*), Nova York, Harcourt, 2006, pág. 52.

4. "Bibliomania: Um Filme Documentário da 34.ª Feira Internacional de Livreiros Antiquários da Califórnia" (*Bibliomania: A Documentary Film of the 34th California International Antiquarian Book Fair*), dirigido e editado por Paul Ryall, 2003. Uma produção da Associação Norte-Americana de Livreiros Antiquários (*Antiquarian Boksellers' Association of America*) e da *Session Seven* Filmes.

5. Eugene Field, "Os Casos Amorosos de um Bibliomaníaco" (*The Love Affairs of a Bibliomaniac*), Nova York, Charles Scribner's Sons, 1896, págs. 97–98.

Capítulo 6

1. Ken Sanders. Entrevista pessoal com a autora.

2. Segundo Sanders, um exemplar completo foi vendido, recentemente, por mais de um milhão de dólares.

3. James Thorpe, *Henry Edwards Huntington: A Biography*; Berkeley e Los Angeles, University of California Press, 1994.

4. www.huntington.org (*website* da Biblioteca Huntington, Coleções de Arte e Jardim Botânico).

5. Barbara Pitschel, bibliotecária-chefe do Jardim Botânico de San Francisco, em Strybing Arboretum, em correspondência por e-mail com a autora.

6. Para um levantamento abrangente da violência do mundo para com os livros, ver Fernando Baez, "Uma História Universal da Destruição de Livros" (*A Universal History of the Destruction of Books*), tradução para o inglês de Alfred McAdam, Nova York, Atlas, 2008.

7. Basbanes, "Uma Suave Loucura" (*A Gentle Madness*), págs. 42–43.

Capítulo 7

1. Aconteceu antes da disponibilidade do Wi-Fi.

2. John Milton, *Areopagitica*.

3. Walt Whitman, "Adeus" (*So Long*), "Folhas de Relva" (*Leaves of Grass*).

4. Citado em Basbanes, "Uma Suave Loucura" (*A Gentle Madness*), pág. 20.

5. Tony Garcia. Entrevista pessoal com a autora.

6. Ken Lopez. Entrevista pessoal com a autora.

7. Kenneth Munson. Entrevista pessoal com a autora.

8. Ken Sanders. Sequência de eventos relatados em entrevistas com a autora.

9. Kenneth Munson. Entrevista pessoal com a autora. Munson explicou que os suspeitos costumam incluir características físicas de alguém de quem sejam próximos, quando tentam forjar a descrição de um cúmplice inexistente. No caso de Gilkey, Munson presumiu que ele estivesse descrevendo seu próprio pai.

Capítulo 8

1. Esta é uma suposição tão comum quanto errônea, provavelmente originada pelo fato de ser a edição de 1876 de "A Caça ao Turpente" (*The Hunting of the Snark*), de Lewis Carroll, um dos livros mais antigos – de autoria de um escritor famoso – cuja jaqueta ainda existe. Contudo, jaquetas datadas da década de 1830, que envolvem edições de autores relativamente obscuros, ainda se encontram em circulação.

2. Ken Sanders. Entrevista pessoal com a autora.

3. Arnold Herr. Entrevista pessoal com a autora.

4. Kenneth Munson. Entrevista pessoal com a autora.

5. Ibid.

6. Informação confirmada como sendo procedimento padrão para o tratamento dos prisioneiros recebidos no Centro de Recepção, pelo oficial responsável pelo setor de informação ao público, Tenente Samuel Robinson, da Prisão Estadual de San Quentin.

Capítulo 9

1. John Crichton. Entrevista pessoal com a autora.

Capítulo 10

1. Andrew Clark. Entrevista pessoal com a autora.

2. Alan Beatts. Entrevista pessoal com a autora.

3. Bob Gavora. Entrevista pessoal com a autora.

4. As cortes de justiça nem sempre tiveram uma atitude assim tão negligente. À época do rei Henrique IV (entre o final do século XIV e início do século XV), um homem chamado Johannes Leycestre e sua esposa, Cedilia, roubaram "um pequeno livro de uma antiga igreja". Sua pena: "Que ele seja dependurado pelo pescoço, até que sua vida o abandone." Aparentemente, o destino de Cedilia, tal como o da maioria das mulheres da época em que ela viveu, sequer foi considerado digno de registro. Ver Edwin White Gaillard, "O Problema da Subtração de Livros" (*The Book Larceny Problem*), em *The Librarian Journal*, vol. 45 (15 de março de 1920), págs. 247–254, 307–312.

5. Sebastiaan Hesselink, em entrevista pessoal com a autora, e Travis McDade, "O Ladrão de Livros" (*The Book Thief*), Westport, Connecticut; Praeger, 2006.

6. Nicholas A. Basbanes, "Um Esplendor de Letras" (*A Splendor of Letters*), Nova York, Harper Perennial, 2004, pág. 15.

7. Robert Vosper, "Um Par de Bibliômanos para o Kansas: Ralph Ellis e Thomas Jefferson Fitzpatrick" (*A Pair of Bibliomanes for Kansas: Ralph Ellis and Thomas Jefferson Fitzpatrick*), publicação da *Bibliographical Society of America*, vol. 55, 3.º Trimestre de 1961.

8. James Gilreath e Douglas L. Wilson (editores), "A Biblioteca de Thomas Jefferson" (*Thomas Jefferson's Library*), Washington, DC: Imprensa Oficial do Governo dos Estados Unidos, 1989.

9. Wilmarth Sheldon Lewis escreveu isto como parte de um discurso que jamais foi proferido. Citado em Basbanes, "Uma Suave Loucura" (*A Gentle Madness*), pág. 23.

10. P. Alessandra Maccioni Ruju e Marco Mostert, "A Vida e a Época de Guglielmo Libri" (*The Life and Times of Guglielmo Libri*), Hilvesum, Holanda; Verloren, 1995.

Capítulo 11

1. Lawrence Sidney Thompson, "Apontamentos sobre a Bibliocleptomania" (*Notes on Bibliokleptomania*), Boletim da Biblioteca Pública de Nova York, setembro de 1944; e Basbanes, "Uma Suave Loucura" (*A Gentle Madness*).

Capítulo 13

1. *Newsletter online* da Associação das Bibliotecas Norte-Americanas (*American Library Association*), 12 de dezembro de 2003.

Capítulo 14

1. Marcello Simonetta (editor), "Federico da Montafeltro e sua Biblioteca" (Milão, Y. Press; e Biblioteca Apostolica Vaticana, 2007).

2. Jonathan J. G. Alexander, "Perfeição na Ilustração e Ornamentação" (*Perfection of Illustration and Ornament*); in Simonetta, "Federico da Montafeltro e sua Biblioteca", pág. 17.

3. Segundo Freud, a formação de um colecionador frequentemente inclui "uma mente inquisitiva, um pendor para o secretismo" e "uma propensão à racionalização." Tal como citado em Burke, "A Esfinge Sobre a Mesa" (*The Sphinx on the Table*), pág. 196. Burke cita Patrick Mauries, "Gabinetes de Curiosidades" (*Cabinets of Curiosities*), Londres, Thames & Hudson, 2002, pág. 182.

4. Baez, "Uma História Universal da Destruição de Livros" (*A Universal History of the Destruction of Books*).

Uma Nota sobre as Fontes

É provável que o fato de existirem muitos livros escritos sobre livros raros e as pessoas que os colecionam não seja surpreendente. Ler qualquer um deles é uma boa maneira de aprender sobre a História dos livros, sobre as variadas formas que assumiram e os motivos pelos quais alguns períodos, gêneros, autores, ilustradores e editoras emprestaram certas características particulares a alguns deles, transformando-os em objetos colecionáveis. Por outro lado, é surpreendente que tão poucos livros tenham sido dedicados a relatar, com detalhes, as atividades dos ladrões de livros. Obtive a maior parte das informações a seu respeito em jornais, e ao entrevistar pessoas que tivessem tido algum contato direto com eles. Os leitores interessados em saber mais devem visitar bibliotecas e livrarias especializadas em livros raros, onde não apenas poderão ver, tocar e até mesmo ler alguns belos livros antigos, mas também ouvir histórias que jamais foram passadas para o papel, muito menos impressas em livros.

Embora existam várias biografias e livros de memórias de colecionadores individuais, os seguintes livros podem oferecer ao leitor um panorama abrangente do universo dos livros raros e de seus habitantes:

Nicholas Basbanes, "Em Meio aos Ligeiramente Loucos" (*Among the Gently Mad*); "Uma Suave Loucura" (*A Gentle Madness*); "Paciência e Perseverança" (*Patience and Fortitude*); e "Um Esplendor de Letras" (*A Splendor of Letters*).

Philipp Blom, "Ter e Manter" (*To Have and To Hold*).

Rick Gekoski, "A Borboleta de Nabokov e Outras Histórias de Grandes Autores e Livros" (*Nabokov's Butterfly: And Other Stories of Great Authors and Books*).

Holbrook Jackson, "A Anatomia da Bibliomania" (*The Anatomy of Bibliomania*).

Robert H. Jackson e Carol Zeman Rothkopf (editores), "Conversa de Livro: Ensaios sobre Livros, Livreiros, Colecionismo e Coleções Especiais" (*Book Talk: Essays on Books, Booksellers, Collecting and Special Collections*).

Werner Muensterberger, "Colecionar: Uma Paixão Incontrolável – Perspectivas Psicológicas" (*Collecting: An Unruly Passion – Psychological Perspectives*).

Harold Rabinowitz e Rob Kaplan, "Uma Paixão por Livros: Um Tesouro de Histórias, Ensaios, Humor e Amor para os Amantes de Livros; e Listas sobre como Colecionar, Ler, Tomar Emprestado, Emprestar, Cuidar Bem e Apreciar os Livros" (*A Passion for Books: Book Lover's Treasury of Stories, Essays, Humor, Love and Lists on Collecting, Reading, Borrowing, Lending, Caring for, and Appreciating Books*).

William Targ, "Bouillabaisse para Bibliófilos" (*Bouillabaisse for Bibliophiles*).

Há, também, um excelente dicionário de termos relativos à bibliofilia:

John Carter, "O ABC dos Colecionadores de Livros" (*ABC for Book Collectors*).

Conheça outros títulos da editora em:
www.editoraseoman.com.br